O objeto
sobrevivente

Tradução **Davi Boaventura**

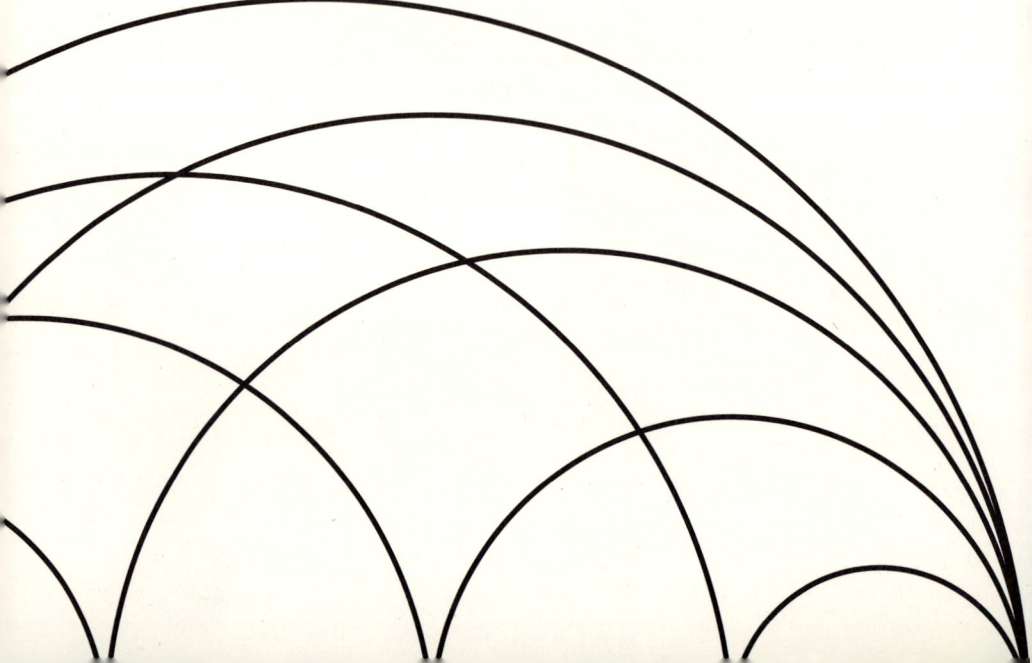

O objeto sobrevivente

Ensaios clínicos psicanalíticos sobre a sobrevivência psíquica do objeto

Jan Abram

Porto Alegre · São Paulo · 2023

Para a minha mãe e à memória do meu pai.
Para John, nossos filhos e netos,
e às mães dos nossos netos.

Figura 1: O objeto sobrevivente
Xilogravura ukiyo-ê, *Jardim de infância — carpa*, de Yōshū Chikanobu (1838–1912). Propriedade do Instituto Kumon de Educação (ver Prefácio).

Figura 2: O objeto não sobrevivente

Guache sobre papel, *L'esprit de géométrie* (originalmente *maternité*), de René Magritte (1898–1967) © ADAGP, Paris, e DACS, Londres, 2020 (ver Prefácio).

12   Lista de figuras

13   Apresentação da edição brasileira

19   Agradecimentos

25   Prefácio

29   Por que Winnicott?

41   Capítulo 1
     Rabiscos, palhaços e as rodas de Catarina: violação do self e suas vicissitudes
     (1996)

71   Capítulo 2
     O objeto sobrevivente
     (2003)

105 Capítulo 3
     O objeto não sobrevivente: algumas reflexões sobre as raízes do terror
     (2005)

131 Capítulo 4
     O medo da mulher/análise: reflexões sobre o desejo, a sexualidade infantil e o objeto intrapsíquico sobrevivente
     (2010)

157 Capítulo 5
As inovações clínicas de Winnicott na análise de adultos
(2012)

183 Capítulo 6
A área de ausência de forma em Winnicott: o elemento feminino puro e a capacidade de se sentir real
(2013)

211 Capítulo 7
O integrado paterno e seu papel na situação de análise
(2013)

229 Capítulo 8
Medo da loucura no contexto da Nachträglichkeit e a reação terapêutica negativa
(2018)

255 Apêndice
A datação de *Medo do colapso* e de *A psicologia da loucura* e por que isso importa
(2018)

269 Posfácio
A sobrevivência psíquica do objeto no contexto da covid-19
(2020)

281 Bibliografia de Abram

LISTA DE FIGURAS

7 **Figura 1:** O objeto sobrevivente Xilogravura ukiyo-ê *Jardim de infância — carpa*, de Yōshū Chikanobu (1838–1912). Propriedade do Instituto Kumon de Educação (ver Prefácio).

9 **Figura 2:** O objeto não sobrevivente Guache sobre papel, *L'esprit de géométrie* (originalmente *maternité*), de René Magritte (1898–1967) © ADAGP, Paris, e DACS, Londres, 2020 (ver Prefácio).

48 **Figura 3:** Elaboração de Abram para a divisão básica na personalidade a partir da divisão básica da personalidade de Winnicott (1952, capítulo 1).

54 **Figura 4:** *Self inter-relacionado —* enriquecimento através do Diagrama relacional (1996), por Jan Abram (Capítulo 1)

Apresentação da edição brasileira

Temos a grata satisfação de dar continuidade às publicações da Coleção Sociedade Psicanalítica de Porto Alegre (SPPA), em parceria com a editora Dublinense, após quatro anos de recesso, ocasionado pela pandemia do coronavírus. Retomar a coleção com um livro de Jan Abram é uma tarefa que muito nos honra e gratifica, especialmente pela relevância da autora no mundo psicanalítico, bem como pela possibilidade que a SPPA encontrou para que o lançamento da edição brasileira do livro ocorresse por ocasião do *XXV Simpósio da Infância e Adolescência — Objeto sobrevivente: vínculos e amadurecimento*, em junho de 2023, evento para o qual a autora é a convidada internacional.

Jan Abram é uma reconhecida psicanalista e autora, filiada à International Psychoanalytical Association (IPA) e pertencente à Sociedade Psicanalítica Britânica desde 2003, na qual realizou sua formação em anos anteriores. Abram iniciou sua carreira profissional de forma pouco convencional, tendo na juventude se interessado por trabalhar como atriz de teatro amador. Porém, rapidamente desistiu desse intento e voltou-se para a área da educação, na qual associou a atividade acadêmica e o uso de teatro em escolas infantis como forma de incentivar a expressividade emocional e a aprendizagem dos alunos.

Após uma pausa de alguns anos, nos quais se dedicou à vida familiar e à criação dos filhos, a autora realizou um curso relacionado a dramaticidade, movimento e terapia. A partir dessa experiência, tomou conhecimento dos trabalhos de Freud e, então, passou a clinicar como dramaterapeuta com pacientes psiquiátricos, fazendo uma primeira formação em psicoterapia, vinculada à Associação Arbours. Pelo fato de os professores dessa associação serem psicanalistas da Sociedade Psicanalítica Britânica, essa formação acabou sendo muito voltada para os conhecimentos psicanalíticos.

Em 1988, Abram entrou na Fundação Squiggle, com a finalidade de estudar a obra de Winnicott, e em 1996 já havia se tornado diretora da instituição. Sua clínica privada iniciou no mesmo ano, e ela também passou a lecionar, escrever e publicar trabalhos. Quando partiu para uma formação psicanalítica, alguns anos depois, já havia publicado um primeiro livro sobre Winnicott.

Ao longo dos anos, Abram construiu um extenso currículo de atividades e publicações. Ela é psicanalista didata e supervisora na Sociedade Psicanalítica Britânica, além de professora visitante no mestrado da Unidade de Psicanálise da University College. Também já foi professora visitante do Centro de Estudos Psicanalíticos da Universidade de Essex, professora convidada da Universidade de Kyoto, no Japão, e ministra palestras no Departamento Adulto da Clínica Tavistock, em Londres. A autora é ainda integrante do Grupo de Paris, de grupo de trabalho da IPA para o estudo da clínica psicanalítica contemporânea e de um grupo de pesquisa da Federação Psicanalítica Europeia (EPF), tendo exercido a presidência dessa federação entre os anos de 2016 a 2019 — cargo para o qual foi novamente eleita enquanto escrevíamos esta apresentação.

Atualmente, Abram é presidente do Comitê de Arquivos da Sociedade Britânica e conselheira de desenvolvimento para candidatos em formação psicanalítica. Ela ministra cursos e coordena seminários clínicos na Sociedade Psicanalítica Britânica, e já exerceu a função de presidente desta. Também ocupou o cargo de vice-presidente das Conferências Anuais da EPF.

A autora publicou muitos livros e artigos, entre os quais destacam-se *A linguagem de Winnicott* (1996), premiado em 1997 com o Outstanding Academic Book of the Year; *Donald Winnicott today*; e *The clinical paradigms of Melanie Klein and Donald Winnicott: comparisons and dialogues* (2018), em conjunto com R. D. Hinshelwood. Atualmente, ela trabalha na preparação dos livros *Donald Winnicott: a contemporary introduction* e *The clinical paradigms of Donald Winnicott and Wilfred Bion: comparisons and dialogues*, este novamente em parceria com Hinshelwood, com quem compartilha a editoria da coleção *The Routledge clinical paradigms dialogues*.

Abram considera que Winnicott não abandonou a teoria freudiana, mas que ele contribuiu para o enriquecimento desta, centrando-se na relação pais-bebê e nos fenômenos do início da vida. A seu ver, portanto, ele agregou conhecimentos à psicanálise, estudando e teorizando sobre uma etapa anterior do desenvolvimento humano, expandindo a teoria sem negar a matriz das teorias freudianas e do complexo de Édipo.

Por meio da atenta leitura do livro *O objeto sobrevivente*, percebemos que a autora se movimenta com desenvoltura entre os mais variados autores psicanalíticos, faz conexões e reconhece o que cada um pensou e acrescentou para a ampliação do pensamento psicanalítico. Ela compreende de onde cada autor colhe os conceitos propostos, bem como concorda ou discorda deles, baseando-se em um sólido arcabouço teórico e mostrando ser uma psicanalista autêntica e comprometida com a busca da verdade.

Possuidora de conhecimento amplo e profundo da obra de Winnicott, Jan Abram revela-se capaz de transmitir ideias complexas de forma clara e didática. Pensamos também que Winnicott representa para ela um modelo inspirador, e que, tendo partido de uma posição de dependência dos ensinamentos dele, Jan Abram evoluiu para uma trajetória de independência de pensamento: ampliou e complexificou suas teorias psicanalíticas, nunca esquecendo, porém, de onde partiram suas ideias, corroborando as palavras do mestre de que "é impossível ser original, exceto com base na tradição".

Jan Abram nos apresenta uma psicanálise viva e atual, trata temas contemporâneos como a pandemia de covid-19, a misoginia, entre outros, expondo, a cada capítulo, sua experiência clínica, sua forma de trabalhar, suas dificuldades e contratransferências de forma muito franca, o que torna a leitura agradável e ilustra suas ideias com clareza.

Destacamos como tema central do livro o que a autora propõe chamar, pela primeira vez, de *sobrevivência psíquica do objeto* para qualificar o papel de base do conceito winnicottiano de sobrevivência do objeto. O passo além de Abram é considerar que não apenas o objeto externo deve sobreviver, mas que é necessário também que ele seja constituído como um objeto interno no psiquismo do sujeito. A sobrevivência do objeto faz referência aos processos cruciais que acontecem entre o sujeito e o objeto e que despertam o desenvolvimento psíquico saudável. Vale a pena destacar do texto a passagem em que Winnicott fala pela criança ao escrever: "O sujeito diz ao objeto: 'eu te destruí', e o objeto está lá para receber a comunicação". Esse é o ponto, segundo Abram, no qual o autor intuitivamente parece introduzir a noção de um objeto sobrevivente intrapsíquico. A peça-chave dessa sequência é que o objeto está lá para receber a comunicação, isto é, o objeto que é capaz de receber a destruição amorosa do sujeito possibilita a constituição da sobrevivência psíquica do objeto. Por causa da habilidade do objeto, ou seja, da preocupação materna primária, o sujeito vive a experiência de que o objeto sobreviveu à sua destrutividade. Essa é uma conquista do desenvolvimento e, a partir daí, o sujeito torna-se capaz de se relacionar com a alteridade. Em outras palavras, uma vez internalizado o objeto sobrevivente, a criança pode, gradualmente, discernir o mundo ao invés de projetar.

Ressaltamos, ainda, a forma como Abram destaca a ideia de Winnicott de respeitar o direito do paciente à singularidade e à privacidade, buscando não invadir seu self na análise. Essa ideia aponta para significativas implicações na técnica psicanalítica. Reproduzimos aqui uma passagem do livro:

> A livre associação é o que queremos que nossos pacientes façam, preferencialmente no divã. Mas reconhecer como alguns pacientes foram violados no mais íntimo do seu ser levou Winnicott a defender que todos os pacientes merecem o respeito do analista de não serem obrigados a dizer tudo e qualquer coisa que aparece em sua mente (p. 67).

Não nos resta dúvida sobre a expansão que a teoria winnicottiana trouxe à psicanálise, o que nossa autora reafirma a cada momento, mostrando como Winnicott ampliou o caminho teórico psicanalítico, na questão da subjetividade humana, na importância da contratransferência, nas implicações na técnica psicanalítica, na reafirmação do papel do pai como objeto integrado, bem como no valor do trabalho interno do analista, colocando sob holofote a questão da terceiridade na mente deste, entre outros importantes temas e discussões.

Antes de encerrar, gostaríamos de agradecer o empenho da Dublinense e da diretoria da SPPA para a tradução e a publicação do livro em português. Também nosso reconhecimento à colega e psicanalista Kátia Radke, que intermediou o diálogo com a autora, o que viabilizou a edição para o público de língua portuguesa.

Convidamos o leitor a desbravar esta obra, que, com certeza, muito contribuirá para o enriquecimento de sua prática clínica.

A todos, desejamos uma ótima leitura.

Regina Klarmann
DIRETORA DE PUBLICAÇÕES DA SOCIEDADE PSICANALÍTICA DE PORTO ALEGRE

Lúcia Thaler
EDITORA DA COLEÇÃO DA SOCIEDADE PSICANALÍTICA DE PORTO ALEGRE

Agradecimentos

Todos os capítulos deste livro foram originalmente escritos para palestras e conferências. A sinopse desta coleção, composta (em sua maioria) por ensaios clínicos, foi desenvolvida durante um período sabático de três meses no verão de 2016, quando assumi o posto de professora visitante na Universidade de Kyoto, no Japão. Tenho várias pessoas a agradecer por essa oportunidade preciosa: Vic Sedlak, que ocupou o cargo de professor visitante em 2012 e generosamente encorajou minha candidatura à vaga; os professores Kunihiro Matsuki e Ken Okano, que me deram calorosas boas-vindas e com quem foi um prazer trabalhar em workshops e conferências. Também foi um privilégio participar de um workshop com o professor Osamu Kitayama sobre o conceito japonês de "amae", momento em que fui apresentada ao ukiyo-ê de Yōshū Chikanobu, usado pelo professor Kitayama para ilustrar os conceitos de Winnicott de holding e apresentação de objetos. Suas reflexões estimulantes sobre transitoriedade e suas associações entre psicanálise e cultura japonesa me apresentaram a muitos conceitos e ideias que vão continuar a me ocupar por muitos anos (ver Prefácio). Também sou grata a ele por me permitir o uso da imagem de Chikanobu para representar o meu conceito de objeto intrapsíquico sobrevivente. Este ukiyo-ê é propriedade do Instituto Kumon de Educação, em Tóquio, e agradeço ao Sr. Yoshiwaza pela permissão para que eu pudesse usá-lo como ilustração do tema deste livro. Falo um pouco mais sobre a arte do ukiyo-ê no Prefácio.

O **Capítulo 1**, *Rabiscos, palhaços e a roda de Catarina: violação do self e suas vicissitudes*, foi escrito para o centenário de Winnicott organizado pelo Instituto Francês e pela Fundação Squiggle, em ([1996] 1998; 2003). Naquele ano, *A linguagem de Winnicott* foi publicado e assumi o cargo de diretora da Fundação Squiggle, substituindo Nina Farhi, que, por muitos anos, durante seu mandato no comando da Fundação, me encorajou em meu trabalho sobre Winnicott. Terei sempre uma dívida a pagar a ela e aos seminários de sábado sobre os Rabiscos, que me ofereceram discussões profundas sobre o trabalho de Winnicott. Essa experiência me proporcionou um verdadeiro ambiente facilitador para desenvolver minhas ideias, junto com minhas experiências iniciais no consultório. Também sou grata a Juliet Mitchell, que concordou em discutir algumas das minhas ideias em desenvolvimento durante minha primeira tentativa de escrita de um ensaio clínico. Foi Mitchell quem percebeu que minha noção de "objeto sobrevivente" era uma reflexão original e digna de elaboração.

Em 1997, Zeljko Loparic me convidou a participar de uma conferência em São Paulo, um evento dedicado a Winnicott, e mais tarde, em 1998, me propôs a publicação daquele artigo na Natureza Humana, uma revista dedicada ao trabalho de Winnicott, editada por ele. Agradeço ao professor Loparic pela permissão de republicar o artigo nesta coleção. Mas também tenho uma dívida com ele pelas muitas conversas estimulantes que tivemos sobre o paradigma de Winnicott mais de duas décadas atrás. Graças a Zeljko Loparic é que surgiu a inspiração para a edição de *Donald Winnicott today*.

O **Capítulo 2** foi escrito a convite do Le groupe d'étude et de recherches psychanalytiques pour le développement de l'enfant et du nourrisson (GERPEN) e apresentado, em francês, no ano de 2003, como palestra de abertura em uma conferência organizada para celebrar a tradução francesa de *A linguagem de Winnicott*, levada a cabo por Cléopatre Athanassiou-Popesco. Esse artigo foi depois publicado em francês no periódico do GERPEN e, em seguida, no Journal de la Psychanalyse d'Enfant, a pedido de Didier Houzel, editor do jornal. Minha gratidão ao GERPEN e ao Journal de la Psychanalyse d'Enfant pela permissão de republicarmos esse texto nesta coleção. Inúmeros agradecimentos também a Cléopatre Athanassiou-Popesco pela tradução, assim como a René Roussillon e André Green pelos seus artigos de discussão sobre *O objeto sobrevivente*, que foram publicados em francês no volume cinquenta e cinco do Le Compte Rendu (GERPEN, 2004).

O **Capítulo 3** foi originalmente apresentado à Associação Britânica de Psicoterapeutas (que agora se transformou na Associação Psicanalítica Britânica e na Fundação Britânica de Psicoterapia) em 2005, a convite de Jean Arundale, que era a presidente do Comitê Científico na época. Em 2006, esse texto também foi apresentado à Unidade de Trauma da Clínica Tavistock, em Londres, a convite da Dra. Jo Stubley. Agradeço tanto a Jean Arundale quanto a Jo Stubley pela amizade e pelo companheirismo ao longo dos anos. Mais tarde, em 2007, o trabalho foi traduzido ao francês para ser publicado no Journal de la Psychanalyse d'Enfant, sob encomenda de Didier Houzel, a quem agradeço pela permissão para republicá-lo aqui.

O **Capítulo 4** foi escrito para a 23ª Conferência Anual da EPF, cujo tema principal era "Paixão, amor e sexualidade" e que aconteceu em Londres, no ano de 2010. Foi apresentado em inglês, com o título *Sobre desejo e sexualidade feminina: algumas reflexões provisórias*, e publicado no EPF Bulletin, nº 64. Depois, o texto foi revisado para um encontro científico da Sociedade Psicanalítica Britânica e publicado no periódico da sociedade em julho de 2016 com um novo título, reutilizado neste livro. Uma versão deste artigo também foi apresentada em Tóquio durante a segunda conferência Ásia-Pacífico da IPA, em 2018.

O **Capítulo 5** foi encomendado para a seção de controvérsias do International Journal of Psychoanalysis. Muito obrigada ao IJP pelo convite e pela permissão para que esse texto fosse republicado aqui.

O **Capítulo 6** foi um convite do comitê de programação da 26ª Conferência Anual da EPF, que aconteceu em Basel, na Suíça, e discorreu sobre a ausência de forma. Foi apresentado em inglês e publicado no nº 67 do EPF Bulletin, em 2013. Agradeço ao comitê de programação do EPF pelo convite.

O **Capítulo 7** foi originalmente preparado para um ateliê comandado por Haydée Faimberg, que me convidou a apresentar um artigo em seu ateliê no CPLF, em 2013, que aconteceu em Paris e teve como tema central "Le paternel". Uma versão mais curta do argumento central foi apresentada em francês naquela conferência. A versão estendida foi preparada em 2014 e publicada no Journal de la Psychanalyse d'Enfant, a pedido de Didier Houzel, em 2015. O texto foi mais tarde traduzido para o alemão e publicado em 2016 no Zeitschrift fûr psychoanalytsch Theorie und Praxis. Esse trabalho também foi apresentado em um encontro científico da Sociedade Psicanalítica Britânica em julho de 2015 e publicado no periódico interno da sociedade. Por fim, foi ainda apresentado à Sociedade Psicanalítica Japonesa, em Tóquio e em Fukuoka, e em uma conferência da Associação Psicanalítica Japonesa, em Osaka, em setembro de 2016, durante meu período sabático na Universidade de Kyoto.

O **Capítulo 8** foi encomendado por Johannes Picht para a revista Psyche e foi traduzido e publicado em 2018. Agradeço a Johannes Picht pelo convite. Enquanto o Capítulo 8 deste livro engloba a primeira parte do artigo original, que só havia sido publicado na Alemanha, modifiquei levemente o Apêndice daquela publicação para se transformar no Apêndice deste livro, ilustrando o valor que dou para trabalhos em arquivo.

O **Posfácio** — *Sobrevivência psíquica do objeto no contexto da Covid-19* — é uma contribuição curta preparada durante o ano de 2020 para uma apresentação à Sociedade Psicanalítica Suíça, braço de Zurique, que aconteceu via Zoom em junho daquele ano. Agradeço a Susanne Richter pelo convite. Também quero reconhecer e agradecer a Eva Schmid-Gloor, de Zurique, recente vice-presidente da EPF, pelo seu apoio de longa data a meu trabalho e pelo seu incentivo para a publicação deste livro.

Meus agradecimentos efusivos a Ofra Eshel por me convidar a apresentar esse meu trabalho na Universidade de Tel Aviv, em um encontro que aconteceu online, em 2020, por causa da pandemia. Agradeço a Ofra Eshel não apenas pelo seu apoio à minha pesquisa, mas também por sua paixão compartilhada em relação ao pensamento e ao trabalho de Winnicott, e ainda sua contribuição significativa nos avanços nos estudos winnicottianos. Mais tarde, em novembro de 2020, fui convidada por Liz Allison e por David Taylor a apresentar o artigo em um painel, junto com Claudia Frank, durante uma conferência virtual da UCL: *Contágio, contenção e a permanência das conexões*. Agradeço a ambos pelo convite não só para essa conferência online como também para o desenvolvimento do artigo a ser publicado no livro que eles estão organizando. Esta versão mais curta me parece encaixar muito bem na posição de posfácio para este livro e estou ansiosa para elaborá-la em um texto mais extenso para o livro da UCL.

Eu gostaria de agradecer a várias e várias pessoas que apoiaram meu trabalho de inúmeras maneiras ao longo dos anos, e peço desculpas por não ser capaz de citar o nome de todas essas pessoas aqui. Estudantes, supervisionados, colegas e amigos sempre me ofereceram grandes estímulos em minha pesquisa sobre Winnicott e em psicanálise. Um agradecimento especial, em relação à preparação deste livro, vai para Louise Lyon, cujos comentários no primeiro rascunho me deram força para persistir neste projeto; para Jing Wang, cujos comentários e questionamentos ainda nos estágios iniciais da escrita me ajudaram a esclarecer vários aspectos dos meus argumentos; e, para Kathleen Kelley-Lainé, que ao ler os capítulos iniciais me auxiliou em muitos outros esclarecimentos.

Também sou muito grata aos três revisores anônimos da revista New Library of Psychoanalysis cujos comentários foram generosos e rigorosos e ofereceram inúmeras ideias para algumas revisões necessárias que aperfeiçoaram os capítulos. Através da crítica e dos conselhos, Alessandra Lemma me estimulou a realizar algumas revisões significativas no meu texto durante o verão de 2020, e sou muito grata a ela por acolher este livro como um de seus trabalhos finais no cargo de editora da série principal da New Library of Psychoanalysis.

Meus agradecimentos efusivos também vão para meus colegas de psicanálise que concordaram em endossar este livro: o Dr. Thomas Ogden, de São Francisco; a Dra. Sølvi Kristiansen, de Oslo; o professor Osamu Kitayama, de Tóquio; e o Dr. Michael Parsons, de Londres. Fiquei muito emocionada e agradecida pela leitura que fizeram do meu manuscrito e pelos elogios que escreveram.

O trabalho clínico enquanto analista não seria possível sem os analistas que me mostraram o significado real da sobrevivência psíquica do objeto ao longo de muitos e muitos anos. Terei sempre uma dívida a pagar com essas pessoas. E, além dos meus analistas, quero agradecer aos meus analisandos, do passado e do presente, pela coragem e pela confiança de enfrentarem seus processos psicanalíticos junto comigo. Obrigada também a todos os supervisionados, estudantes e públicos ouvintes pelas suas buscas e pelos comentários e perguntas provocadoras.

Por fim, como sempre, tenho uma dívida infinita com meu marido, John, e com minha mãe e minha irmã, e com todos os outros membros da nossa próspera família, que invariavelmente demonstram sua intuição a respeito do verdadeiro significado da *sobrevivência do objeto*.

Prefácio

No coração deste livro reside minha proposta para o duplo conceito de uma sobrevivência e uma não sobrevivência intrapsíquica do objeto. Esta proposta emana da minha interpretação das formulações tardias de Winnicott em relação ao "destino da agressão" na psique. A *sobrevivência psíquica do objeto* situa a relação maternal primária no centro do desenvolvimento emocional saudável, à frente mesmo da relevância dos fatores inatos.

Os temas e conceitos apresentados em *A linguagem de Winnicott* (1996, 2007) e *Donald Winnicott today* (2013) formam as fronteiras deste livro. Meu principal objetivo em *A linguagem de Winnicott* é esclarecer o uso particular que Winnicott faz do vernáculo inglês. Em *Donald Winnicott today*, por outro lado, proponho uma demonstração da especificidade da r/evolução de Winnicott dentro do campo da psicanálise. Ambos os volumes ilustram como o discurso do autor, em contato tanto com o paradigma freudiano clássico quanto com o concomitante paradigma kleiniano em desenvolvimento, levou a avanços significativos na psicanálise.

Elaborações subsequentes permeiam os capítulos deste livro em direção a uma amplificação e extensão do paradigma de

Winnicott: o self incomunicável; a violação do self e o paradoxo da comunicação; o terror na raiz da não sobrevivência; uma teoria implícita do desejo; o medo da MULHER subjacente à misoginia; o significado da sexualidade infantil; o pai na mente da lactante como um elemento integrante na psique nascente; a ausência de forma precedendo a integração; uma teoria da loucura; e a *sobrevivência psíquica do objeto*.

O Apêndice oferece um olhar sobre recentes pesquisas em arquivos para expor minha perspectiva a respeito das preocupações conceituais finais de Winnicott. O Posfácio é um breve ensaio clínico escrito em 2020, durante a pandemia.

Uma palavra sobre as representações pictóricas do objeto sobrevivente e do objeto não sobrevivente

Na década de 1990, esbarrei em uma pintura de René Magritte, a *L'esprit de géometrie*, em um artigo de jornal que resenhava uma mostra de seus trabalhos em Londres. Embaixo da foto do quadro, o articulista tinha escrito a seguinte frase: "Cuidando de mamãe". Achei a pintura, especialmente associada àquela legenda, arrebatadora. Parecia resumir de uma maneira muito sugestiva tudo o que Winnicott escreve sobre traumas psíquicos precoces logo no início da vida. Guardei uma reprodução da pintura por muitos anos e a usei em seminários e aulas. E, enquanto o conceito de objeto não sobrevivente ganhava corpo, me vi constantemente utilizando aquela imagem como representação do objeto intrapsíquico não sobrevivente.

Como eu disse nos Agradecimentos, me deparei pela primeira vez com o ukiyo-ê de Yōshū Chikanobu quando participei de um workshop durante meu período sabático em Kyoto, com o professor Osamu Kitayama. Fiquei bastante impressionada de como a beleza dinâmica daquela imagem servia muito bem para representar o conceito de holding e de apresentação do objeto para Winnicott. Um pouco depois, enquanto dava aulas para estudantes da UCL, me vi utilizando a imagem para retratar o objeto intrapsíquico sobrevivente. Mais tarde, já na preparação deste livro, comecei a achar que o ato de apresentação do objeto por parte da mãe ilustrava os temas relacionados à integração paterna, como discuto nos capítulos 6 e 7 deste livro. Sem a introdução da mãe ao terceiro, o bebê em desenvolvimento enfrentará dificuldades para alcançar a capacidade de discernir o outro como um ser individualizado com uma mente própria. Existem algumas outras associações a essa imagem, como Osamu Kitayama aponta em seu trabalho sobre a transitoriedade. Ukiyo transmite uma sensação de transitoriedade e o "e" significa imagem em japonês. Kitayama também utilizou a mesma imagem na página 106 do seu livro *Prohibition of don't look: living through psychoanalysis and culture in Japan* (2010).

A multiplicidade de significados que poderia emergir a partir da seleção dessas imagens como representantes do conceito dual de objeto sobrevivente e não sobrevivente vai ter que esperar uma nova oportunidade.

JAN ABRAM, VALE DE GLAMORGAN, JANEIRO DE 2021.

Por que Winnicott?

A prática psicanalítica cotidiana, junto com meu trabalho focado em Winnicott, continua a ser uma aventura inspiradora e complementar. O significado da sobrevivência psíquica do objeto tem sido, para mim, o fio de Ariadne vital na minha transformação e na atuação enquanto psicanalista. Os temas relacionados ao grande e derradeiro empreendimento conceitual de Winnicott, central à minha trajetória clínica e teórica, se entrelaçam a cada capítulo deste livro.

Winnicott sugeria que o principal problema dos seres humanos não era a psicossexualidade (como era para Freud), nem era o instinto de morte (como era para Klein), e sim o "fato da dependência". Esta observação colocou as primeiras relações e os elementos essenciais do ambiente psíquico primário no coração do desenvolvimento saudável do indivíduo.

Em *O uso de um objeto*, Winnicott investigou como os bebês humanos saem e movem da relação objetal para o uso do objeto (Winnicott, 1969) e identificou os elementos específicos que facilitam este desenvolvimento em direção à capacidade de distinguir o Outro como um ser individualizado. A formulação dos conceitos sobre as dimensões específicas do desenvolvimento emocional foi sua grande busca na vida e levou em consideração "o reconhecimento do elemento destrutivo na animada ideia primitiva e crua", sem recorrer à noção freudiana de "pulsão de morte". Em outra oportunidade, sugeri que, embora não o tenha feito de forma explícita, Winnicott estava se referindo a um de seus conceitos principais, a "sobrevivência do objeto" (Abram, 2013, p. 308). Aqui, pela primeira vez, proponho chamar este conceito de *sobrevivência psíquica do objeto*, para qualificar o seu papel fundamental enquanto conceito central na matriz teórica winnicottiana (Abram, [2012] 2013, p. 308).

A *sobrevivência do objeto* faz referência aos processos cruciais que acontecem entre o objeto e o sujeito e que dão início ao desenvolvimento psíquico saudável. É somente em função da sobrevivência psíquica do objeto à agressão benigna primitiva do sujeito que o sujeito poderá situar o objeto lá fora no mundo. Esta conquista emocional indica que o sujeito começa a ser capaz de perceber o objeto como um ser particular e diferenciado, e é uma conquista que surge da apercepção infantil.

Por esta perspectiva, a experiência do sujeito diante da consistente sobrevivência psíquica do objeto leva a uma internalização das dinâmicas deste processo. A interpretação de tal movimento está na raiz da minha proposta de uma sobrevivência intrapsíquica subjetiva do objeto. O ukiyo-ê japonês de uma mãe e um bebê, apresentado na Figura 1, é uma representação pictórica que escolhi para retratar a sobrevivência intrapsíquica do objeto como uma contínua dinâmica intrapsíquica, formada através da relação interpsíquica original. Por outro lado, a não sobrevivência psíquica do objeto provoca as dinâmicas de uma não sobrevivência intrapsíquica subjetiva do objeto que também vai ser internalizada, como discuto no **Capítulo 3**. O quadro de René Magritte (Figura 2), portanto, representa uma não sobrevivência intrapsíquica do objeto entranhada no trauma do recém-nascido e na petrificação na qual o ambiente psíquico não é capaz de sobreviver.

Como proponho no **Capítulo 2**, se não houver, desde o início, o contínuo desenvolvimento do objeto intrapsíquico sobrevivente, reforçado através da relação interpsíquica de um ambiente parental suficientemente bom, o bebê não terá a assistência necessária para alcançar o estágio do desenvolvimento que constitui o complexo de Édipo freudiano e o que André Green chama de "terceiridade" (Green, 1991). Sem essa facilitação, o sujeito fica fadado a permanecer na fase da relação objetal na qual perdura uma deficiência na capacidade de distinguir o Eu do Não Eu (Abram, 2007, p. 34-38).

No processo de selecionar e revisar estes ensaios clínicos, me vi ainda mais convencida de que o paradigma clínico-teórico de Winnicott realmente promove um avanço nos temas fundamentais do trabalho de Freud. Não quero dizer com isso que seu novo paradigma renega as conquistas monumentais de Freud; na verdade, não creio que seja possível mensurar por completo o trabalho de Winnicott sem uma compreensão profunda do paradigma freudiano. No entanto, acredito que a derradeira matriz teórica de Winnicott oferece novos horizontes para a psicanálise tanto do ponto de vista prático quanto do ponto de vista teórico. Estas novas perspectivas, portanto, constituem uma expansão e um avanço sobre o trabalho de Freud.

O objetivo para este livro é duplo: em primeiro lugar, oferecer um relato de como entendo alguns dos avanços específicos promovidos por Winnicott na psicanálise e, em segundo lugar, destacar os caminhos pelos quais interpreto e utilizo sua linguagem na minha prática psicanalítica, abordando, a partir daí, algumas elaborações complementares.

O **Capítulo 1** ilustra como a noção de objeto sobrevivente surgiu com base no conceito central de Winnicott — *sobrevivência-psíquica-do-objeto* —, em um dos seus últimos artigos, *O uso de um objeto* (1969). Esse capítulo começa com uma reflexão sobre o conceito de Self para Winnicott e como ele emerge da relação pais-bebê. Em seguida, faço uma consideração sobre o paradoxo no coração da teoria da comunicação de Winnicott, na qual ele introduz a necessidade humana de um self incomunicável. Estes temas conversam com seu foco no papel poderoso do ambiente na formação da psique nascente, o senso de Self e os potenciais problemas relacionados à "violação do self".

O exemplo clínico retrata uma situação específica na relação terapêutica que me alertou para a experiência de violação psíquica da paciente. Ao identificar meu impacto enquanto resposta contratransferencial, fui gradualmente capaz de fazer uma interpretação reflexiva para a paciente, instigando nela a lembrança de um evento traumático de sua infância. Essa memória lançou luz sobre uma intensa transferência materna e, na minha Discussão, mostro como o trabalho de elaboração subsequente, focado no ambiente primitivo e nos elementos edípicos, levou a mudanças na vida da paciente.

Finalizando o **Capítulo 1,** reflito sobre o desafio proposto por Marion Milner a Winnicott em relação a seu conceito de self incomunicável, e destaco algumas das suas diferentes perspectivas. Em minhas conclusões, argumento que Milner segue o pensamento de Freud e discorda de Winnicott na noção de um self incomunicável. E sugiro que Winnicott oferece uma perspectiva que possui implicações para a técnica no trabalho clínico, relacionada à necessidade do paciente de não comunicar.

O **Capítulo 2** é minha tentativa inicial de desenvolver a noção de uma sobrevivência intrapsíquica do objeto. Esta formulação foi instigada pelo trabalho junto a uma paciente que lutava para sobreviver psiquicamente, indicando que seu objeto não sobrevivente era mais poderoso e eclipsava o seu objeto sobrevivente. No curso de muitos anos de uma análise com frequência de quatro sessões semanais, demonstro o modo pelo qual as lembranças encobridoras da paciente oscilavam entre a sobrevivência psíquica e a não sobrevivência do objeto em sua infância e como isso se manifestou na transferência. Na Discussão aqui, o trabalho de André Green se torna uma peça-chave, em especial o seu conceito de "complexo da mãe morta", que ressoava de maneira intensa com a história psíquica da paciente (Green, 1986). Nas minhas conclusões ao capítulo, relaciono o "complexo da mãe morta" de Green com a noção de não sobrevivência do objeto.

Minha experiência pessoal de uma não sobrevivência quase total aconteceu durante o trabalho com um paciente que se tornou violento no segundo ano de análise. Essa situação me levou a focar no significado da não sobrevivência e da não sobrevivência intrapsíquica do objeto como conceito, como elaboro no **Capítulo 3**. Naquela análise, fui tomada por uma reação contratransferencial extrema que me levou, inclusive, a questionar o valor da psicanálise enquanto tratamento. O sentimento de pavor e de terror experimentado tanto pelo paciente quanto pela analista me fizeram considerar a interrupção definitiva daquele tratamento. Mas logo surgiu um ponto de virada que modificou o curso do processo. No **Capítulo 3**, então, proponho que as raízes do terror se fundam na relação inicial pais-bebê, na qual a Mãe/Outro não sobreviveu psiquicamente às necessidades comunicativas cruas do bebê. Assim, um objeto intrapsíquico não sobrevivente é necessariamente acionado na transferência da situação analítica.

Na Discussão do **Capítulo 3**, abordo as teorias das primeiras analistas em relação ao medo da mulher, o complexo de perfuração e a transferência erótica materna. Embora algumas dessas teorias sejam úteis na compreensão do que ocorre na transferência, o debate principal converge de novo para a noção winnicottiana de sobrevivência psíquica do objeto e de como a não sobrevivência precisa ser analisada antes que se possa trabalhar as falhas do ambiente primário. Também foram incluídas nesse capítulo algumas questões da perspectiva de Winnicott em relação ao conceito de complexo de Édipo em Freud, considerado por ele como uma conquista do amadurecimento e não como um fato inconteste do desenvolvimento humano. A questão do "ponto de virada" neste capítulo também foi explorada alguns anos mais tarde, como exposto no **Capítulo 7**.

No **Capítulo 4**, examino as maneiras pelas quais a ênfase de Winnicott na sobrevivência psíquica enriquece o núcleo teórico de Freud em relação à psicossexualidade. A inspiração para esta exploração surgiu no debate com André Green, em 2003, que considerava que a teoria de Winnicott ignorava a psicossexualidade. Mas argumento que, por causa do foco de Winnicott nos estágios iniciais do desenvolvimento psíquico, a psicossexualidade não é primária, e sim secundária. Em meu trabalho com uma paciente cujo medo da análise era inextricavelmente interligado com seu medo da dependência, aponto como o desenvolvimento sexual era uma questão aterrorizante em função de deficiências no início da relação pais-bebê.

De modo muito parecido com as pacientes retratadas nos **Capítulos 1** e **2**, as ansiedades centrais que emergiram na transferência estavam completamente capturadas pelo processo evolutivo de se tornar uma mulher. O medo que a paciente sentia dos seus desejos (edípicos) escondidos me levou a refletir sobre o conceito de desejo no trabalho de Winnicott.

Nesse capítulo, proponho que existe uma teoria implícita do desejo no pensamento de Winnicott, que ele separa entre necessidades e vontades. Para ele, em uma formulação tardia, o medo da MULHER se enraizava no medo da dependência (*cf.* Abram, 2007, p. 135). Em relação à vontade da paciente de esconder da sua analista seu desejo por medo da inveja e da rivalidade, tento ilustrar a maneira pela qual a sobrevivência psíquica do objeto opera na análise. Isto é, enquanto o desenvolvimento edípico no contexto da transferência está sempre presente, minha tentativa é mostrar como, antes da abordagem das questões edípicas, o paciente precisa aperfeiçoar a capacidade de sobrevivência intrapsíquica do objeto. Na Discussão, elaboro as ideias extemporâneas de Winnicott em relação ao medo da MULHER e amplio minha proposta original (apresentada na primeira edição de *A linguagem de Winnicott*, em 1996) de que as raízes da misoginia, tanto em homens quanto em mulheres, estão relacionadas ao medo da MULHER (Abram, 2007, p. 135). Esta questão por fim se conecta com um conceito de desejo diferente, para ilustrar como as ideias de Winnicott se constroem sobre o paradigma clássico de Freud, mas com uma ênfase distinta.

O **Capítulo 5** descreve a abordagem clínica de Winnicott no seu artigo de 1962, *Os objetivos do tratamento psicanalítico*, e chama a atenção para alguns dos seus principais avanços clínicos, que estendem e elaboram a metapsicologia de Freud. Com essa finalidade, recorro ao trabalho do analista francês René Roussillon, que mostra como Winnicott tornou clínico o conceito freudiano de narcisismo, ao estabelecer como o papel da mãe na formação do Self é intrínseco ao narcisismo primário (Roussillon, 2010 *apud* Abram, 2013) — em contraste à teoria de Freud de narcisismo enquanto um conceito solipsista. Também discorro sobre o trabalho de Haydée Faimberg, que argumenta que, em Winnicott, o conceito de "temor do colapso" intuía o conceito freudiano de Nachträglichkeit e a técnica das construções na análise (Faimberg, 2009 *apud* Abram, 2013). Um exemplo clínico específico, retirado do trabalho posterior de Winnicott, também é examinado aqui para ilustrar o modo pelo qual ele conceitualizou e aplicou sua contratransferência no significado de Nachträglichkeit.

Seguindo os temas da temporalidade no trabalho de Winnicott, o **Capítulo 6** examina a necessidade da experiência primitiva da "ausência de forma". A Discussão traz minhas questões sobre a técnica de Winnicott associada ao enquadre analítico em relação às funções paternas e maternas. A noção de uma "integralidade", retirada de um dos últimos artigos de Winnicott, *O uso de um objeto no contexto de "Moisés e o monoteísmo"* ([1969] 1989), e minha própria proposta de "integrado paterno" começam a tomar forma aqui.

No **Capítulo 7**, desenvolvo a noção de uma "integralidade paterna" que interpreta e estende a proposta tardia de Winnicott sobre o pai como um objeto total desde o início da vida psíquica. Concordando com a fala de Winnicott ([1952] 1958, p. 99), para quem "não existe essa coisa chamada bebê", André Green sugere que não existem essas coisas chamadas mãe e bebê e propõe a noção de um "outro do objeto" na mente da mãe (Green, 1991 *apud* Abram, 2016). No **Capítulo 7**, argumento que esse "outro" é, de fato, "paterno". E, com referência aos **Capítulos 2 e 3**, onde primeiro proponho a concepção dupla de sobrevivência e não sobrevivência psíquica do objeto, sugiro no **Capítulo 7** que o conceito de integralidade paterna reforça a noção de objeto sobrevivente e que, por outro lado, o objeto não sobrevivente indica a deficiência da integralidade paterna.

Na parte central do **Capítulo 7**, também revisito o trabalho clínico com o paciente K., como narrado no **Capítulo 3**, e foco no ponto de virada quando uma mudança afetiva significativa ocorreu em mim. É esse ponto de virada no tratamento que sugiro estar relacionado à necessidade de trabalho psíquico do analista. Argumento, a partir da discussão do caso com um colega (que recrutei na posição de terceiro), que me parece ter sido o conceito de fator paterno aquilo que instigou a mudança psíquica na analista e levou a uma mudança psíquica no analisando.

Nas minhas conclusões para este capítulo, investigo a noção do terceiro na mente do analista, cuja origem se dá na integralidade paterna do próprio analista. Partindo do conhecido conceito de "interpretação mutativa", formulado por Strachey, também sugiro que o terceiro do analista constitui um ingrediente essencial da sobrevivência psíquica do objeto e do processo mutativo (Strachey, 1934). Por fim, tento ilustrar o papel da integralidade paterna na situação de análise.

O **Capítulo 8** explora a teoria psicanalítica de Winnicott sobre a loucura e o colapso, que se localiza no ambiente psíquico primário no qual o bebê foi vítima de uma ansiedade impensável em função de uma proteção deficiente do ego por parte da Mãe/Outro. A história psíquica de não sobrevivência vai inevitavelmente emergir na transferência e precisa ser vivida através da situação de análise. O termo utilizado por Winnicott, "colapso", em essência, se refere à desconstrução de uma defesa frágil que ainda não conheceu nenhum tipo de evolução no bebê traumatizado e, portanto, apenas recobre a superfície da "loucura" subjacente. A loucura é um estado da mente no qual nada pode ser compreendido, porque o sujeito não possui um ego em funcionamento, como resultado de uma ausência severa de proteção do ego em seu ambiente psíquico. Winnicott aponta uma distinção específica entre psicose e defesas psicóticas.

Aqui, assomando a partir do trabalho junto a um paciente cujos medos da morte, de assassinatos e da loucura eram uma característica predominante, são invocadas as noções psicanalíticas de Nachträglichkeit e de reação terapêutica negativa. Apoiada no conceito freudiano de reação terapêutica negativa e na extensão do conceito sugerida por Riviere, exploro o trabalho de Haydée Faimberg, em especial sua reivindicação de uma conceitualização mais ampla para a Nachträglichkeit (Faimberg, [1998] 2012 *apud* Abram, 2013).

O **Capítulo 8** oferece também algumas reflexões sobre a teoria posterior de Winnicott para a loucura. Apesar de suas teses encontrarem raízes no pensamento de Freud, proponho que seus avanços psicanalíticos específicos em relação à "psicologia da loucura" entram em conflito com a noção de pulsão de morte.

Neste sentido, quero propor que a contribuição de Winnicott para os conceitos psicanalíticos de colapso e de loucura oferece uma dimensão significativa que constitui o marco essencial do seu trabalho, isto é, as vicissitudes da relação entre pais e bebê. E é este marco que joga luz sobre como suas contribuições inovadoras à psicanálise são radicais — na prática e na teoria — e ainda estão em processo de expansão.

No **Apêndice**, por sua vez, ofereço um relato do meu trabalho de arquivo na datação de um dos últimos artigos de Winnicott, *O temor do colapso*, e de seu artigo-irmão, *A psicologia da loucura*. Essa pesquisa me levou a uma conclusão diferente daquelas levantadas tanto por Clare Winnicott quanto por Thomas Ogden em relação ao ano em que Winnicott escreveu *O temor do colapso*, e minhas descobertas dialogam com a Discussão de André Green na minha apresentação original de *O objeto sobrevivente*, em 2003 (Green, 2003; ver **Agradecimentos**). Em sua Discussão, Green afirma considerar que os temas de *O uso de um objeto* eram uma das grandes preocupações de Winnicott durante seus últimos anos de vida. Na primeira parte do capítulo quatorze de *Donald Winnicott today*, explico como minhas investigações em arquivo oferecem algumas evidências importantes sobre as preocupações finais de Winnicott (Abram, 2012 em Abram, 2013).

A submissão do manuscrito para este livro, no início de março de 2020, coincidiu com a nova situação global provocada pela pandemia do coronavírus. Minhas reflexões sobre a obrigação de afastar meus pacientes do consultório, sem nenhuma perspectiva clara de retorno à prática cotidiana, me forçaram a aprofundar o pensamento sobre o significado da *sobrevivência psíquica do objeto* ao mesmo tempo que passávamos pelo que se convencionou chamar de análise "remota", embora eu prefira me referir a este tipo de prática como análise "online". No **Posfácio**, examino uma das notas de rodapé que Winnicott acrescentou a seu texto *O uso de um objeto* quando ele foi levemente revisado para a publicação, em 1971, de *O brincar e a realidade*. Esta nota de rodapé afirma que é impossível facultar ao paciente a oportunidade de máxima destrutividade no trabalho analítico se o paciente chegar para a sessão carregando um revólver. Durante a pandemia, a situação de análise foi, de início, um lugar onde o paciente e o analista pareciam ambos carregarem um revólver — ainda mais para analistas mais velhos. Como sugiro, isso criou uma das questões vitais sobre o trabalho analítico durante a pandemia de 2020: como é possível oferecer ao paciente a oportunidade de uma experiência autêntica de *sobrevivência psíquica do objeto* quando o analista está online ou a dois metros de distância, usando uma máscara?

Referências

Abram, J. (2007). *The Language of Winnicott: A dictionary of Winnicott's use of words* (2nd ed.). Routledge. [No Brasil: Abram, J. (2020). *A linguagem de Winnicott: Dicionário das palavras* (1ª ed.), Thieme Revinter.]

Abram, J. ([2012] 2013). *D.W.W. Notes for the Vienna Congress 1971: A consideration of Winnicott's theory of aggression and an interpretation of the clinical implications* (chapter 14).

Abram, J. (ed.). (2013). *Donald Winnicott Today*. New Library of Psychoanalysis. Routledge and the Institute of Psychoanalysis.

Faimberg, H. ([1998] 2013). *Nachträglichkeit and Winnicott's Fear of Breakdown* (chapter 8).

Green, A. (1986). The Dead Mother. In A. Green, *On Private Madness*. Hogarth Press, p. 142–173. [Traduzido para o inglês por Katherine Aubertin a partir de 'La mère morte' Narcissisme de vie, narcissisme de mort, Éditions de Minuit, 1983. No Brasil: A mãe morta (1980), em *Narcisismo de vida, narcisismo de morte*. Escuta, 1988.]

Green, A. (1991). On Thirdness (p. 39–68). In J. Abram (2016). *André Green at the Squiggle Foundation Karnac Books*. (2nd ed.).

Green, A. (2003). *Discussion of the Surviving Object Le Compte Rendu G.E.R.P.E.N.* (vol. 55).

Roussillon, R. ([2010] 2013). Winnicott's deconstruction of primary narcissism. In J. Abram.

Strachey, J. (1934). The Nature of the Therapeutic Action of Psychoanalysis. *Int J Psychoanal*, *15*, 127–159.

Winnicott, D. W. ([1952] 1958). Anxiety Associated with Insecurity (p. 97–100). In D. W. Winnicott (1958), *Collected papers: Through paediatrics to psychoanalysis* (1st ed.). Tavistock. [No Brasil: Winnicott, D. W. (2000). A ansiedade associada a insegurança. In D. W. Winnicott, *Da Pediatria à Psicanálise: Obras escolhidas*. Imago.]

Winnicott, D. W. ([1962] 1965). The Aims of Psychoanalytical Treatment (p. 166–170). In D. W. Winnicott, *The Maturational Processes and the Facilitating Environment Studies in the*

Theory of Emotional Development. The Hogarth Press and the Institute of Psychoanalysis. [No Brasil: Winnicott, D. W. (2000). Os objetivos do tratamento psicanalítico. In *Da Pediatria a Psicanálise: Obras escolhidas*. Imago.]

Winnicott, D. W. ([1969] 1989). The Use of an Object in the Context of Moses and Monotheism. In D. W. Winnicott, R. Shepherd, & M. Davis (eds.), *Psychoanalytic Explorations*. Harvard UP. [No Brasil: Winnicott, D. W. (1994). O uso de um objeto no contexto de Moisés e o monoteísmo. In *Explorações Psicanalíticas*. Artmed.]

Winnicott, D. W. (1971). The Use of an Object and Relating Through Identifications. (Chapter 6). In: D. W. Winnicott, *Playing and Reality*. Tavistock. [No Brasil: D.W. (1994). *O uso de um objeto e o relacionamento através de identificações*, em *Explorações Psicanalíticas*. Artmed.]

CAPÍTULO 1

Rabiscos, palhaços e as rodas de Catarina: violação do self e suas vicissitudes

(1996)

Introdução

Enquanto todos os analistas freudianos esperam que seus pacientes deitem no divã e digam qualquer coisa que vier à mente, por que Winnicott sugere que é uma prerrogativa do paciente não dizer qualquer coisa que vier à mente? Apesar da sua concordância em ver a livre associação como um método inestimável para a psicanálise, sua proposição enfatiza um paradoxo: ainda que a comunicação seja essencial e enriqueça as relações, cada um de nós tem, ao mesmo tempo, o direito de não nos comunicarmos, mesmo, e talvez especialmente, no início da vida e no divã do analista. Winnicott ([1963a] 1965a, p. 187) aborda o tema da comunicação e da não comunicação e levanta outra importante questão sobre a comunicação inter e intrapsíquica: "Como ser isolado sem ter que ser insulado?".

Quais são os elementos-chave para a capacidade de se sentir real e se sentir visto e reconhecido? Já no final da vida, Winnicott ([1967a] 1971, p. 114) escreveu um poema curto e sucinto para sublinhar suas ideias de como se constrói um senso subjetivo de self. O processo depende do ser visto.

Quando vejo sou visto, então existo
Agora posso ver e enxergar
Agora posso olhar criativamente e o que apercebo eu também percebo.

Esses versos falam para o bebê ainda incapaz de usar as palavras, mas que já atingiu o imprescindível estágio do desenvolvimento psíquico de ser capaz de distinguir entre o Eu e o Não Eu. O bebê na xilogravura do ukiyo-ê (Figura 1) representa um bom exemplo desse momento do desenvolvimento no qual o bebê já alcançou o estágio de Dependência Relativa (Winnicott, [1963] 1965, p. 84). Ele ainda precisa do holding da mãe, mas a mãe, intuitivamente, sabe que seu bebê está pronto para ser apresentado a um terceiro — representado pela carpa na vara[1]. A imagem, portanto, indica que aquele bebê em particular internalizou de tal maneira a experiência de "devoção comum" de sua mãe a toda e qualquer necessidade infantil que a habilidade de diferenciar o Eu do Não Eu foi alcançada. Após esta conquista psíquica, a criança se torna capaz de iniciar o processo de ver um outro Não Eu. Os detalhes de como os recém-nascidos adquirem esta capacidade psíquica foi o que Winnicott buscou entender e formular durante toda sua vida. A chave

---

1   Durante a preparação deste livro, estive em contato com o professor Osamu Kitayama, que gentilmente se ofereceu para escrever um texto laudatório para esta publicação. Ele me disse que sua esposa e suas filhas não achavam que o bebê no ukiyo-ê tivesse três meses de idade, e sim que ele fosse um pouco mais velho, algo como sete ou dez meses de idade. O Sr. Yoshizawa, que é curador do museu de Tóquio responsável por abrigar esse ukiyo-ê de Yōshū Chikanobu, acredita que o bebê tem pelo menos um ano de idade. Todos nós concordamos que, na verdade, não sabemos muito bem. Ainda assim, tenho certeza de que a criança tem, no mínimo, três meses e, no máximo, dez. E, a despeito da idade que Chikanobu tinha em mente ao cortar a madeira, para mim o estágio de desenvolvimento do bebê retrata a Dependência Relativa (ver a entrada sobre Dependência em *A linguagem de Winnicott*). Outra informação interessante que o professor Kitayama me enviou por escrito em novembro de 2020 foi a confirmação de que minha interpretação da mãe introduzindo o terceiro ao bebê com a carpa presa à vara, dizia ele, era "muito apropriada", porque aquele brinquedo com uma carpa preta que a mãe sacode na frente do bebê é usado para indicar boa saúde e felicidade para os meninos e está no centro das questões paternas na cultura japonesa (para mais detalhes, ver o **Prefácio**).

para que o analista possa discernir "o bebê clínico" (Green & Stern, 2005) no adulto deitado no divã se baseia na profunda apreciação dos primeiros processos psíquicos que emanam do próprio "bebê clínico" do analista (Winnicott, [1967b] 1989)[2].

***

Até o seu nome — Winni-cott — evoca o objeto transicional favorito de Christopher Robin e o ambiente de holding de todos os bebês longe dos braços da mãe[3].

Em 1972, um ano depois de morte Winnicott, Marion Milner compartilhou algumas lembranças de seu amigo e colega Donald, em um memorial organizado pela Sociedade Psicanalítica Britânica. Era 1957, em algum lugar da França, o pequeno palhaço que ela viu na praça de uma cidadezinha não parecia capaz de fazer o que os outros acrobatas faziam, na sua tentativa de alcançar a barra do trapézio, até que, de repente, quando ele enfim conseguiu alcançar a barra, o palhaço rodopiou muito mais rápido do que todas as outras pessoas — divertindo e entusiasmando a multidão —, como uma roda de Catarina. Esta era uma imagem que fazia Marion Milner se lembrar de Winnicott. O centro escuro de fogos de artifício giratórios a lembravam da escrita do amigo a respeito do incognoscível núcleo do self (Winnicott, [1962] 1965c, p. 187).

---

2   Segundo Winnicott, "o principal resultado dos primeiros cinco anos de análise" era que ele era capaz de ver que o bebê era um ser humano (Winnicott, [1967b] 1989: p. 576).
3   Christopher Robin é a criança apresentada por A.A. Milne no seu livro infantil *Winnie-the-Pooh* (*O ursinho Puff*, 1926). Puff [hoje já traduzido no Brasil como Pooh] é um ursinho de pelúcia retratado nas ilustrações da publicação como o urso de brinquedo favorito de Christopher Robin. À luz das teorias de Winnicott, o ursinho Puff representa um objeto transicional. Todas as crianças britânicas conhecem essa história e esse personagem, que ficou cada vez mais famoso desde que seus livros foram traduzidos para muitos idiomas e sua fama como um astro de filmes da Disney o estabeleceu como um personagem familiar para as crianças do século 21. "Cot", por sua vez, é a palavra em inglês para a cama com guardas de segurança para bebês pequenos, isto é, o berço.

Uma das imagens que particularmente gosto, entre as recordações de Milner, é um cartum da revista New Yorker de dois hipopótamos emergindo da água, um deles com a boca bem aberta. A legenda embaixo diz: "Não paro de pensar que é terça-feira". Ela mostrou esse cartum para Winnicott durante a Segunda Guerra Mundial, e virou uma piada entre eles por anos e anos.

O cartum repercute as preocupações psicanalíticas sobre o limiar da consciência no intervalo criado pela superfície da água como um lugar de submersão ou emersão. Existem vários outros temas winnicottianos retratados naquele simples cartum: o espaço transicional, agressão, comunicação e amizade; a partilha de uma experiência de distração, uma questão com a qual a própria Milner se preocupava ao sugerir que, "de maneira comum", os seres humanos "pensavam em dois níveis diferentes, sob um ritmo oscilante", e que sair de um estado de distração para um estado de maior consciência dificulta saber por onde nós estivemos (Milner, 1972, p. 195).

Bons palhaços, assim como boas piadas, acertam na mosca, nos levando à essência de algo dentro da gente que, embora seja sentido, ainda não pode ser pensado pela mente consciente. Essa é uma verdade válida para os grandes poetas, escritores e artistas e, a meu ver, é o motivo pelo qual André Green uma vez disse que Winnicott era "a maior mente da psicanálise depois de Freud"[4].

Este ensaio é uma reflexão sobre o conceito de Self para Winnicott e presta uma atenção particular no "self incomunicável", tal como descrito por Winnicott em 1963, e como isso se relaciona com os comentários de Marion Milner no seu artigo *Winnicott e a viagem de mão dupla*, de 1972 (ver Milner, 1972 *apud* Abram, 2013). O exemplo clínico aqui apresentado busca ilustrar esses temas no contexto do cenário analítico.

---

4   Comunicação pessoal, 1996.

O self

Winnicott ([1952] 1958b) escreve que, durante um encontro científico (da Sociedade Psicanalítica Britânica), ele de repente percebeu que "não existe essa coisa chamada bebê". Essa compreensão o levou a formular seu pensamento sobre a psique nascente bem no início da vida, no qual ele propôs a existência de um estágio de desenvolvimento que precede as relações objetais. É um dos marcos do seu trabalho e foi uma proposta radical. Naquela época, por volta de 1942, as relações objetais, de acordo com a teoria kleiniana, eram vistas como presentes desde o início da vida. Ao focar na fusão inicial entre mãe e bebê, Winnicott promoveu avanços no conceito de narcisismo primário (Roussillon, 2010 *apud* Abram, 2013; ver Abram & Hinshelwood, 2018, p. 29-35). Em 1952, Winnicott esclareceu o que quis dizer com "não existe essa coisa chamada bebê". Ele considerava que o "centro da gravidade" de cada indivíduo se iniciava na "configuração ambiental individual" ou no que ele também descrevia como a "configuração total". E comparava a cascas os pais que, aos poucos, eram dominados pelas sementes, "parecidos com bebês humanos" ([1952] 1958b, p. 99).

No mesmo ano em que apresentou pela primeira vez *A ansiedade associada à insegurança*, ele escreveu outro artigo, chamado *Psicose e os cuidados maternos*, e definiu com clareza o que, para ele, eram os padrões iniciais de relação. Existe um padrão saudável de relacionamento e, do outro lado, um padrão patológico de relacionamento (Winnicott, [1952] 1958c).

O ponto essencial enfatizado por Winnicott é que o padrão de relacionamento se estabelece desde o início e é absolutamente dependente do ambiente. Em seu trabalho posterior, ele categorizou dois tipos de bebês, fundamentando-se nas propostas apresentadas naqueles dois artigos. Ou o bebê é sustentado ou não é. Com base nesta teoria, recentemente propus que existem dois tipos de bebês winnicottianos: um bebê que sabe, em um nível corporal, o significado de ser segurado e um bebê que não sabe (Abram & Hinshelwood, 2018, p. 46). Esta categorização contrasta com Klein, que propôs que a posição esquizoparanoide é universal. Para Winnicott, o estado da mente retratado pela posição esquizoparanoide demonstrava uma falha nos estágios iniciais do desenvolvimento psíquico no qual a criança havia sofrido uma interferência grosseira.

Para Winnicott, existem duas espécies de interferências ambientais. Uma interferência benigna é aceita pela criança porque, no contexto de ser sustentado, o bebê está pronto para a experiência e, portanto, será enriquecido por aquele evento. Em contrapartida, no padrão patológico de relacionamento, a criança não está emocionalmente preparada e é obrigada a reagir àquela intrusão — que se torna, então, uma "interferência grosseira", como descrita por Winnicott, à medida que a reação do bebê (sem um pensamento) constitui o trauma. A ênfase aqui é que a reação subjetiva à interferência é a causa das quebras internas na continuidade-do-ser que distorcem o desenvolvimento ordinário.

Naquele mesmo artigo, *Psicose e os cuidados maternos* ([1952] 1958c, p. 224-225), Winnicott introduz a noção de "núcleo isolado do self". A seguir, vemos o que pode ser descrito como um self dividido[5]. Winnicott se refere a uma "divisão básica da personalidade" que é patológica e resultado de um ambiente falho. Ele sugere que um ambiente falho pode criar no indivíduo uma "vida interior secreta" e essa vida interior é verdadeiramente incomunicável na medida em que existe nela "muito pouco da realidade externa".

No diagrama a seguir, baseado no diagrama original de Winnicott, de 1952, acrescento os conceitos posteriores do autor a respeito do self: o verdadeiro self em relação com o falso self e com o incomunicável núcleo do self, como delineado em seu artigo *Comunicação e falta de comunicação levando ao estudo de certos opostos* (Winnicott, [1960] 1965c, [1963b] 1965d).

---

5   R. D. Laing publicou seu livro *O eu dividido* em 1960, mais ou menos na mesma época em que ele estava sob supervisão de Donald Winnicott, completando seu treinamento analítico no Instituto de Psicanálise.

DIVISÃO BÁSICA NA PERSONALIDADE

Vida secreta interior

Núcleo incomunicável e isolado do self

Ambiente

Relativo a objetos subjetivos de ilusão

O mundo da realidade compartilhada – objetos percebidos

Self verdadeiro

Fenômenos transicionais

Falso self

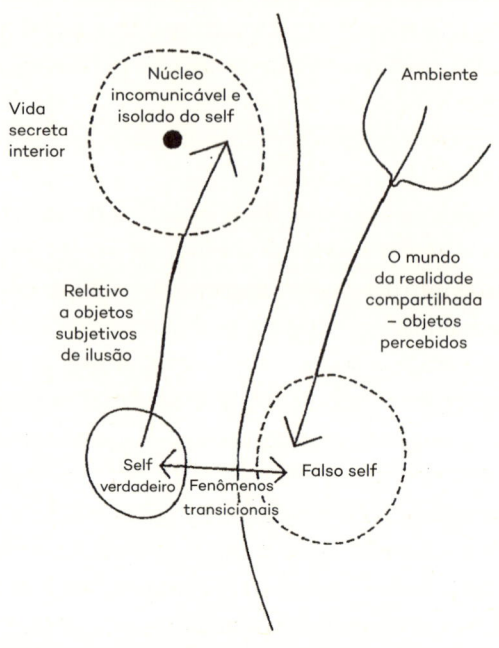

Figura 3: Elaboração de Abram para a divisão básica na personalidade a partir da divisão básica da personalidade de Winnicott (1952, capítulo 1).

Permitam-me elaborar. Em 1960, Winnicott escreve *Distorção do ego em termos de falso e verdadeiro self*. Neste artigo, ele detalha cinco classificações do falso self que transitam entre o patológico e o saudável. O falso self se estabelece no indivíduo para proteger o verdadeiro self. Na ponta patológica do espectro, existe uma total dissociação na qual o falso self não se conecta ao verdadeiro self. Mas o falso self "saudável" implica a capacidade do indivíduo de instituir uma fronteira necessária entre o mundo externo e o interno. Portanto, existe um falso self que constitui uma "divisão saudável", pois protege ao invés de dissociar. Winnicott mais tarde desenvolve essa noção no seu artigo sobre a comunicação e introduz a noção de um corolário saudável à divisão básica patológica de 1952. Ele propõe que existe um núcleo do self que "nunca se comunica com o mundo dos objetos percebidos". Em complemento, Winnicott sugere que esse núcleo do self nunca será tocado pela realidade externa porque "cada indivíduo é um ser isolado, permanentemente não comunicativo, permanentemente desconhecido, na realidade nunca encontrado" ([1963] 1965d, p. 187). E isso, ele enfatiza, é o seu ponto principal, isto é, a comunicação para cada ser humano é paradoxal: precisamos nos comunicar uns com os outros e sermos reconhecidos, mas, ao mesmo tempo, somos seres isolados e precisamos proteger o núcleo interno do self.

Para Winnicott, é o fracasso do ambiente nos primeiros estágios da vida e o acúmulo subsequente de experiências dolorosas e traumáticas que vão levar o indivíduo a organizar defesas primitivas para proteger o "núcleo isolado". E, para enfatizar que a violação do self é mais psicológica do que física, ele escreve que "estupro, e ser alimento de canibais, são meras bagatelas se comparados à violação do núcleo do self... ([1963b] 1965d, p. 187). Portanto, meus acréscimos ao diagrama (Figura 3) ilustram o corolário saudável da divisão básica patológica na qual o indivíduo se engaja na luta por se inter-relacionar "sem ter que ser insulado" (Winnicott, [1963a] 1965a, p. 187).

Vamos agora nos focar na noção winnicottiana de "self isolado incomunicável". Por que nunca deve ser comunicado e por que está sempre "permanentemente isolado"? Marion Milner não ficou convencida por esta ideia e questionou a formulação de Winnicott.

Sob uma perspectiva saudável, o isolamento das relações é o que Winnicott descreveu como um "lugar de descanso", e um lugar para "ser" e "sentir-se real". Essa era uma preocupação de Winnicott na sua última década, como vemos na coleção de artigos *O brincar e a realidade* (1971). "Ser" e "sentir-se real" se baseiam na experiência de não integração durante a fase de holding, quando, em situações saudáveis, a mãe está em um estado de preocupação materna primária. Essa experiência de não integração é precursora da capacidade de desfrutar, como veremos adiante.

O isolamento patológico, no entanto, se baseia na experiência de interferências grosseiras do ambiente no qual o bebê, que não está devidamente seguro, não possui qualquer outra opção a não ser reagir. Essa reação, como indicamos acima, interrompe a continuidade-do-ser de modo que o lugar que deveria ser visto como de descanso se torna um refúgio contra perseguições. Assim, a violação do self, de acordo com Winnicott, constitui uma "comunicação que se infiltra no núcleo interno" do self. Mais tarde, em 1960, no seu artigo *Teoria do relacionamento paterno-infantil* (1960a, p. 585), ele afirma também que as intrusões que a criança não está preparada para responder (ao invés de reagir) vão penetrar no "núcleo central do ego" e isso, ele acrescenta, "é a própria natureza da ansiedade psicótica" — de onde se infere que o núcleo da ansiedade psicótica é, portanto, formado por catalogações acumuladas[6] de violações [do self] ocorridas no início da vida. Esta conceitualização é uma reminiscência da imagem mencionada por Marion Milner, a roda de Catarina, cujas origens remetem à tortura, às punições e à morte[7]. Milner questiona a ideia de Winnicott de um núcleo incomunicável do self e, embora entenda o que ele quer dizer ao falar de uma integração que emerge a partir da não integração, ela escreve que constata em si "uma relativa certeza de que, no contexto adequado", o núcleo do ser pode ser acessado e até descobrir um lugar de renascimento. A essa indagação, Milner acrescenta um questionamento sobre o corpo: qual é a relação do sentido de si com o conhecimento que uma pessoa tem do próprio corpo? (Milner, 1972; 1987, p. 250).

---

6   "Por catalogação, Winnicott se refere a uma memória inconsciente de uma reação a uma interferência grosseira, baseando-se na sua crença de que nos lembramos de tudo que já nos aconteceu, tanto do ponto de vista corporal quanto emocional" (Abram, 2007, p .269).
7   Esses fogos de artifício foram nomeados a partir de Santa Catarina, que foi uma cristã responsável pela conversão de muitas pessoas ao cristianismo. Ela foi condenada à morte em uma roda de despedaçamento, que era uma pena capital excruciantemente dolorosa na qual a vítima era amarrada a uma roda e então espancada até a morte. Mas Catarina não morreu assim porque, quando ela tocou a roda, o objeto se despedaçou inteiro (wikipedia.com).

Se recorrermos ao artigo de Winnicott *Psicose e os cuidados maternos*, já mencionado aqui, talvez o início de uma resposta à pergunta de Milner possa ser encontrado em uma nota de rodapé, quando Winnicott diz que a consciência que uma pessoa tem do próprio corpo está inextricavelmente relacionada à configuração ambiental individual ([1952b] 1958c, p. 222). Naquela época, ele já tinha desenvolvido sua noção da morada da psique no soma, no seu artigo *A mente e sua relação com o psique-soma*, de 1949. Para Winnicott, a consciência e o relacionamento do Self com o próprio corpo da pessoa sempre são associados à mãe-ambiente, isto é, o corpo da mãe.

Sobrevivência do objeto

Vamos agora olhar com mais detalhes o artigo *O uso de um objeto* (Winnicott, [1968] 1969, p. 711-716), onde ele desenvolve os temas tratados até aqui. Neste artigo, e no decorrer de todo seu trabalho, Winnicott afirma que não pode existir uma verdadeira vida do self, nenhuma vida criativa, nenhum sentimento de se sentir real, sem que o sujeito experimente a destruição do objeto e, de maneira absolutamente crucial, a sobrevivência do objeto à destruição pelo bebê. O ambiente falho é aquele em que o objeto não sobreviveu à destruição pelo sujeito; o ambiente facilitador e sustentador, por sua vez, é aquele em que o objeto sobrevive à destruição pelo sujeito. Pode-se dizer, então, que, no ambiente falho, é a experiência do sujeito de *não sobrevivência do objeto* que viola o núcleo do self.

O sujeito afortunado, nascido em um ambiente facilitador, é capaz, através da sobrevivência do objeto, de se sentir real, de descobrir o sentido de si na interação com seu corpo e com o mundo externo e, acima de tudo, é capaz de desfrutar a vida. Porque é somente no desfrutar a vida, na relação com os outros e consigo mesmo, que o indivíduo pode florescer e continuar a se desenvolver e crescer. É importante lembrar que Winnicott ressalta: "não existe ódio na destruição do objeto"; pelo contrário, existe um sentimento de "alegria pela sobrevivência do objeto" ([1968] 1969, p. 93). Essa experiência de alegria é inestimável porque contribui para o senso de realidade do sujeito e "fortalece a modulação dos sentimentos" ([1968] 1969, p. 716). Como consequência desse processo, o objeto pode então ser usado.

Como já afirmei, Winnicott é bastante categórico sobre a distinção entre um início de vida suficientemente bom e um não suficientemente bom. E, mais tarde no seu trabalho, ele discorreu com muita clareza sobre como existem apenas dois tipos de pessoas: aqueles que experimentaram um ambiente de holding suficientemente bom desde o começo e aqueles que não experimentaram esse ambiente. Em termos de sobrevivência do objeto, pode-se inferir, portanto, que existe somente experiência de sobrevivência ou de não sobrevivência.

Aqui, quero sugerir que, sob uma variedade infinita de circunstâncias, a experiência de sobrevivência e não sobrevivência é universal em maior ou menor grau. Neste sentido, a experiência de "violação do self" e suas vicissitudes podem ser compreendidas como um aspecto da condição humana. Mas, se refletirmos sobre a noção winnicottiana do núcleo isolado do self, que nunca deve ser comunicado, notaremos uma diferença significativa entre o mundo interior de um indivíduo que experimentou um trauma precoce e alguém que não passou por essa vivência. Por exemplo, se o objeto intrapsíquico sobrevivente (como mostra a Figura 1) estiver vivo no adulto que, por algum motivo, se traumatizar na vida adulta, o objeto sobrevivente vai equipar o indivíduo para lidar com a situação do ponto de vista emocional. Em contraste, se um adulto cujo objeto intrapsíquico não sobrevivente (como visto na Figura 2) eclipsa seu objeto sobrevivente e sofre um trauma qualquer na sua vida adulta, ele não vai lidar tão bem com a situação. O trauma presente vai se sintonizar com deficiências psíquicas precoces, amplificando o trauma. Na sequência, o que se dá, acredito eu, é que, como a violação do self é um resultado da não sobrevivência do objeto diante das necessidades agressivas primitivas do sujeito, o paciente à procura de análise vai ser instigado pela busca inconsciente de um objeto que vá sobreviver[8]. A teoria de Winnicott empresta credibilidade a esta convicção, apesar das profundas dificuldades de se trabalhar com pacientes borderline e psicóticos, em quem o analista enfrenta uma poderosa disposição inconsciente por parte do paciente de provar que o trabalho do analista é completamente ineficaz. Este é certamente o caso no tratamento de pacientes extremamente narcisistas e daqueles com uma histeria grave, nos quais a (assim chamada) "reação terapêutica negativa"[9] domina o trabalho analítico. As teorias de Winnicott ultrapassam esse problema manifesto para mostrar que essas classificações são na verdade defesas e que a reação terapêutica negativa do paciente pode ser, de fato, a única maneira que a pessoa encontra para se defender contra a revivência da violação do self. No **Capítulo 8**, exploro em mais detalhes a perspectiva de Winnicott em relação ao conceito freudiano de reação terapêutica negativa.

Se aplicarmos essa noção de uma busca inconsciente por um objeto que vá sobreviver, podemos postular que, na raiz de todos os esforços criativos, o artista está à procura do objeto que vá sobreviver na medida em que ele vai, em contrapartida, trazer felicidade e capacitar o sujeito a "se sentir real" e "viver criativamente"? A alternativa ao empreendimento artístico, ou o movimento paralelo a ele, é o setting analítico que constitui um ambiente particular no qual, através da transferência, existe o potencial para que o paciente encontre um objeto que vá sobreviver. E esta possibilidade pode estar ao seu alcance pela primeira vez na vida. Mas o trabalho psíquico é necessariamente doloroso e não pode garantir tal transformação.

Na Figura 4, tento ilustrar o self integrado ideal, que é capaz de distinguir entre o Eu e o Não Eu, consegue lidar com as interferências cotidianas nas relações e pode continuar a se desenvolver, evoluir e florescer.

8   Desenvolvi este tema muitos anos depois, em 2014, em um artigo intitulado *Da comunicação à falta de comunicação: a busca por um objeto que vá sobreviver* (Ver Abram, 2014).
9   No **Capítulo 8**, discuto que o conceito winnicottiano de "medo do colapso" indica que a assim chamada reação terapêutica negativa está relacionada ao fenômeno da Nachträglichkeit em oposição à pulsão de morte (Abram, 2018).

SELF INTER-RELACIONADO

[Diagrama com quatro pétalas sobrepostas mostrando as seguintes áreas: Ambiente; Área; Falso self; Apercepção; Verdadeiro self; Lugar de descanso; Ilusão de quietude; Área de objetos subjetivos; Objetos objetivamente percebidos; Realidade compartilhada]

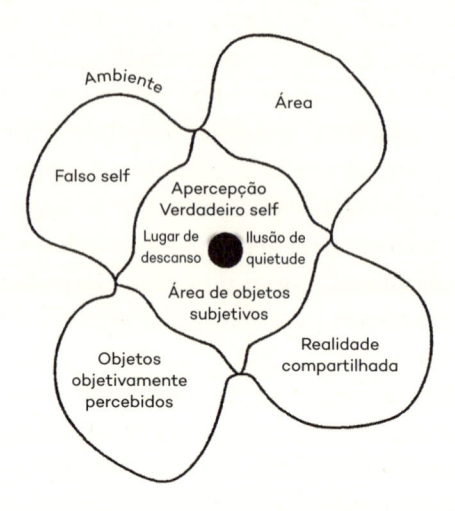

Enriquecimento através do relacionamento

Figura 4: Self inter-relacionado — enriquecimento através do Diagrama de relacionamento (1996), por Jan Abram (Capítulo 1).

A linha externa do diagrama é a fronteira entre o ambiente e a área do falso self saudável, que inclui a realidade compartilhada e a capacidade do ego maduro de discernir objetos objetivamente percebidos. A linha que define o self interior retrata a área do self verdadeiro na qual os estados de apercepção residem junto à camada de ilusão e de objetos subjetivos. A área mais interna constitui as memórias inconscientes do "ser" que se relacionam com o infantil em cada ser humano. Esta é a área na qual o "bebê clínico" reside. A situação de análise invoca a criança clínica para que ela fale através da "área do falso self". Se observarmos o diagrama de maneira global, vamos identificar um self inter-relacionado que se relaciona entre um self infantil que é histórico e um self em evolução que continua a crescer através de uma jornada que oscila entre o interno e o externo, entre o ser e o fazer e entre passado e presente. No centro do Self, segundo a proposição de Winnicott, existe um self incomunicável que nunca deve ser comunicado.

Winnicott perfaz uma distinção entre o "self incomunicável" e o self nuclear psicótico. Interferências grosseiras no self incomunicável do recém-nascido fazem com que o bebê se defenda, como já apontamos, padrão primitivo de relação. Assim, o núcleo psicótico surge como resultado de um trauma cumulativo. Isso, no meu ponto de vista, mas ainda seguindo o pensamento de Winnicott, constitui a não sobrevivência do objeto, isto é, um ambiente que traumatiza a partir de interferências grosseiras.

Mas, como vimos, a perspectiva de Marion Milner é que o self incomunicável, assim como o inconsciente, pode, afinal, "diante de um setting adequado, ser acessado pelo ego consciente, descobrindo-se que ele pode virar ao avesso de si mesmo, fazer contato com o centro do seu próprio ser e encontrar uma renovação, um renascimento?". Antes de tratarmos a questão de Milner, vamos refletir sobre o caso de Faith.

Exemplo clínico

Faith é a segunda criança e única filha de um casal que pertencia a uma seita fundamentalista cuja filosofia era a do totalitarismo. As crenças e a afiliação dos pais a esta seita tornavam racionais suas necessidades de levarem uma vida familiar extremamente controlada e cem por cento previsível, a ponto de decidirem qual refeição cada um iria comer em cada dia da semana. As crianças, Faith e seus irmãos, recebiam papéis bem específicos, o que incluía a maneira pela qual eles eram nomeados.

Faith afirmava que, aparentemente, ela sempre soube que dela se esperava um comportamento de filha perfeita e obediente. De acordo com sua mãe, ela era "muito boazinha" mesmo na mais tenra idade e, da infância, ela se lembra de sempre se portar da melhor maneira possível, na esperança de ser notada. E as pessoas a notaram por um tempo, mas Faith nunca sentiu que aquela atenção era suficiente, porque, na realidade, seu bom comportamento desvelava o quanto ela era, na maior parte das vezes, ignorada. Portanto, se algum dos seus pensamentos era mau, então ser ignorada exacerbava seu sentimento de que ela era, de fato, má. Esses sentimentos precisavam ser acobertados pelo "ser boa".

Nas palavras de Faith, sua mãe dominava a família. Seu pai, ela dizia, era quieto e retraído, e também obediente. Discordâncias e raivas eram emoções que nunca eram abertamente expressas. Faith se lembrava de discordar uma vez de sua mãe. Ela estava no início da adolescência e protestou que ela com certeza já tinha idade suficiente para ir às compras sozinha. Sua mãe ficou emburrada, como se tivesse sido ferida de morte, e a ignorou por um tempo. Em contraste a essa lembrança, Faith dizia se lembrar de um gesto caloroso de sua mãe. Ela se lembrava da vez em que sua mãe deu um beijo na sua bochecha. Faith deu risada e saiu correndo, se sentindo constrangida. Mas ela se lembrava de como o beijo a fez se sentir bem por dentro. Por um instante, se sentiu notada pela mãe. Aquele gesto fez com que se sentisse amada e especial.

Ao longo dos anos, em duas sessões semanais de psicoterapia psicanalítica, conheci a versão de Faith para os seus bem-intencionados pais. A mãe aparecia como fria, narcisista e controladora enquanto seu pai parecia distante e depressivo. Fiquei com a impressão de que ambos tinham medo das suas próprias emoções, e Faith dizia que seu pai tinha um segredo do passado sobre o qual ninguém deveria perguntar a respeito.

A apresentação de Faith sobre a vida da sua família de origem parecia plausível, porque sua obediência e a atmosfera familiar sem vida era bastante palpável na transferência. Fiquei muito impressionada de como ela se deitava imóvel no divã e, no início, não entendi se ela não se atrevia a se mexer ou se simplesmente não conseguia. A atmosfera de cada sessão era como se estivéssemos em um lugar muito sagrado onde precisávamos ficar muito imóveis e muito silenciosas. Eu me descobri, no início, receosa de me mexer em demasia, falar demais ou mesmo sentir demais.

Faith tinha procurado terapia, como ela me disse na primeira sessão, porque sentia que precisava de ajuda com a ideia de que teria que se virar sozinha a vida inteira. Ela afirmou saber, em um nível profundo, que não estava vivendo a própria vida. Esse pensamento sobre o qual ela falou na primeira sessão, acredito eu, se conectava, entre outras coisas, com uma sensação de profunda depressão que a acompanhava por ter que se esconder tanto — "um desastre não encontrado", como diz Winnicott (1963b) — e com uma sensação profunda de culpa por ela não acreditar nas rígidas crenças de seus pais e desde cedo não aceitar os ensinamentos fundamentalistas daquela seita em particular. Essa era a razão manifesta do porquê seu sentimento de culpa também se relacionava com seus sentimentos "maus", como raiva, inveja, ódio e sadismo. Esses sentimentos, no entanto, levaram algum tempo para vir à tona em nosso trabalho. Inicialmente, a ajuda que Faith sabia que precisava era para viver sua própria vida e para conseguir se livrar da pesada atmosfera da sua infância, que fazia com que, de muitas maneiras, ela escondesse de si mesma as emoções agressivas à espreita.

Em um nível mais profundo, porém, senti que ela de fato tinha se encontrado porque sabia que era diferente dos pais. Mas Faith ainda não tinha descoberto um caminho para ser ela mesma junto de outras pessoas e se declarar para o mundo. Por exemplo, nas raras ocasiões em que seus pais a visitavam no seu apartamento, Faith escondia tudo que sentia ser objeto de reprovação. Esse procedimento demandava um verdadeiro turbilhão e várias horas de idas e vindas entre os seus pertences, analisados com pente-fino. Há muito tempo ela pensava e aceitava que aquela situação era algo normal.

Na relação terapêutica, também ocorreu um processo paralelo. Seu costume era sempre chegar cinco minutos antes do horário agendado. Em uma ocasião, ela chegou atrasada, por causa dos engarrafamentos, e se sentiu confusa e assustada porque não tinha tido os cinco minutos na sala de espera para poder se preparar. Trabalhamos no significado daqueles sentimentos e chegamos à conclusão de que se relacionava com seu medo de ser exposta. Enquanto, para mim, estava claro que aquela reação revelava o medo dos seus próprios sentimentos agressivos, tudo o que Faith conseguia dizer nos primeiros estágios da terapia era que tinha medo das coisas dentro dela que pareciam ruins. Assim, os cinco minutos de preparação antes da sessão era um modo dela arrumar as coisas que, em sua percepção, eu não iria aprovar.

Na transferência, alternei entre sua mãe e o líder político da seita seguida por seus pais: controladora, crítica e autoritária. A atmosfera de cada sessão não era exatamente fúnebre, mas também não podia ser descrita como vívida, e, apesar de algumas mudanças importantes estarem acontecendo em sua vida, eu me perguntava se Faith um dia seria capaz de se libertar do seu passado e sentir que tinha o direito de experimentar alegrias e felicidades. Ou ela iria viver uma vida de obediência mortal, nunca se arriscando a reconhecer seus desejos e como alcançá-los (ver **Capítulo 4**)?

Faith possuía uma mente bastante reflexiva e, apesar do seu contexto familiar, fiquei impressionada com o quanto ela havia se aprofundado nos próprios pensamentos. Ela era altamente inteligente e intuitiva. E, a despeito da sua inibição extrema no relacionamento terapêutico, ela tinha tido, até onde eu podia dizer, uma boa educação e havia conquistado certo nível de sucesso no seu trabalho vocacional. Ela mencionava amigas com as quais convivia, mas fiquei com a impressão de Faith ser uma mulher solitária — ou até isolada — e que ansiava por alguma outra coisa. Claro, como uma mulher de vinte e poucos anos, ela devia ter preocupações sobre sua sexualidade, mas ela tocava no assunto apenas raramente e havia comunicado desde o início do tratamento como não conseguia imaginar qualquer desejo masculino por ela.

Depois de quatro anos de terapia, comecei a achar as sessões cada mais difíceis de serem toleradas, do ponto de vista da minha concentração, e passei pela experiência de não ser capaz de escutar o que Faith me dizia. Por um período de vários meses, essa experiência dominou cada vez mais as sessões. Ela entrava no consultório, ia até o divã, eu começava a ouvir e de repente percebia que o tempo havia se passado e eu não tinha escutado nada, e que não sabia do que ela estava falando. Ao perceber minha não escuta, eu então fazia um esforço coordenado e, por um tempo, conseguia prestar atenção no conteúdo das primeiras frases até que, em seguida, o padrão voltava a acontecer.

O aspecto peculiar da minha reação era que eu não entrava realmente no meu próprio devaneio quando não a escutava. Para mim, parecia mesmo uma deficiência, quase como se eu tivesse perdido minha capacidade auditiva. Eu tinha a imagem de uma parede de vidro ocupando o meio do consultório, dividindo a sala, com Faith no divã de um lado e eu de outro, na cadeira atrás dela, de modo que essa parede impossibilitava qualquer som de atravessar de um canto a outro. Como se nós duas fôssemos incomunicáveis. Meu desejo de escutar não havia desaparecido; na verdade, eu lutava dolorosamente para ouvir e escutar cada uma das sessões. Até que, aos poucos, ficou evidente que minha inabilidade, minha perda de audição, era um sintoma ocorrendo na contratransferência.

Faith tinha me contado, em um nível consciente, sobre sua experiência com a mãe, mas, agora, parecia que alguma coisa estava acontecendo em um nível experiencial que, naquele estágio específico do tratamento, não podia ser pensado. Eu me perguntei se aquela situação indicava que eu havia me transformado na mãe que não escutava ou não podia escutar a filha. Aquela reação contratransferencial me fez sentir a confusão de Faith em relação a quem era quem e qual dor ela sentia — a sua ou de sua mãe? Estávamos alcançando a camada de experiência bem no centro da roda de Catarina, onde, em um estado quase autista, eu não conseguia responder porque estava insulada? A insulação é provocada pela necessidade de se retirar de um ambiente grosseiramente impactante, lembra Winnicott.

Naquele momento da terapia, no entanto, eu não sabia exatamente como agir diante da situação, porque eu vivia um sentimento de paralisia. Enquanto tentava entender, observei que Faith não parecia notar que eu enfrentava um problema em escutá-la. Pelo contrário, ela parecia seguir como se eu a escutasse. Logo em seguida, ficou claro que Faith não esperava que eu a escutasse, nem mesmo que eu a notasse. Na verdade, aos poucos, despontou em mim a percepção de que, embora ela chegasse e saísse das sessões, ela esperava (em algum nível) que eu não a notasse.

Mas existia algo paradoxal ocorrendo ali: eu estava recebendo mensagens duplas. Por um lado, eu não conseguia escutá-la e mal reparava nela, mas, ao mesmo tempo, percebi, através da minha reação contratransferencial, que ela não queria ser notada e, ao mesmo tempo, precisava que eu notasse que ela não suportava ser vista.

"É uma alegria se esconder, mas um desastre não ser encontrado" ([1963b] 1965b, p. 186). Winnicott, assim, nos lembra de como podemos ser afetados pela brincadeira de esconde-esconde. De certa maneira, existe um período de tempo que acontece entre o momento de esconder e o instante em que se é encontrado, no qual a brincadeira é vivida com satisfação. Ser encontrado muito cedo é uma situação tediosa e humilhante, mas nunca ser encontrado pode ser uma agonia. Se o pegador desiste, fica cansado e vai embora sem que aquela pessoa escondida seja encontrada, a sensação pode ser desastrosa.

Então, chegou a sessão em que me vi dizendo, assim que o sintoma de não ser capaz de escutar voltou a acontecer:

> JA: Apesar de você estar falando comigo, acho que você não espera que eu escute o que você está dizendo.

Houve um silêncio longo. Aquilo não me desconcertou, porque era o modo característico de Faith responder depois de me ouvir falar. Naquela ocasião, ao invés de esperar sua réplica, decidi continuar.

> JA: Na verdade, às vezes eu me pergunto se você não espera que eu sequer note que você está aqui comigo neste consultório.

Veio outra pausa longa e, desta vez, embora Faith ainda não estivesse falando, sua comunicação silenciosa me fez sentir uma mudança na atmosfera, a partir da qual ela capturou toda minha atenção. Ela, no fim, disse baixinho:

> FAITH: Quando eu era pequena, sofri um acidente de carro. Meu pai estava dirigindo e minha irmã e eu estávamos no banco de trás. Não foi uma batida séria, mas fiquei

com um corte no rosto e saía um pouco de sangue dele. Precisei ir ao hospital levar uns pontos. Ligaram para minha mãe e ela foi ao hospital e, quando ela me viu, ela desmaiou. Depois que me costuraram os pontos, fomos todos para casa, mas eu sabia que minha mãe não ia conseguir encarar meu rosto, então, toda vez que ela aparecia no quarto, eu ia até a janela e ficava olhando para fora, para ela não ter que ver meu rosto.

No meu consultório naquela época, tanto o divã quanto a cadeira atrás dele ficavam virados para a janela. Enquanto Faith relatava aquela situação, nós duas estávamos de frente para a janela, e ficou claro para mim que aquela arrumação — o espaço analítico — estava insolitamente replicando a experiência de Faith com sua mãe logo depois da batida do carro.

No entanto, o incidente (apesar de ter sido um evento traumático real) tinha se tornado uma condensação da dor psíquica de Faith, isto é, que sua mãe não suportava olhar no rosto da filha.

Este momento na terapia ficou marcado como um significativo ponto de virada para Faith e serviu de prenúncio a uma transformação mais autêntica do que a que tinha ocorrido até ali. Daquela sessão em diante, o trabalho se focou em investigar os sentimentos que surgiam em Faith a partir do pressuposto de que eu, assim como sua mãe, não conseguia olhar a cicatriz no seu rosto. Em muitas sessões, ela foi capaz de explorar de uma maneira mais completa suas associações entre a cicatriz e a feminilidade, a sexualidade, o acidente e a menstruação. Faith começou a falar sobre seu desejo de encontrar um homem e ter um bebê. Ao falar sobre seus desejos mais íntimos, ela também relatava o quão assustada se sentia ao discutir seus sentimentos e seu medo de que eu não suportasse escutar seja lá o que ela tivesse para dizer. Ao lado desses medos, surgiam seus verdadeiros pavores de que algo muito mau emergia; por exemplo, Faith conservava em si imagens bastante infantis de monstros trancados dentro de armários. Se as portas dos armários se abrissem, o caos tomaria conta.

Para mim, ficou evidente que havia um aspecto da transferência com o qual Faith, ao se deitar no divã desde o início do tratamento, tinha se acomodado. Nos meus primeiros anos de prática, eu dizia a meus novos pacientes que esperava vê-los deitados no divã. Mais tarde, passei a não explicitar essa demanda e escolhi esperar e ver como cada novo paciente reagia ao divã no consultório. Senti que era mais facilitador assim.

Embora Faith estivesse deitada no divã durante o ponto de virada do tratamento, quando minha sensação de não ser capaz de escutá-la desapareceu, eu, no entanto, comecei a sentir que ela se escondia no divã por estar agarrada à transferência materna que a convenceu de que eu não suportaria ver seu rosto. Depois de algumas interpretações que aludiram a meu senso de transferência, Faith explorou, por vários meses, suas fantasias do que podia acontecer caso ela sentasse na cadeira. E então chegou o momento em que ela parecia querer fazer um movimento na direção da cadeira. Senti que era uma evolução no trabalho, a partir do qual ela podia assumir o risco de ver o que aconteceria frente a frente. Portanto, no final da sessão, combinamos que, na sessão seguinte, ela sentaria na cadeira.

Faith, no início, ficou tímida e constrangida e se percebeu dando risada como se fosse uma criança pequena. Mas, para mim, parecia que eu via pela primeira vez seu sorriso e sua risada e uma demonstração de algo próximo da felicidade. Me fez pensar no que ela tinha dito sobre o beijo de sua mãe. A ferida se curava ao reconhecer o ferimento? A transferência começava a transformá-la e eu agora podia ser a mãe que não iria desmaiar ao ver o sangue, e sim vê-la como uma mulher em seus próprios termos e, ao ser vista, ela podia sentir que existia?

Depois da novidade de sentar na cadeira, quando eu com certeza comecei a testemunhar uma paciente mais viva, ela, em certas ocasiões, voltava para o divã, e, a cada vez que isso acontecia, eu experimentava um pouco daquela mesma inabilidade de escutar (apesar de nunca ser na mesma intensidade), e ela sentia que estava se escondendo outra vez e voltava à cadeira. Dava-se ali algum tipo de representação do paradoxo de Winnicott: uma alegria estar escondido, mas um desastre não ser encontrado.

Depois de algumas semanas com Faith sentada na cadeira, nosso trabalho se focou no apetite, na ganância e em uma exploração de sua agressividade em todas as suas formas. Faith foi capaz de gradualmente me mostrar muitas outras faces e falar sobre seus desejos e sonhos. Sua vida começou a mudar de uma maneira dramática e significativa. Pela primeira vez na vida, ela começava a mostrar sinais de que vivia uma vida a partir do seu verdadeiro self à medida que entrava em contato com os próprios desejos. E seus sentimentos de felicidade genuína também se tornavam aparentes de inúmeras formas. A habilidade de experimentar "jouissance" despontou como uma parte regular da sua vida, e ela veio a entender seus sentimentos de felicidade, assim como se sentir bem pelo fato de ser uma mulher. No fim, ela sentiu que podia permitir que seu verdadeiro self se desenvolvesse. E, embora continuasse isolada, como todos nós estamos, ela não precisava mais seguir insulada.

Discussão

No princípio do tratamento, Faith sofria de uma depressão não identificada. Ela não estava clinicamente deprimida, acredito eu, porque ela conseguia ser bastante funcional no trabalho e era capaz de desenvolver boas amizades. Mas suas inibições e baixa autoestima indicavam que, durante seu desenvolvimento psíquico inicial, ela tinha internalizado um objeto não sobrevivente, isto é, uma experiência internalizada de uma consistente *não sobrevivência psíquica do objeto*. No contexto deste ensaio, e em referência à linguagem de Winnicott, isso indicaria que a divisão básica da personalidade de Faith aconteceu através de um ambiente psíquico primário deficiente e, portanto, seu padrão de relacionamento era defensivo. Ela formou um falso self intelectual que protegia seu verdadeiro self, mas isso significava que ela não estava "vivendo criativamente" e vivendo no mundo de objetos reais. No entanto, seu verdadeiro self escondido se conectava à sua força vital interna, que a estimulava a buscar por um objeto que pudesse sobreviver. Essa busca a levou, em primeiro lugar, para a terapia, e seu intelecto e sua intuição a deixaram em uma boa posição para fazer uso da relação terapêutica.

Minha experiência contratransferencial com a sensação de não ser capaz de escutá-la é um exemplo de uma atualização, como descrita por André Green, em relação com o processo histórico que a situação de análise estimula (Green 1987 *apud* Abram [2000: 2016] 2016, p. 2) — cf. **Capítulo 2**.

A dor psíquica de Faith, representada pela memória traumática do acidente e do desmaio de sua mãe ao ver o rosto da filha no hospital, foi atualizada na transferência-contratransferência. Essa experiência afetiva indicou que Faith, provavelmente desde uma idade muito precoce, se descobriu protegendo emocionalmente sua mãe (ver Figura 2). Na teoria de Winnicott, isso enfaticamente sugere que Faith sofreu uma violação do self, porque as demandas da mãe em relação ao bebê constituíam uma interferência grosseira. Faith tinha internalizado a não sobrevivência do seu objeto primário no decorrer do seu desenvolvimento, o que se tornou manifesto na transferência durante o tratamento analítico. Essa manifestação não ocorreu somente no momento em que ficou claro como ela escondia o rosto de mim, mas também depois da experiência de sentar na cadeira e retornar ao divã sempre que desejasse. Faith se sentiu livre para experimentar o seu tratamento terapêutico tanto na cadeira quanto no divã. Isso facilitou sua própria percepção de que se sentia mais segura no divã, porque eu não podia ver sua cicatriz. O vaivém com a cadeira continuou por um tempo, até o ponto no qual ela genuinamente sentiu que eu podia tolerar ver o seu rosto. No momento em que essa alternância entre cadeira e divã passou a funcionar de uma maneira bastante literal, Faith seguiu o resto do tratamento no divã.

A comunicação inconsciente da relação objetal interna primitiva trouxe os traumas do passado para o centro do setting analítico quando experimentei o sintoma de contratransferência, e foi assim que os "fatores traumáticos adentraram o material psicanalítico através da maneira própria de ser do paciente [...]" (Winnicott 1960a, p. 37 e p. 585).

Quando fui capaz de perceber que o sintoma que eu experimentava era na verdade a contratransferência em relação a algo que Faith inconscientemente projetava (dos traumas do passado), fui então capaz de descobrir um modo de interpretar ao simplesmente verbalizar minha experiência. Quando agi sobre minha experiência contratransferencial ao dizer para Faith que, "apesar de você estar falando comigo, penso que você não espera que eu escute o que você está dizendo" e que, depois de uma pausa, sentindo que ela me escutava, acrescentei "na verdade, às vezes eu me pergunto se você não espera que eu sequer note que você está aqui comigo neste consultório", uma memória traumática foi invocada.

Para mim, essa questão ganhou corpo porque Faith sentiu que eu queria ouvir o que ela tinha a dizer, o que significava que ela podia assumir o risco de me contar sobre a experiência com sua mãe depois do acidente de carro. Neste contexto, é impressionante notar como ela me disse que a batida não tinha sido séria e, embora esse "fato" possa ser verdadeiro, penso que ele ilustra como, para Faith, a memória mais traumática era ela ter que esconder o rosto de sua mãe por medo de provocar outro desmaio nela (como tinha acontecido no hospital). Esse "evento" do passado, como tentei deixar claro, é uma manifestação de algo que Faith já tinha experimentado com sua mãe no seu desenvolvimento psíquico inicial.

Eu gostaria de pensar que minha interpretação naquele momento particular do que parecia ser autenticidade era, nas palavras de Winnicott, "alterativa", porque foi "realizada em termos de projeção" (Winnicott, 1960a, p. 37 e p. 585). Todos os psicanalistas são obrigados a passar por um processo de trabalho psíquico pessoal antes de se verem aptos a fazer uma intervenção com potencial de estimular mudanças no paciente — elaboro essa questão um pouco mais em todos os exemplos clínicos deste livro.

A decisão de facilitar o desejo de Faith de mudar do divã para a cadeira foi, como argumentei, baseada na minha experiência contratransferencial a partir do seu esconderijo no divã. Interpretar como ela tinha obedecido à minha demanda para que usasse o divã no início do tratamento a levou a explorar a possibilidade de usar a cadeira. Acredito que esse movimento a liberou para experimentar entre a cadeira e o divã. Para mim, parecia que, enquanto ela permanecesse no divã, sua convicção de que iria me provocar algum tipo de dano por causa de seus sentimentos agressivos não iria mudar. Naquele ponto do tratamento, senti que ela precisava ver a realidade dos meus olhos observando seu rosto para se sentir segura o suficiente para explorar e trabalhar seus sentimentos de fome e agressividade primária. Se Faith não sentasse face a face comigo, eu sentia que existia um risco da terapia ou continuar estagnada no falso self e em um nível de dissociação ou que ela poderia se refugiar ainda mais na ansiedade impensável e psicótica do seu núcleo isolado do self, sob risco de se tornar ainda mais retraída e possivelmente psicótica.

A experiência de se relacionar com outra figura materna, que se provou diferente da experiência com sua própria mãe, aparentemente possibilitou que Faith experimentasse, talvez pela primeira vez, uma experiência real de *sobrevivência do objeto*, justificando a mudança. Frente a frente, ela podia me destruir (uma desconstrução de mim enquanto sua mãe no passado), o que a ajudou a começar a discernir a realidade do seu mundo objetal, isto é, um objeto objetivamente percebido, e não apercebido (Winnicott, [1968] 1969). Assim que esse trabalho psíquico entrou em processo, frente a frente, Faith retornou ao divã, onde, ainda me destruindo (na fantasia inconsciente), ela podia desfrutar o valor da livre associação.

As questões de Milner em relação ao self incomunicável de Winnicott

Permitam-me concluir este ensaio com uma reflexão sobre a discordância de Marion Milner em relação à formulação de Winnicott sobre um "self incomunicável". Suas indagações me sugerem que ela interpreta o conceito de Winnicott tal como o inconsciente freudiano e acredito que ela se refere à natureza do trabalho analítico na análise.

Em referência ao trabalho desenvolvido junto a Faith, talvez possamos pensar desta forma — que ela fez contato com o âmago do seu ser e encontrou ali um renascimento. Existe este potencial em todo tratamento analítico quando os traumas são revisitados sob uma diferente perspectiva por causa da presença de um objeto diferente, e isso se relaciona à noção freudiana de Nachträglichkeit e à reação terapêutica negativa (ver **Capítulo 8**).

No entanto, o modo que Milner interpreta o conceito de Winnicott, me parece, não leva em consideração um detalhe fundamentalmente radical das ideias de Winnicott, que surgiu a partir do seu trabalho clínico. Vamos examinar esta afirmação de *Comunicação e falta de comunicação levando ao estudo de certos opostos* ([1963b] 1965d, p. 87): "No centro de cada pessoa reside um elemento incomunicável, e isso é sagrado e o mais digno de proteção".

A minha leitura aqui é que Winnicott se refere à singularidade de cada ser humano, que deve ser respeitada e deixada em paz. Essa ideia dialoga com o direito humano de privacidade e, de fato, aponta que isso possui implicações para a técnica psicanalítica. A livre associação é o que queremos que nossos pacientes façam, preferencialmente no divã. Mas reconhecer como alguns pacientes foram violados no mais íntimo do seu ser levou Winnicott a defender que todos os pacientes merecem o respeito do analista de não serem obrigados a dizer tudo e qualquer coisa que aparecer na mente. Isso também se aplica à necessidade do bebê de ser reconhecido por quem ele vai se tornar. Um dos primeiros motivos que faz uma mãe odiar seu bebê desde o primeiro momento, Winnicott propôs em 1947, é porque a criança não é a própria concepção (mental) da mãe (Winnicott, [1947] 1949, p. 73). A mãe narcisisticamente perturbada não é capaz de reconhecer a singularidade do seu filho e possui a necessidade de moldá-lo até que a criança se torne algo que ela sente ter criado.

As defesas que são construídas pelo indivíduo que sofreu uma violação do seu self emanam da necessidade de proteger o núcleo isolado do self. É por isso que Winnicott se refere à psicose como uma defesa. É uma defesa contra uma experiência muito real de violação e, portanto, as defesas psicóticas se estabelecem para proteger o indivíduo de uma exploração infinita por parte de um objeto invasivo e traumatizante.

Referências

Abram, J. (2007). *The Language of Winnicott: a dictionary of Winnicott's use of words* (2nd ed.). Routledge & P.E.P. Classic Books. [No Brasil: Abram, J. (2020). *A linguagem de Winnicott: dicionário das palavras* (1. ed.). Thieme Revinter.]

Abram, J. (ed.). (2013). *Donald Winnicott Today*. New Library of Psychoanalysis, Routledge, US & UK.

Abram, J. ([2012] 2013). D.W.W.'s Notes for the Vienna Congress 1971: a consideration of Winnicott's theory of aggression and an interpretation of the clinical implications. *Donald Winnicott Today*. New Library of Psychoanalysis, Routledge, US & UK.

Abram, J. (2014). De la communication et de la non-communication, recherche d'un objet qui survivra, *Revue Belge de Psychanalyse*, (64).

Abram, J. (2018). Angst vor der Verrücktheit PSYCHE Zeitschrift für Psychoanalyse und Ihre Andwendungen 4/2018.

Abram, J., & Hinshelwood, R. D. (2018). *The Clinical Paradigms of Melanie Klein and Donald Winnicott: Comparisons and Dialogues*. Routledge.

Green, A., & Stern, D. (2005). *Science and science fiction in infant research in Clinical and Observational Psychoanalytic Research Roots of a Controversy*. Joseph Sandler, Anne-Marie Sandler, & Rosemary Davies (eds.). Karnac Books.

Green, A. ([1987] 2000; 2016 2nd edition). Experience and Thinking in analytic practice. In J. Abram (ed.), *André Green at the Squiggle Foundation*. Routledge.

Laing, R. D. (1960). *The Divided Self*. Tavistock.

Milne, A. A. (1926). *Winnie-the-Pooh*. Methuen & Co. Ltd. [No Brasil: Milne, A.A. (2018). *Ursinho Pooh*. Martins Fontes.]

Milner, M. (1972). Winnicott and the Two Way Journey. In M. Milner (1987), *The Suppressed Madness of Sane Men*. New

Library of Psychoanalysis. Routledge. [No Brasil: Milner, M. (1991). Winnicott and the Two Way Journey. *A loucura suprimida do homem são*. Imago.]

Roussillon, R. ([2010] 2013). *Winnicott's deconstruction of primary narcissism in Abram 2013*.

Winnicott, D. W. ([1944] 1945). Why do babies cry? New Era in Home and School, 1945, 26. *1964*. [No Brasil: D. W. Winnicott (1978), Por que os bebês choram? *A criança e seu mundo*. LTC.]

Winnicott, D. W. ([1947] 1949). Hate in the countertransference. *Int J Psychoanal, 30*, 69–74. [No Brasil: Winnicott, D. W. O ódio na contratransferência. *Da Pediatria à Psicanálise: obras escolhidas*. Imago.]

Winnicott, D. W. ([1949] 1954). Mind and its relation to the psyche-soma. *Br J Med Psychol, 27*, 201–209, & In 1958a: 243–254. [No Brasil: Winnicott, D. W. (2000). A mente e sua relação com o psique-soma. In: D. W. Winnicott, D. W. *Da Pediatria à Psicanálise: obras escolhidas*. Imago.]

Winnicott, D. W. (1958). *Collected papers: Through Paediatrics to Psychoanalysis* (1st ed.). Tavistock. [No Brasil: *Da Pediatria à Psicanálise: obras escolhidas*. Imago.]

Winnicott, D. W. ([1952a] 1958b). *Anxiety associated with insecurity*. In 1958a, 97–100. [No Brasil: Winnicott, D. W. (2000). A ansiedade associada a insegurança. In: D. W. Winnicott, *Da Pediatria à Psicanálise: obras escolhidas*. Imago.]

Winnicott, D. W. ([1952b] 1958c). Psychoses and Child Care. In Winnicott 1958a. [No Brasil: Winnicott, D. W. (2000). Psicose e cuidados maternos. In: D. W. Winnicott, *Da Pediatria à Psicanálise: obras escolhidas*. Imago.]

Winnicott, D. W. (1960a). The theory of the parent–infant relationship. *Int J Psychoanal, 41*, 585–589, & In 1958a. [No Brasil: Winnicott, D. W. (1983). Teoria do relacionamento paterno-infantil. In: D. W. Winnicott. *O ambiente e os processos de maturação*. Artmed.]

Winnicott, D. W. (1964). *The Child, the Family and the Outside World*. Penguin. [No Brasil: Winnicott, D. W. (1982). *A criança e seu mundo*. Guanabara Koogans.]

Winnicott, D. W. (1965). The Maturational Processes and the Facilitating Environment: Studies in the Theory of Emotional

Development. Hogarth. (International Psycho-analytical Library, n. 64). [No Brasil: Winnicott, D. W. (1983). *O ambiente e os processos de maturação*. Artes Médicas.]

Winnicott, D. W. ([1963a] 1965a). From dependence towards independence in the development of the individual. In 1965a, 83-92. [No Brasil: Winnicott, D. W. (1983). Da dependência à independência no desenvolvimento do indivíduo. *O ambiente e os processos de maturação*. Artes Médicas.]

Winnicott, D. W. ([1960b] 1965c). Ego distortion in terms of true and false self [1960]. In 1965a, 140-52. [No Brasil: Winnicott, D. W. (1983). A distorção do ego em termos de falso e verdadeiro self. *O ambiente e os processos de maturação*. Artes Médicas.]

Winnicott, D. W. ([1963b] 1965b). Communicating and not communicating leading to a study of certain opposites. In 1965: 179-92. [No Brasil: Winnicott, D. W. (1983). Comunicação e falta de comunicação levando ao estudo de certos opostos. *O ambiente e os processos de maturação*. Artes Médicas.]

Winnicott, D. W. (1967a). Mirror-role of mother and family in child development. In P. Lomas (ed.), *The Predicament of the Family: A Psychoanalytical Symposium*, 26-33. Hogarth. In: 1971, Chapter 9. [No Brasil: Winnicott, D. W. (1975). O papel do espelho da mãe e da família no desenvolvimento infantil. *O brincar e a realidade*. Imago.]

Winnicott, D. W. ([1967b] 1989). Postscript: DWW on DWW. In 1989, 569-582. [No Brasil: Winnicott, D. W. (1994). DWW sobre DWW. *Explorações Psicanalíticas*. Artmed.]

Winnicott, D. W. ([1968] 1969). The use of an object. *Int J Psychoanal, 50*, 711-716. [No Brasil: Winnicott, D. W. (1994). Sobre o uso de um objeto. *Explorações Psicanalíticas*. Artmed.]

Winnicott, D. W. (1971). Playing and Reality. Tavistock. [No Brasil: Winnicott, D. W. (1975). *O brincar e a realidade*. Imago.]

Winnicott, D. W. (1989). *Psychoanalytic Explorations*. C. Winnicott, R. Shepherd, M. Davis (ed.). Harvard UP. [No Brasil: Winnicott, D. W. (1994). *Explorações Psicanalíticas*. Artmed.]

CAPÍTULO 2
O objeto sobrevivente
(2003)

Introdução

Este capítulo estabelece uma proposta mais detalhada para o conceito dual de uma sobrevivência e uma não sobrevivência intrapsíquica. No centro da minha proposta, apresento o caso de Jill, uma mulher cujo relato da infância foi intensamente vivido na transferência-contratransferência e que elabora muitos dos temas discutidos no **Capítulo 1**. O foco nesta narrativa reside em como as lembranças encobridoras da paciente retratam uma oscilação entre a sobrevivência e a não sobrevivência psíquica, profundamente desenvolvida no contexto da prática clínica. Na minha Discussão, debato o conceito de "atualização projetiva", nos termos de André Green, e o "complexo da mãe morta". Relaciono ambos os tópicos com a noção de *não sobrevivência psíquica do objeto*.

***

Em um de seus últimos trabalhos, Winnicott (1967, p. 370) escreveu que "é impossível ser original, exceto com base na tradição". Essa frase tinha como objetivo sua estima ao trabalho de Freud e, para mim, indica a gratidão que ele sentia pela sua primeira análise com James Strachey. É por isso que a originalidade do trabalho de Winnicott só pode ser devidamente apreciada pelo reconhecimento de que suas fundações teóricas residem na metapsicologia freudiana e na matriz simbólica da psicossexualidade. No entanto, as inovações teóricas de Winnicott levaram a seu pensamento de que a psicossexualidade e os instintos no desenvolvimento emocional são secundários, como comentei na introdução deste livro, em comparação com o efeito da dependência primária na psique em formação. Este ponto se funda no reconhecimento de Freud de que o senso de desamparo do bebê (Hilflosigkeit) possui uma influência significativa na estruturação da psique (Laplanche & Pontalis, 1973). A presença de Klein em seu trabalho é de outra ordem. Seu diálogo com o desenvolvimento kleiniano durante as décadas de 1940 e 1950 moldaram muitos dos seus conceitos seminais[1]. Portanto, na minha opinião, as teorias de Winnicott oferecem perspectivas tão inovadoras que, em uma análise final, seu trabalho oferece um novo paradigma para a psicanálise, como propus em *Donald Winnicott today* (2013)[2].

A particularidade da epistemologia de Winnicott é que, em suas raízes, a psicanálise é um estudo da natureza humana. *Natureza humana*, que foi publicado postumamente em 1988, é um relato sucinto da contribuição de Winnicott ao desenvolvimento da psicanálise. André Green descreveu a natureza humana como um "conceito clássico da filosofia (Green, 1997 *apud* Abram 2016), e é importante notar que, embora Winnicott valorizasse a complementaridade entre pediatria e psicanálise, o que ele afirma (na introdução de *Natureza humana*) é que temos mais para aprender sobre a primeira infância com o adulto profundamente regredido que está em análise do que com a observação direta ou mesmo no trabalho com uma criança muito pequena. Em um artigo já no final da vida, ele explica este ponto quando diz que

---

[1] Para um relato mais detalhado do modo pelo qual alguns dos conceitos de Winnicott emanam do seu diálogo com Klein, ver Abram & Hinshelwood (2018).

[2] O principal objetivo de *Donald Winnicott today* era demonstrar que o trabalho de Winnicott constitui uma revolução kuhniana na psicanálise. Tal projeto continua em processo de desenvolvimento, e este livro é uma contribuição a ele.

"primitivo não quer dizer profundo" ([1967a] 1989, p. 581), em função do fator temporal no desenvolvimento infantil. A profundidade começa entre o primeiro e o terceiro ano de vida da criança. Os mecanismos esquizoides pertencem ao que é primitivo, e a depressão pertence ao profundo. A mensagem subjacente de Winnicott contém aí uma crítica oblíqua às conceitualizações de Klein sobre o desenvolvimento psíquico inicial, que, para ele, impregnava o recém-nascido com um desenvolvimento excessivo.

A matriz teórica de Winnicott inclui o primitivo e o profundo, mas o núcleo essencial equivale a um modelo clínico-teórico de Self-experiência. A ênfase na subjetividade é uma das características do trabalho de Winnicott, que talvez converse mais com a tradição intelectual francesa do que com a tradição empírica inglesa, e esse é um dos motivos pelos quais seu trabalho é, há muito tempo, mais apreciado em Paris do que em Londres. Para Pontalis, por exemplo, o trabalho de Winnicott resgatou a psicanálise francesa da dominação de Lacan (Birksted-Breen *et al.*, 2009).

Como propus em *A linguagem de Winnicott*, existem três conceitos principais que estruturam seu pensamento: a relação pais-filhos, a criatividade primária e os fenômenos transicionais. Esses conceitos principais carregam uma gama de pontos nodais que atravessam sua obra e constituem a tessitura de toda sua matriz teórica (cf. Ogden, 1986). Certos pontos nodais são ainda conceitos em fase embrionária, esperando, por assim dizer, por um desenvolvimento posterior. Alguns deles, porém, já tiveram desdobramentos. André Green (1997), por exemplo, escreveu sobre como sua elaboração do conceito de "trabalho do negativo" foi inspirada pela "intuição" do negativo de Winnicott, que aparece na discussão sobre a ausência e a perda em *O brincar e a realidade*. Como espero mostrar aqui na minha Discussão sobre o conceito da "mãe morta", cunhado por Green, esta ideia também foi profundamente influenciada pelos escritos tardios de Winnicott.

A relação entre pais e filhos

O Outro é sempre intrínseco à consciência do self, como Freud primeiro sugeriu, através da "sombra do objeto" (Freud, [1915] 1917). Em 1942, Winnicott percebeu que "não existe essa coisa chamada bebê" ([1952] 1958b). Winnicott sabia que Klein e seus seguidores desprezavam seu trabalho e se recusavam a reconhecer seu pensamento sobre o ambiente (Abram, 2007, p. 164-181). Perto do final da vida, ele se refere aos seus principais críticos ao perguntar: "como voltar ao ambiente sem perder tudo que já foi ganho ao se estudar os fatores internos"? (Winnicott, [1967a] 1989, p. 577). Mas não é difícil compreender mal o uso que Winnicott faz do termo "ambiente", que se refere, na verdade, aos sentimentos e à atitude emocional da Mãe/Outro em relação ao bebê.

Criatividade primária e a primeira mamada teórica

"Criatividade primária" é o termo de Winnicott para descrever a força instintiva biológica do bebê, isto é, a energia que o bebê traz à mãe desde o início, no contexto da dependência absoluta. A recepção da mãe à força vital do seu bebê carrega a mensagem: "Venha ao mundo criativamente... É só o que você cria que possui significado para você" (Winnicott, 1967b, p. 101). Winnicott postula três estágios de dependência: dependência absoluta (até mais ou menos três meses de idade); dependência relativa (até mais ou menos nove meses de idade); e em direção à independência (pelo resto da vida)[3]. Para ele, não existe uma coisa chamada independência, e sim uma interdependência. Essa ênfase na dependência no trabalho de Winnicott é central para sua teoria (ver Abram, 2007, p. 130-147), e proponho, como já disse antes, que ele se inspirou no pensamento de Freud sobre o desamparo. O termo "primeira mamada teórica" se refere ao processo de internalização: uma reunião de experiências de alimentação,

---

3   Esses intervalos de tempo cronológico não são rigidamente estabelecidos e variam de bebê para bebê.

o que significa que o "bebê começa a ter material com o qual criar" (Winnicott, [1953] 1988, p. 106). Esta é outra distinção importante entre Klein e Winnicott. Na teoria kleiniana, o bebê nasce com os objetos internos já em posição. Para Winnicott, o bebê nasce com "tendências herdadas" e um "instinto de vida", porque os objetos internos não são inatos; pelo contrário, eles evoluem a partir da relação primária com a Mãe/Outro.

Esse tipo de contato entre mãe e bebê contribui para a "ilusão de onipotência" do bebê. Esta "ilusão" retrata a crença do bebê, provocada pela experiência de ter suas necessidades atendidas, de que sua necessidade (fome) cria o seio (comida). A atenção empática da mãe à dependência e às necessidades (ao invés das vontades) do seu bebê facilita a "ilusão de onipotência". É o momento crucial que propicia todo o desenvolvimento posterior e é o resultado da primeira mamada teórica. Tudo depende da habilidade da mãe de se adaptar suficientemente bem para que o bebê "entenda que o mamilo e o leite são os resultados de um gesto que surge a partir da necessidade, o resultado de uma ideia que desponta na crista da onda da tensão instintiva" (Winnicott, [1953] 1988, p. 110).

A onda da tensão instintiva — por exemplo, a fome — é exatamente aquilo a que a mãe precisa se adaptar. Desde que seja capaz de atender essas necessidades precoces e primitivas, ela será capaz de prover a "primeira mamada teórica", mas sem saber, de maneira consciente, que a está provendo. Nesse estágio, o recém-nascido está em um estado de pré-piedade, que é outro modo de definir a agressão precoce: é benigna. No trabalho tardio de Winnicott, como vamos ver, ele descreve a necessária destruição do objeto e explora como o objeto suficientemente bom sobrevive à necessidade primitiva do bebê. Necessidades sendo atendidas, ao contrário da mera satisfação dos desejos, são essenciais para a sobrevivência, física e psicológica. A ênfase no uso de um objeto é que a efetiva destruição do objeto e a sobrevivência do objeto a essa destruição correspondem a um processo psíquico complexo.

Fenômenos transicionais

O conceito de fenômenos transicionais se refere a uma dimensão da vida que não pertence nem à realidade interna, nem à realidade externa; pelo contrário, é o lugar que tanto conecta quanto separa o interior e o exterior. Winnicott usa vários termos para se referir a esta dimensão: a terceira área, a área intermediária, o espaço potencial, um lugar de descanso e o lugar da experiência cultural.

Do ponto de vista do desenvolvimento, fenômenos transicionais ocorrem desde o início, mesmo antes do parto, em relação à díade mãe-bebê. Isso vai acontecer em uma situação suficientemente boa na qual a preocupação materna primária constitui uma transmissão inconsciente que facilita os fenômenos transicionais. E aqui está o lugar da cultura, do ser e da criatividade.

Enquanto o bebê começa a diferenciar o Eu do Não Eu, movendo-se da dependência absoluta até o estágio da dependência relativa, ele ou ela faz uso de objeto(s) transicional(ais). Essa necessária jornada de desenvolvimento leva ao uso da ilusão, ao uso dos símbolos e ao uso de um objeto. Fenômenos transicionais são inextricavelmente ligados ao brincar e à criatividade (Abram, 2007, p. 337).

O objeto sobrevivente subjetivo intrapsíquico

Em outro lugar, escrevi um relato detalhado da minha interpretação de *O uso de um objeto* (Abram, 2013), no qual propus que esse texto constitui a teoria final de Winnicott para a agressão. Aqui neste volume, revisitei minha interpretação das palavras de Winnicott sobre o uso dos objetos no **Capítulo 1**. Neste capítulo agora, ainda que revisitemos os mesmos temas, vou elaborar um pouco mais sobre as especificidades da sequência que Winnicott estabelece em 1968 para demarcar minha proposta de um objeto intrapsíquico sobrevivente. Na minha opinião, este conceito está implícito na depurada observação de Winnicott do desenvolvimento psíquico primário.

No centro de *O uso de um objeto*, Winnicott enfatiza a relação entre a destruição do objeto pelo sujeito e a sobrevivência do objeto e diz que: "Depois do 'sujeito se relaciona com o objeto' vem 'sujeito destrói o objeto' (à medida que se torna externo), e depois pode vir o 'objeto sobrevive à destruição pelo sujeito'". A Mãe/Outro que sobrevive à destruição (não intencional) do seu bebê define, para Winnicott, a "nova propriedade na teoria da relação com os objetos" (Winnicott, [1968a] 1969, p. 713). Essa nova propriedade, em termos de teoria psicanalítica, está, como sugeri, no centro da matriz teórica de Winnicott, na qual a subjetividade se inscreve com a Mãe/Outro (Abram, 2013, p. 1). Esta foi uma proposta radical, porque modificou o paradigma psicanalítico. Neste novo paradigma, é o Outro externo que, de maneira significativa, conforma a nascente psique da criança, e não os instintos ou seus talentos. Permitam-me acrescentar aqui que a subjetividade se inscreve na relação Mãe/Outro que, ao mesmo tempo, sobrevive e não sobrevive. Discorro sobre a questão do objeto não sobrevivente no **Capítulo 3**.

Então Winnicott fala pela criança ao escrever: "O sujeito diz ao objeto: 'eu te destruí', e o objeto está lá para receber a comunicação" (Winnicott, [1968a] 1969, p. 90). Este é o ponto, proponho, onde Winnicott implicitamente introduz a noção de um objeto intrapsíquico sobrevivente. A peça-chave desta sequência é que o objeto está lá para receber a comunicação, isto é, o objeto que é capaz de receber a destruição amorosa do sujeito constitui a sobrevivência psíquica do objeto. Por causa da habilidade do objeto, ou seja, sua preocupação materna primária, o sujeito vê facilitada a experiência de perceber que o objeto sobreviveu à sua destrutividade. É uma conquista do desenvolvimento e, desse ponto em diante, o sujeito pode se relacionar de uma nova maneira.

A experiência infantil essencial, como acabou de ser descrita, leva, segundo minha proposição, ao estabelecimento de um objeto intrapsíquico sobrevivente. Sem a experiência da sobrevivência do objeto, o sujeito não é capaz de internalizar a experiência específica que facilita a evolução de um objeto intrapsíquico sobrevivente. Uma vez internalizada, a criança pode, aos poucos, desenvolver a capacidade de distinguir entre suas projeções e a integridade do outro. Em outras palavras, discernir o mundo ao invés de projetar. De início, o objeto intrapsíquico sobrevivente é um "objeto subjetivo". O termo "objeto subjetivo" é o termo cunhado por Winnicott em diferenciação ao "objeto interno", postulado por Klein. O objeto subjetivo surge no estágio do desenvolvimento que precede as relações objetais, quando a criança sente que tudo o que ela vê corresponde ao Eu (Abram, 2007, p. 70). Portanto, o objeto intrapsíquico sobrevivente denota que ele se instaura na criança através da experiência que ela vive ao ter suas necessidades atendidas durante os estágios iniciais da fusão. Neste sentido, o objeto sobrevivente do recém-nascido ainda não se tornou um objeto interno, o que acontecerá em estágios posteriores do desenvolvimento, no momento em que a noção do Eu e do Não Eu é conquistada. A habilidade de discernir o Eu do Não Eu é um sinal de que a criança alcançou um estágio de desenvolvimento para além dos objetos subjetivos. Isso significa dizer que as memórias do objeto terem sobrevivido a ele estão dispostas para a formação do objeto intrapsíquico sobrevivente. Deste modo, o "objeto sobrevivente subjetivo intrapsíquico" precoce é a fundação do objeto sobrevivente interno que se estabelece mais adiante — desde que o processo de sobrevivência do objeto esteja em andamento de maneira consistente durante a primeira infância e os anos subsequentes. Em outras palavras, os pais devem continuar a sobreviver às necessidades de desenvolvimento da criança em crescimento com base na preliminar dinâmica interpsíquica-intrapsíquica de relacionamento. Um tipo diferente de adaptação é exigida para cada estágio, a depender das necessidades da criança em crescimento, nas suas diferentes fases.

Com base na proposição de que o objeto intrapsíquico sobrevivente continua a crescer devido a uma sobrevivência psíquica consistente do ambiente facilitador, acredito que o objeto sobrevivente continua a se estabelecer internamente e que os desafios emocionais complexos da adolescência contribuem para que ele se torne um todo. Sob essa perspectiva, um objeto interno sobrevivente integrado só se estabelece por inteiro quando se completam os desafios emocionais da adolescência (Abram, 2014).

Ou seja, um objeto interno sobrevivente estabelecido surge como resultado de um processo de desenvolvimento que é contínuo desde o início da vida, passando pela infância e atingindo um pico particular de crescimento nos primórdios da vida adulta. Isso constitui, em paralelo ao corpo e ao funcionamento do ego, uma característica essencial do mundo interior das relações objetais, que, a partir dos estertores da adolescência, facilitam a posterior consolidação, enriquecimento e crescimento (ver Figuras 1 e 4). A propriedade do objeto sobrevivente vai aparecer através das relações interpessoais contínuas que alimentam os objetos internos que provêm o mundo interior do indivíduo com recursos internos vitais, o que contribui para uma vida significativa relacionada à capacidade de se viver criativamente (Winnicott, 1970).

A "destruição" é intrínseca à capacidade do sujeito de mudar da relação com o objeto para o uso do objeto. O objeto precisa ser destruído pelo sujeito antes de sobreviver à destrutividade do sujeito. A agressividade primária e a crueldade precoce são intrínsecas à destrutividade primária na linguagem de Winnicott e inerentes à força vital em ação. O bebê precisa de um objeto para sobreviver à sua destruição.

E, agora, permitam-me explicar minha interpretação dos cinco estágios na sequência que Winnicott aponta em *O uso de um objeto*.

Sujeito se relaciona com objeto

Este é o recém-nascido que não está consciente do cuidado que recebe e se funde com a mãe durante a fase de dependência absoluta. O bebê é impiedoso durante este estágio, que é um estado de pré-preocupação, e não tem conhecimento das demandas que reivindica do ambiente; na verdade, é imprescindível que o bebê não tenha ciência do que está fazendo. A mãe deve protegê-lo da compreensão do quão exigente ele é. Essa proteção do ego permite que a criança siga com o esforço de estar fora do útero e se ajustando às novas circunstâncias.

O objeto está em processo de ser encontrado ao invés de posicionado pelo sujeito no mundo

Em um ambiente suficientemente bom, as necessidades do bebê são atendidas e isso faz com que o objeto seja assimilado e experimentado, ainda que de forma não consciente. O bebê não pode ainda saber que a mãe/objeto é um Outro separado. O processo de descoberta e de movimento na direção de um conhecimento mais consciente precisa de espaço e tempo para acontecer. Outros processos cruciais devem ocorrer antes do bebê estar pronto para "posicionar o objeto no mundo".

O sujeito destrói o objeto

A repetida e desinibida demanda cruel pela adaptação do ambiente corresponde a uma destruição contínua do objeto. A destruição incessante não é intencional, e sim um processo necessário de "descoberta" da externalidade do objeto. O uso que Winnicott faz aqui da palavra "destruição", eu sugiro, é análoga ao ato de comer. Temos que destruir a comida que engolimos para metabolizar suas propriedades. Destruição, neste sentido, significa uma alimentação psíquica que, sim, afeta a mãe, tanto do ponto de vista físico quanto mental. Sua capacidade de sobreviver física e psicologicamente se dá pela sua maturidade e sua habilidade de reconhecer que o bebê não tem outra opção a não ser destruir tudo que ela oferece.

O objeto sobrevive à destruição

A perseverante capacidade da mãe de tolerar as demandas infinitas do bebê, em função do seu estado de preocupação materna primária, oferece à criança um sentido de continuidade e segurança. A sobrevivência psíquica da mãe, por sua vez, envolve sua identificação primária com a posição de dependência do bebê que inclui o espelhamento, a proteção do ego, o processamento e, de maneira crucial, a não retaliação. Os inumeráveis aspectos da sobrevivência da mãe suficientemente boa permitem ao bebê ir da apercepção à percepção no espaço potencial entre a relação com objetos subjetivos e a percepção de objetos percebidos objetivamente. Essa fase da vida do bebê leva da dependência absoluta para a dependência relativa, à medida que ele transita da inconsciência total para uma consciência gradual do ambiente.

O bebê está começando a perceber que a mãe é parte do mundo do Não Eu. E, enquanto ele começa a ver a mesma pessoa sob um diferente prisma, a imago anterior da mãe é destruída. Assim, a fusão precedente entre a mãe ambiental e a mãe objeto que fazia o bebê sentir ter duas mães distintas, por causa das experiências extremamente discrepantes com cada uma delas, a partir do seu próprio estágio de desenvolvimento, passa a se transformar, e ele toma conhecimento de que só há uma mãe. É neste ponto que a criança pode começar a se preocupar com o que faz com a mãe objeto. Winnicott diz que o bebê junta um e um, e o resultado dá um (Winnicott, 1958, p. 267-268).

O sujeito pode usar o objeto

O passo monumental foi dado. O bebê agora pode se comunicar com certa consciência do que ele faz com sua mãe. Ele alcançou a capacidade de brincar ao sentir que o objeto sobreviveu à sua crueldade precoce. Agora ele pode dizer, com plena convicção:

> Oi objeto! Eu destruí você. Eu amo você. Você tem valor pra mim porque você sobreviveu à minha destruição de você. Enquanto estou te amando eu estou o tempo inteiro destruindo você na minha fantasia (inconsciente) (Winnicott, [1968a] 1969, p. 713).

Aqui, Winnicott, de novo de maneira implícita, põe em evidência dois processos interconectados. A capacidade de amar surge porque o objeto sobrevive. Com certeza, este é um indicativo de que a não retaliação do objeto e sua sobrevivência implicam que, independente do que o sujeito faça a mãe atravessar, ela não vai parar de amar o seu bebê. E esta não é uma questão masoquista. É o amor (maduro) da mãe que sobrevive às demandas/ataques cruéis — o que amplia o significado da *sobrevivência psíquica do objeto*.

Além disso, o próprio trabalho de Winnicott, quando focado na pulsão destrutiva, conclui que este é um processo de amor que emana do que ele descreve como um impulso "combinado amor-conflito", relacionado ao "processo natural de maturação" (Winnicott, [1969] 1989, p. 245). Portanto, o processo de amar o outro, seja lá quem for, pressupõe a existência perpétua de um processo de destruição que inevitavelmente ocorre, o que se fundamenta na noção de uma imago que é continuamente destruída na fantasia inconsciente. O ato de amar, cujo início se dá em uma chave de crueldade precoce, mas evolui para uma chave de preocupação, proclama que a imago interna precisa mudar. Neste sentido, a imago anterior é destruída porque é substituída por outra imago. É o retrato de um processo normal de tomar conhecimento do Outro.

A primeira versão deste artigo foi publicada em 2003. Desde então, Thomas Ogden também publicou suas reflexões sobre *O uso de um objeto* (Ogden, 2016). Seu argumento central é que a mãe realmente sofre a destruição do bebê e inevitavelmente comunica essa questão à criança. A princípio, concordo com esta posição. Ela me faz pensar em um artigo de Winnicott chamado *O que irrita?*, em que ele descreve o quanto a mãe sofre, em vários trechos que também são retratados por Ogden (Winnicott, [1960] 1993). Ou seja, acredito que a posição de Ogden está de acordo com a análise de Winnicott sobre o que a mãe é obrigada a passar junto ao seu bebê.

No entanto, o que Winnicott deixa claro é que o sofrimento da mãe não tem como ser "conhecido", ou melhor, "sentido", antes que a criança alcance a capacidade de reconhecer o que fez à mãe durante seus estágios iniciais de vida. A ênfase de Winnicott em relação à "destruição" pela criança, portanto, é que a mãe deve sofrer em silêncio pois ela não pode comunicar o quanto sofre... ainda. O reconhecimento do sofrimento da mãe só pode emergir quando a criança atinge o estágio do desenvolvimento no qual se torna nítida a distinção entre o Eu e o Não Eu. Nesse ponto, a criança é capaz de dizer: "fui cruel lá atrás", referindo-se, assim, ao seu estágio de imaturidade do passado. É o momento em que a capacidade de preocupação está começando a ser alcançada. Até então, a criança não deve tomar conhecimento dos sacrifícios feitos pela mãe e, por isso, de acordo com Winnicott, a mãe deve proteger a criança de conhecer "toda" a verdade, até que ela alcance a capacidade de entender que, em certo período da vida, foi realmente cruel. Esse reconhecimento da imaturidade se aplica ao setting analítico quando o analista deve "permitir" um certo grau de acting out até que o paciente seja capaz de reconhecer a própria destrutividade (ver **Capítulo 3**).

O objeto externo (mãe/analista) sustenta sua integridade e um senso de diferença e continua a sobreviver através e por causa da sua não retaliação. Em outras palavras, a mãe é capaz de tolerar as projeções, medos e ansiedades da sua criança assim como a si mesma. É um movimento de empatia e compreensão de como o bebê deve se sentir através da própria identidade profunda da mãe (preocupação materna primária), baseada na experiência dela mesma enquanto bebê. A mesma mãe, por causa da sua maturidade, está consciente do princípio da realidade, de modo que se torna capaz de auxiliar seu bebê na transição da fusão para a diferenciação.

O papel do pai é crucial aqui, porque ele precisa separar a mãe do bebê, e a mãe precisa permitir essa intervenção para que possa facilitar a desilusão da ilusão de onipotência. Esta sequência de eventos psíquicos é um estágio essencial do desenvolvimento. A capacidade de se sentir triste dá início ao, e é um aspecto intrinsicamente essencial do, luto pelo objeto perdido. Mas, como veremos no **Capítulo 7**, o pai possui um papel fundamental nos primeiros momentos da vida da criança, só que isso acontece apenas através da "mente da mãe".

Uma questão essencial na teoria de Winnicott sobre o uso de um objeto é que "não existe raiva na destruição do objeto... embora possa ser dito que existe alegria diante da sobrevivência do objeto" (Winnicott, [1968a] 1969, p. 715). É essa alegria que alivia a tensão instintiva e auxilia o desenvolvimento da habilidade do ego de distinguir entre o dentro e o fora, isto é, a "realidade interna" distinta da "realidade compartilhada" — o que leva à consolidação e formatação do objeto intrapsíquico sobrevivente.

Esses cinco estágios, como acabei de apresentar, compõem uma descrição concisa da formação completa de uma relação objetal na fase da fusão. Na minha avaliação, esses estágios estão em relação dinâmica constante no decorrer de cada interação, no decorrer de cada estágio do desenvolvimento, no decorrer da vida. Mas a sequência dinâmica é iniciada ainda lá no começo, antes mesmo das relações objetais existirem. E cada estágio de crescimento vai ter seus dilemas específicos no que tange aos modos pelos quais o objeto sobrevivente vai se desenvolver internamente. É com o estabelecimento e a consolidação do objeto sobrevivente, sugiro, que o desejo ganha permissão para reinar soberano.

Uma palavra sobre o "desejo"

A palavra "desejo" é importante na medida em que invoca as emoções da sensualidade, da paixão, dos anseios e da sexualidade. Existe, no meu entendimento, uma teoria implícita do desejo no trabalho de Winnicott, proposição que desenvolvo no **Capítulo 4**. Já em 1945, em *Desenvolvimento emocional primitivo*, Winnicott escreve em uma nota de rodapé que mesmo uma alimentação satisfatória pode ser desastrosa para um bebê, pois ele pode se sentir "roubado". O ambiente facilitador se adapta às necessidades, mas a mãe precisa reconhecer os sinais que o bebê está se desenvolvendo e que é cada vez mais capaz de pensar por si mesmo. Esse é o período no qual a mãe começa a desadaptar. Essa "falha" auxilia a criança para que ela vá da "ilusão" (de onipotência) em direção à "desilusão" (Abram, 2007, p. 200-216). E ocorre à medida que a mãe ordinariamente falha durante a fase de desadaptação, enquanto se recupera da sua preocupação materna primária. É o que permite ao bebê sentir que seus esforços são recompensados. As raízes da capacidade de sentir desejo, eu sugiro, são iniciadas durante esse período e são precursoras da capacidade do desejo de ação. É exigido aí que o objeto sobrevivente esteja muito bem estabelecido para que o indivíduo se sinta livre o suficiente para desejar. No **Capítulo 4**, examino o conceito implícito de Winnicott em relação ao desejo com mais detalhes.

Destruição e adolescência

A adolescência é outro estágio crucial do desenvolvimento no qual o objeto sobrevivente em evolução pode ou não alcançar seu potencial — e, sobre ela, Winnicott escreveu: "Se na fantasia de crescimento precoce está contida a morte, então na adolescência está contido o assassinato" (Winnicott, [1968b] 1971).

É o tempo de processar tudo o que ocorreu na infância ao mesmo tempo que acontece a transição para a vida adulta. É um período manifestadamente físico, e o adolescente está de fato envolvido com destruição em todos os níveis — interpessoal e intrapsiquicamente. Ódio e rejeição são questões normais nesse estágio da vida, enquanto o adolescente luta contra as ansiedades relacionadas à destruição e ao assassinato. Os pais e a família precisam sobreviver e, quanto mais eles sobrevivem, mais vão ter sua resiliência testada. A negociação do adolescente entre os mundos interno e externo demanda um objeto externo que sobreviva, em um paralelo com o bebê que precisava de um objeto que sobrevivesse lá no início. Mas, ainda assim, é um tipo de sobrevivência completamente diferente de qualquer estágio que já tenha ocorrido antes ou vá ocorrer no futuro.

A destruição na fantasia é um aspecto crucial de todas as relações interpessoais maduras e, quanto mais destrutivo é o sujeito, na fantasia inconsciente, mais o objeto é objetivamente percebido. O resultado é uma maior integração intrapsíquica e, em consequência, uma menor necessidade de projeção nas relações interpessoais. A crueldade envolvida em relações maduras não é a mesma crueldade precoce do bebê, embora seja próxima e tenha suas raízes, de fato, nas situações iniciais de alimentação. Por exemplo, um bebê cuja mãe sobrevive à sua fome apaixonada, por não sentir medo do ataque e da raiva da fome do bebê, vai facilitar a formação do objeto sobrevivente da criança. Mas a crueldade na maturidade significa dizer que o indivíduo é capaz de assumir a responsabilidade pelos próprios sentimentos e pode distinguir entre Eu e o mundo do Não Eu. O resultado desse processo leva à capacidade crescente do sujeito de resistir à pressão do Outro para que obedeça. Esta é a marca da integridade e da capacidade de conhecer a si mesmo — e é uma referência ao trabalho de Winnicott sobre conformidade no contexto de um verdadeiro ou falso self (Winnicott, 1960).

Como espero ter deixado claro, a *sobrevivência do objeto* é exigida em cada estágio do desenvolvimento, da infância à vida adulta, e é parte da provisão de um ambiente estável que contribui para a internalizada continuidade-do-ser cuja presença facilita os desafios enfrentados em cada fase do desenvolvimento. O que estou propondo é que o objeto sobrevivente (interno) depende, em relação ao seu desenvolvimento, da *sobrevivência interpsíquica (externa) do objeto*, e que isso essencialmente ocorre desde o início da vida. Na minha avaliação, a adolescência é o último estágio no qual o objeto sobrevivente pode alcançar a completude — na relação com o desfecho de todos os complexos dilemas envolvidos em uma verdadeira diferenciação que, como Winnicott apontou, no seu *O conceito de indivíduo saudável* ([1967b] 1986, p. 36), corresponde a uma unidade intrapsíquica.

Quando Winnicott nomeou o primeiro momento de integração de "primeira mamada teórica", a inferência é que acontecerão outras mamadas teóricas, levando até uma mamada teórica derradeira no fim do estágio da adolescência. Esse momento talvez constitua o verdadeiro momento de diferenciação, através de uma experiência completa e total que acabou de ser alcançada.

Quero enfatizar que o objeto sobrevivente não é simplesmente um objeto de desenvolvimento que segue estável por uma linha de continuidade. Ele carrega, em cada estágio do desenvolvimento, uma história do processo dinâmico da sequência que vai da relação com o objeto até o uso do objeto. As constelações e configurações intrapsíquicas são os conjuntos de relações subjetivas e objetais que dizem respeito a cada estágio do desenvolvimento e que se entrelaçam com memórias e capacidades alcançadas. O "objeto sobrevivente total" é um objeto teórico que o sujeito trabalha para alcançar, mesmo que ele não possa nunca ser alcançado, do mesmo modo que a independência não pode ser inteiramente alcançada. A condição humana é, de fato, uma posição de interdependência.

A noção de um objeto sobrevivente pode ser aplicada a várias teorias psicanalíticas. Por exemplo, a resolução do complexo de Édipo, na minha interpretação, exige um objeto sobrevivente. De maneira similar, na teoria kleiniana, a consecução da posição depressiva é facilitada através de um objeto sobrevivente. E a capacidade de matar a mãe morta no conceito da mãe morta, formulado por Green, também demanda um objeto sobrevivente. O estágio do desenvolvimento designado no uso de um objeto constitui o padrão de desenvolvimento que está na fundação de todos os futuros dilemas de desenvolvimento do indivíduo, incluindo o momento da sua morte.

O corolário da noção de um objeto sobrevivente é um objeto não sobrevivente. As reações cumulativas às falhas grosseiras vão trazer à tona um objeto não sobrevivente, baseado em um objeto externo que não sobreviveu ao impulso destrutivo do sujeito — o que corresponde ao trauma psíquico. Um objeto não sobrevivente, em geral, domina a imagem interna do analisando e se sobrepõe, e em alguns casos eclipsa, o objeto sobrevivente subdesenvolvido. E é aqui que o trabalho clínico se mostra relevante.

Minha prática clínica, em conjunto com meu estudo de Winnicott, abasteceu minhas reflexões sobre esses conceitos. Na análise de homens e de mulheres, especialmente entre os vinte e dois e os quarenta anos de idade, vim a perceber que o colapso adolescente era muitas vezes uma característica que indicava uma recapitulação de um colapso que tinha ocorrido muito antes, como Winnicott descreve no seu artigo *O medo do colapso* (ver **Capítulo 8**). O setting analítico é talvez o único espaço que oferece uma oportunidade para que um objeto sobrevivente subdesenvolvido possa começar a crescer e constitui, em muitos casos, uma reparação da infância e da adolescência.

Quadro clínico

Em uma carta para um correspondente, escrita em algum momento dos seus últimos dois anos de vida, Winnicott escreveu que: "[...] No fim, tudo se resume [...] à sobrevivência do analista". Ele acrescentou que podiam se passar anos até que o paciente se sentisse confiante o suficiente para "correr o risco" de se relacionar sem a proteção do analista (Winnicott *apud* Rodman, 1987, p. 181).

Cada análise vai atravessar várias fases nas quais a "sobrevivência" é uma questão primordial, e o analista está sempre engajado na "sobrevivência" psíquica enquanto seu paciente se move da relação com o objeto para o uso do objeto. Com alguns pacientes, a particularidade da urgência pode manter o analista no limite contratransferencial. Jill foi uma dessas pacientes com quem foi necessário atravessar vários estágios de não sobrevivência que terminaram testando meu próprio objeto intrapsíquico sobrevivente.

Jill, com seus vinte e poucos anos, me procurou para um tratamento porque ela tinha sofrido um colapso algum tempo antes, relacionado a um aborto que ela se sentiu obrigada a fazer por insistência de seus pais. Seus principais sintomas eram ataques de pânico. Um curto processo de terapia behaviorista tinha funcionado por um período, mas, naquele momento, ela se sentia aterrorizada porque as técnicas recém-aprendidas estavam começando a falhar. Ela tinha certeza de que existia alguma outra coisa por baixo dos seus sintomas — alguma coisa que ela sentia a necessidade de ajuda para compreender. Ela me disse que, embora muitas vezes se sentisse terrivelmente doente, ela sempre tivera intimamente um sentido de si como algo duro como ferro, algo em que ela podia se agarrar. Percebi que esse sentimento de força distante mas profundo indicava um objeto sobrevivente subdesenvolvido e que esse era um bom presságio para que Jill pudesse fazer bom uso do espaço analítico.

O curso da análise
Vou descrever o curso da análise até o ponto em que Jill criou a cena que demonstrava como "algo que não tenha sido entendido inevitavelmente reaparece; como um fantasma insepulto, não pode descansar até que o mistério seja solucionado e a maldição seja quebrada" (Freud, 1909, p. 122).

Quando Jill iniciou o tratamento, ela vivia em uma casa compartilhada, e possuía uma rede de amigos e colegas. Ao mesmo tempo, ela era bastante dependente de seus pais e mantinha contatos telefônicos diários com eles. Os pais pareciam querer mantê-la em um estado de fragilidade, como uma criança doente, que não tinha alternativa a não ser carregar adiante a doença da família. No entanto, a reflexividade de Jill e a capacidade de fazer bom uso do setting analítico fizeram com que os sintomas começassem a perder força, a ponto de já quase desaparecerem ao final do primeiro ano de tratamento.

No segundo ano do nosso trabalho, Jill conseguiu progressos significativos. Ela mudou de carreira, para alcançar uma maior independência financeira e ter uma vida mais regular que combinasse com as ocupações de seu namorado. Os dois planejavam morar juntos, o que, apesar de ser excitante, também provocava nela uma forte ansiedade, e foi quando os sintomas do pânico reapareceram. Terminamos compreendendo que as ansiedades profundas de Jill diziam respeito ao significado de vê-la se transformar em uma mulher. Ela tinha certeza de que seus pais não seriam capazes de suportar seu crescimento — iria, com certeza, matar os dois. Nosso trabalho deu frutos quando Jill se mudou para morar com o namorado e descobriu, para sua surpresa, que seus pais não a assassinaram, nem colapsaram, e, enquanto ela vivia as mudanças em si, observou a capacidade deles de mudar também. Este foi um dos primeiros passos de desenvolvimento conquistados na análise e sugeria que o objeto sobrevivente subdesenvolvido estava começando a crescer. A consolidação daquele momento se acentuou pelo fato de que os dois casais de diferentes gerações conseguiam se divertir visitando uns aos outros e também se divertiam saindo juntos.

No começo do terceiro ano de tratamento, Jill vivia feliz com seu namorado, e sua nova carreira estava florescendo. A relação com seus pais e irmãos tinha se transformado significativamente. Porém, a cada novo estágio de desenvolvimento em direção à maturidade adulta, as ansiedades de Jill se intensificavam, e acontecia uma certa reação terapêutica negativa[4], à medida que ela precisava abrir mão de velhas defesas. Mas sua habilidade em fazer uso do espaço analítico permitiu que ela entendesse e trabalhasse essas suas ansiedades.

Momentos de separação eram sempre difíceis para Jill, e, quando aconteciam, os sintomas do pânico reapareciam. Nos primeiros anos, sempre ocorria um certo acting out perto das férias, com ela não retornando quando as sessões recomeçavam ou cancelando a última ou a penúltima sessão antes do meu recesso. Entendemos isso como sua necessidade de fazer comigo o que ela sentia que eu fazia com ela — uma intensa repetição do sentimento interior de que alguém sempre precisava ser deixado sozinho enquanto outro ia embora com um terceiro (Outro).

Os detalhes desta dinâmica enveredaram por uma chave dramática quando Jill cometeu um engano a respeito das minhas férias. A questão coincidiu com o aniversário do seu primeiro colapso — o que, de qualquer jeito, já deixava as coisas mais difíceis —, mas, naquele ano, Jill estava planejando se casar no início do verão. Suas ansiedades em relação ao colapso arrefeceram assim que ela percebeu o quanto tinha progredido no nosso trabalho e quão bem ela se sentia, mas, mesmo assim, como já mencionado, esse progresso trouxe junto uma reação terapêutica negativa. Os planos para um casamento elaborado também contribuíram à regressão. Discutimos temas relacionados ao "medo da inveja" e sobre "aqueles que são arruinados pelo êxito" (Freud, 1916). E Jill se deu conta da sua necessidade de ficar doente, e como ela se sentia nostálgica daqueles dias. Era uma posição muito

---

[4] Conferir **Capítulo 1**, nota número 8. No **Capítulo 8**, traço uma investigação do conceito de Winnicott para a loucura no contexto de uma reação terapêutica negativa.

mais confortável do que o pensamento de ser alvo de inveja ou de ódio.

A transferência era dominada por mim, como uma mãe malvada, invejosa e raivosa, pronta para matá-la caso Jill não jurasse total devoção a mim, permanecendo uma criança. Algumas vezes, parecia que estávamos em uma corda-bamba; cheguei até a me perguntar se a transferência poderia descambar para uma transferência delirante. Então saímos de férias.

Jill viajou na primeira semana do recesso e se divertiu com a família ao finalizar os arranjos para o casamento. Ela apareceu (por engano) na semana seguinte para sua sessão, mesmo que, naquela época do ano, eu sempre tirasse duas semanas de férias. Ela chegou e, de acordo com suas palavras, teve a sensação de que alguém estava dentro do consultório, mas, quando não atendi a porta, ela ficou bastante inquieta. Naquele dia, Jill me telefonou e, por causa de uma queda de energia, a mensagem na minha secretária eletrônica tinha voltado ao padrão de fábrica, uma voz computadorizada. Esse imprevisto a deixou alarmada, e ela deixou uma mensagem dizendo "Onde você está?". Seu namorado (um aliado na sua análise) disse a Jill que ela devia ter se enganado, já que "aquilo nunca tinha acontecido antes". Em algum lugar da sua mente, Jill sabia que ele estava certo, mas se viu "dominada por alguma outra coisa" — uma convicção poderosa de que eu havia sido arrancada dela —, como se marcianos tivessem pousado na Terra e simplesmente me abduzido. Na segunda vez que foi ao consultório, e que não me encontrou de novo, Jill sentiu um pânico ainda maior e, na terceira vez, seus sentimentos de raiva assassina contra mim alcançaram o auge da intensidade, porque ela tinha certeza de que eu estava [deliberadamente] a torturando e que, esse tempo todo, eu estava, sim, lá dentro. Naquela ocasião, ela conversou com alguém nos arredores e essa pessoa disse a ela que eu estava de férias e que voltaria a trabalhar na semana seguinte.

Jill então percebeu seu engano em nível da realidade, porém, como vinha passando por uma montanha-russa emocional, me vivenciou como a mãe que abandona. Mas o fato de Jill ter criado essa cena terminou nos sendo bastante útil quando recomeçamos o trabalho, porque a ajudou a começar a vasculhar áreas da sua vida emocional que estavam enterradas em solos profundos. Aos poucos, focamos na raiva de Jill e na sua necessidade de vingança. Quais eram as fantasias por trás daquela raiva? O que ela imaginou quando me descobriu ausente? Jill ficou constrangida de admitir que estava convencida de que eu tinha saído de férias com meu marido. Ela imaginou que eu estivesse em um lugar maravilhoso e me divertindo muito — com ele e sem ela. Ela se sentiu excluída. E essa sensação trouxe outras associações e memórias de como ela sempre tinha se sentido excluída da relação de seus pais. Jill começou a entrar em contato com a memória dos seus sentimentos de triunfo na adolescência, quando seus pais sofriam por não saberem onde ela estava. Agora, como não havia pânico nenhum para defendê-la, Jill passou a enxergar o papel que seus sentimentos haviam desempenhado na relação com seus pais.

A análise das emoções intensas, conflituosas e paradoxais contidas naquele evento possibilitou que Jill, pela primeira vez, reconhecesse a raiva, a inveja e o ciúme direcionados a seus pais. Jill se sentia abandonada e não queria que eles fossem felizes juntos. Em termos basilares, ela não queria sequer que eles ficassem juntos. Por que sua mãe tratava Jill tão mal quando ela era pequena? A mãe parecia sempre tão preocupada. Mas, mesmo assim, quando o pai voltava para casa, a mãe ficava alegre e era atenciosa com ele e estava sempre pronta para sair e se divertir, deixando suas crianças para trás. Assim, desde que os pais a resgatassem dos ataques de pânico, Jill sentia que seus sentimentos de vingança contra a mãe eram satisfeitos. Aquela ação mascarava o quanto Jill ansiava pela atenção calorosa e pelo amor da mãe.

Portanto, o casal [formado pelos seus pais] passou a ser objeto de divisão e destruição — o significado disso, claro, era que se casar faria de Jill o alvo dos desejos destrutivos e violentos dos outros. Ela pensava que, se estivesse radiante no dia do seu casamento, com certeza seria odiada. O que ela realmente deveria mostrar era o quanto tinha sofrido, só assim evitaria a inveja. O engano de Jill em relação às minhas férias fez com que todos esses sentimentos reprimidos contra seus pais se voltassem intensamente contra mim na transferência. Toda a experiência de aparecer para as sessões durante minha ausência confirmou a imagem que ela tinha de mim como a mãe-divertida-amorosamente-negligente que deixa os filhos sozinhos em casa.

Encontrar o "fantasma insepulto" que tinha aberto caminho na época do colapso nos forneceu a oportunidade para um avanço, pois o feitiço tinha se quebrado graças a um trabalho mais aprofundado. Esse movimento permitiu a Jill se divertir no seu casamento e na sua lua de mel. Mas os fantasmas ainda não haviam partido para o descanso eterno; a consolidação e o trabalho corrente continuaram, à medida que o desenvolvimento crescente de Jill provocava, de maneira regular, uma reação terapêutica negativa[5], além de fases estressantes.

Em particular, a questão voltou à baila mais ou menos um ano depois do casamento. Jill e o marido começavam a pensar em formar a própria família. Ela, no entanto, se mostrava extremamente ambivalente em relação a seu aborto anterior. Mês a mês, Jill sofria a decepção de não engravidar e interpretava o fracasso como uma punição que eu a infligia, condenando-a a permanecer para sempre como uma menina/filha. Depois de vários meses, enquanto Jill lutava com sua convicção de que tanto a mãe quanto eu éramos agressoras invejosas, seu teste de gravidez deu positivo. Algumas semanas mais tarde, contudo, ela sofreu um grave aborto espontâneo e precisou ser hospitalizada. Aquela reviravolta foi desastrosa e confirmou a convicção de Jill de que ela não tinha a permissão para ter um bebê. Ela só podia ir até certo ponto. A sobrevivência veio à tona. O aborto fez Jill se identificar completamente com o feto.

Esse trauma provocou um trabalho adicional, levando Jill, em grande parte, de volta às memórias da sua primeira gravidez, que havia sido interrompida. Em retrospecto, Jill

---

5 Ver **Capítulo 8** para minha perspectiva a respeito da reação terapêutica negativa.

refletia que tinha dado seu corpo à mãe, como se dissesse "Este é seu corpo, não meu", e ela veio a reconhecer que sua passividade naquele estágio do seu desenvolvimento, quando não assumiu a responsabilidade pelo seu próprio corpo, era uma forma de vingança. Em algum momento, Jill entendeu que a gravidez era um ato de vingança contra sua mãe, e compreendeu que, depois do aborto, estava em choque e sentia como se tivesse sido assassinada e punida por se atrever a provar que seu corpo tinha o potencial de substituir a mãe. Ela se lembrou da história da Rainha em *Branca de Neve*, uma personagem que não suportava ouvir do espelho que Branca de Neve era a mais bonita de todas e que, disfarçada de idosa, envenenou sua inimiga, bem quando Branca de Neve alcançava a vida adulta. E, na transferência, naquela camada de experiência, Jill estava convencida de que eu era a mulher idosa/bruxa que não podia tolerar sua fertilidade e sua capacidade de procriação.

    Esta é uma camada onde só existe um vencedor e um perdedor. Sou eu ou ela. Depois do aborto, Jill foi tomada pela identificação com um menino de um dos romances que ela lia à época, que se via preso em um bote salva-vidas junto de um tigre de Bengala. Como ele poderia sobreviver? Pular para fora do bote, mergulhando em um oceano cheio de tubarões, resultaria em morte. Mas, dentro do bote, havia um tigre faminto. Jill entendeu que aquela situação retratava sua experiência com a análise: ela não podia se lançar à morte certa, mas, do mesmo jeito, permanecer no bote salva-vidas significava dizer que ela precisava descobrir uma maneira de me manter, o tigre de Bengala, sob controle, impedindo que eu a devorasse. Como ela podia sobreviver ao meu imensurável poder?

    Jill tinha consciência de como a inveja e o ciúme intoleráveis das suas amigas que estavam tendo filhos a devoravam por dentro, e esses sentimentos excruciantes também se dirigiam a mim que, na sua fantasia, tinha tido vários bebês e levava uma vida perfeita. Como o sobrevivente no romance, ela acreditava mais na primeira história de sobrevivência dele do que na segunda. A segunda era horrível demais para se imaginar — o assassinato de um pai e um irmão, a decapitação de uma mãe. O corpo do menino sobreviveu, mas não sua mente. Não é uma *sobrevivência do objeto*, e sim uma *não sobrevivência do objeto*.

Os eventos relacionados ao aborto obrigaram Jill a revisitar a exasperação contra sua mãe, com quem ela se decepcionava com frequência por não estar emocionalmente disponível. Ao mesmo tempo, Jill ficou em pânico, porque, ao deixar uma mensagem pedindo que eu a telefonasse, depois que foi levada ao hospital, estava convicta de que eu não ia ligar de volta — e, de maneira significativa, não me deixou o número correto para que eu pudesse entrar em contato. Esse momento fez meu coração afundar com uma sensação de desamparo. E esse sentimento, que identifico como de não sobrevivência, era característico do limiar contratransferencial entre sobrevivência e não sobrevivência que as atualizações projetivas de Jill mobilizavam em mim. Mas seu marido a garantiu que eu iria ligar. Ele tinha mais fé em mim do que Jill. Tanto que, na verdade, ele mesmo me ligou e me passou o número correto. Quando enfim telefonei para ela, Jill ficou surpresa, porque não era o que ela tinha antecipado. E, por causa da ligação, ela foi capaz de voltar a uma sensação de que eu era sua analista e não o objeto arcaico da sua psique (ver **Capítulo 7**).

Aqui é onde encerro a história de Jill. Aqui é onde nós estávamos, batalhando para trabalhar através da camada primitiva de sobrevivência real representada pelo menino no bote salva-vidas na companhia de um tigre de Bengala, que, durante aquela fase, retratava a análise. Era uma representação da camada de ansiedades infantis relacionadas à agressão e ao apetite. Durante aquela fase da análise, o tigre foi experenciado por Jill como sendo sua analista na transferência. Aos poucos, na esteira de mais vários anos de análise, Jill foi capaz de reconhecer como sua fome feroz, enredada com seus desejos assassinos, revelavam que ela mesma era o tigre de Bengala, assim como a bruxa-mãe. Ambos representavam uma coisa poderosamente destrutiva dentro dela.

Esse sentimento acachapante de destrutividade violenta, na minha perspectiva, emanou da experiência vivida por Jill da não sobrevivência psíquica do objeto.

Discussão

André Green discorre sobre a diferença entre as memórias redescobertas na análise e o "testemunho de alguma coisa histórica" e profunda no interior da psique. Ele descreve o que quer dizer por histórico ao falar que é uma combinação "do que aconteceu, do que não aconteceu, do que poderia ter acontecido, do que aconteceu com outra pessoa mas não comigo, o que poderia não ter acontecido e, finalmente, o que não se teria sonhado como uma representação do que realmente aconteceu" (Green 1987 *apud* Abram, 2016, p. 2).

Em outras palavras, não existe essa coisa chamada evento real porque o evento é sempre impregnado com as variantes que, na nossa mente, se aglomeram em vários estágios do desenvolvimento, como uma construção em camadas múltiplas. Algumas serão conscientes, mas muitas vão ser traços da memória forçadamente reprimidas no inconsciente. Green diz que uma lembrança encobridora pode ser tudo que resta. A atualização ocorre o tempo inteiro em todas as análises e "é uma coisa que é inteiramente nova e é criada pela situação de análise, e que não consegue e não pode existir apartada da situação" (Green, 1987). Mas, quando os traços de memória abrem caminho na forma de lembranças encobridoras transformadas em uma cena, o fragmento de um teatro, então temos o que Green chama de "projeção atualizada". Este termo se refere a um "processo através do qual a projeção não só livra o sujeito das suas tensões internas, projetando-as nos objetos, como também constitui uma revivência e não uma reminiscência, uma verdadeira repetição traumática e dramática (Green, 1980, p. 159).

A cena criada por Jill, graças ao engano em relação às datas das minhas férias, instituiu tamanha atualização projetada que aquilo se transformou na "vivificação de uma verdadeira repetição traumática". Ela vividamente sentia isso nas visitas a meu consultório. Era como se eu estivesse lá — o espaço me representava —, mas eu não estava disponível e não podia ser acessada porque eu não abria a porta. Também estava contido aí uma característica tentadora que deixava Jill intensamente raivosa. A mãe tantalizante[6] é a pior mãe, de acordo com Winnicott, e o ambiente errático produz a defesa da superintelectualização (Winnicott, [1949] 1958c) 1949, p. 246).

Essa atualização projetada provocou novos desenvolvimentos à medida que Jill dolorosamente se deu conta do significado do seu engano. Seu terror de cair eternamente, ela disse, causava uma sensação pior do que a morte — o que foi retratado por ela uma vez como alguém que testemunha um suicídio de uma grande altura. É uma reminiscência do que Winnicott descreveu como agonia primitiva: uma ansiedade impensável que é muito pior do que a morte. A morte implica que a vida existiu, e, portanto, algo existiu; mas uma ansiedade impensável é um trauma catalogado no qual nada pode ser assimilado porque não existe self para acolher.

Essa memória emocional se associa à ansiedade em branco no complexo da mãe morta (Green, 1980). A principal característica do complexo da mãe morta é a depressão da mãe e sua súbita ausência de catexia na sua criança. O resultado é que o bebê não compreende. Essa ideia é similar à noção winnicottiana de ansiedade impensável, apesar de Winnicott a situar em um ponto mais precoce do desenvolvimento. Do ponto de vista do observador, existe uma perda, mas o sujeito não a sente muito como uma perda, e sim como uma perda de significado. O trauma ocorre porque o ambiente de holding se transforma de repente, e sem aviso nenhum, em um nada. E o sujeito está tomado por terror e confusão. É isso que provoca a ferida narcísica que constitui uma desilusão prematura associada com a ausência de amor e, em consequência, a ausência de significado. É isso que parece ter sido revivificado por Jill nas ocasiões em que visitou meu consultório. Nas suas palavras, ela não conseguia entender o que tinha acontecido. Ela sentia que eu estava lá, mas

---

6   Este tema foi mais bem elaborado por mim em um artigo de 2015 sobre um paciente com uma reclamação psicossomática (ver Abram, 2015).

não para ela, e ela perdeu toda a sensação do significado do nosso trabalho dos últimos anos, apesar do suporte positivo do seu namorado.

Green aponta que a ferida narcísica ativa diferentes defesas e, por serem relevantes para as cenas de Jill, vou mencionar duas. Primeiro, existe a liberação de ódio secundário. Não é fundamental, mas o sujeito deseja se vingar. Em segundo lugar, existe a busca pelo significado perdido. Essas defesas servem para estruturar o desenvolvimento precoce do fantasmático e das capacidades intelectuais do ego e ativam a compulsão de imaginar e a compulsão de pensar. Esses temas estão conectados ao conceito de Winnicott do falso self intelectual que surge como uma consequência do desenvolvimento prematuro do ego como um aparelho de proteção produzido pela violação do self (Winnicott, [1960] 1965). Os principais sintomas de Jill durante o seu primeiro colapso eram os ataques de pânico. Na análise, ela tinha a tendência a usar o seu intelecto como uma defesa contra a dor psíquica.

No centro do complexo da mãe morta reside uma fantasia fundamental do protótipo do complexo de Édipo:

> O complexo da mãe morta entrega seu segredo: é a fantasia da cena primária (Green, 1980, p. 158).

De acordo com Green, a psicanálise contemporânea atesta o fato de que, se o complexo de Édipo é a referência estrutural da psique, "suas condições determinantes para tal ainda devem ser estipuladas... na fantasia isomórfica do complexo de Édipo: a cena primária" (Green, 1980, p. 159). Mas existe uma reviravolta significativa no postulado de Green que é relevante para o caso de Jill. Ele declara que a cena primária central no complexo da mãe morta não é que a criança testemunhou a cena (como o Homem dos Lobos), mas exatamente o contrário. É o fato da cena primária ter acontecido sem a presença da criança.

Os traços de memória das primeiras reações ao desinvestimento materno, que constitui o complexo da mãe morta, são forçadamente reprimidas. Ele diz que uma lembrança encobridora pode ser tudo que resta. Mas a fantasia da cena primária em um ponto mais tardio do desenvolvimento vai "incendiar a estrutura que dá ao complexo da mãe morta o significado retrospectivo" (Green, 1980). O fogo que se alastra *é* a "atualização projetiva", como já afirmei. Então, apesar do engano ter levado Jill a uma agonia primitiva relacionada com um estágio inicial do desenvolvimento, foi a fantasia da cena primária em ponto tardio do desenvolvimento que forneceu o significado retrospectivo no interior da análise. E esta era a área do trabalho psíquico que Jill precisava enfrentar.

Comecei a me questionar se o aborto espontâneo poderia ser visto como uma atualização projetiva que levou Jill de volta ao trauma da sua primeira gravidez, para poder dar significado ao que tinha acontecido antes. Era uma questão intensa para ela. Mas, desta vez, a gravidez de Jill era, além de uma atualização projetiva, um ato de honestidade? Em uma nota curta, Winnicott escreveu que, se uma mulher engravida durante o curso de uma análise e o analista não é capaz de interpretar as fantasias da paciente sobre seu interior, "a paciente pode sofrer um aborto espontâneo quase como um ato de honestidade" (Winnicott, 1989, p. 161-162).

Naquela mesma nota, Winnicott escreveu que o que precisava ser interpretado é "a fantasia do funcionamento orgástico, que é principalmente oral" na transferência. Me parece que o tigre de Bengala invocava esse nível de oralidade violenta das fantasias infantis de Jill relacionadas ao relacionamento diádico inicial.

Em contraste, a camada edípica foi invocada pela narrativa da Rainha narcisista da história da *Branca de Neve*, que se enche de ódio assassino e inveja quando o espelho diz a ela que existe uma mulher mais bonita no mundo, uma jovem mulher madura e fecunda. Essa foi a experiência de Jill comigo, como a mãe morta retratada por Green que exige uma lealdade cujo resultado sufoca o desenvolvimento e inibe a capacidade de amar. "A lição da mãe morta", observa Green (1980, p. 72), "é que ela também deve morrer um dia para que outra possa ser amada". Ele alerta, no entanto, que a morte "deve ser lenta e suave, para que a memória do seu amor não pereça e sim alimente o amor que ela generosamente oferecerá a quem tomar seu lugar".

O desafio de Jill na análise durante aquela fase era descobrir um meio de trazer aquilo à tona, para que, à medida que sua capacidade de amar crescesse, ela se tornasse capaz de amar seu bebê ao invés de temê-lo. Esse ponto precisava ser alcançado dentro da díade analítica, onde Jill tinha o potencial de descobrir significados dos seus traumas catalogados a fim de incrementar sua capacidade de tolerar dores psíquicas. Em contrapartida, essa experiência na relação de transferência a ajudou a atravessar um processo de luto. Foi um modo de exorcizar os fantasmas. O objeto sobrevivente precisava crescer na direção da maturidade plena para tornar isso possível. O processo ajudou a dissolver sua aliança com a mãe morta. Ele demandou minha sobrevivência psíquica na transferência, junto com o fato da minha morte enquanto mãe morta na transferência. Nós duas tivemos que trabalhar as dinâmicas de destruição e sobrevivência antes que Jill pudesse deixar o bote salva-vidas com segurança.

Referências

Abram, J. (2007). *The Language of Winnicott: A Dictionary of Winnicott's Use of Words* (2nd ed.). Karnac Books. [No Brasil: Abram, J. (2020). *A linguagem de Winnicott: dicionário das palavras*. 1. ed. Thieme Revinter.]

Abram, J. ([2012] 2013). D.W.W. *Notes for the Vienna Congress 1971: a consideration of Winnicott's theory of aggression and an interpretation of the clinical implications* (Chapter 14).

Abram, J. (ed.) (2013). Donald Winnicott Today. *New Library of Psychoanalysis*. Routledge and The Institute of Psychoanalysis.

Abram, J. (2014). De la communication et de la non-communication, recherche d'un objet qui survivra. *Revue Belge de Psychanalyse*, (64).

Abram, J. (2015). La Mère tentatrice. Réflexions concernant un aspect de la théorie de Winnicott sur le psyché-soma. *Revue française de psychosomatique*, (47), 37–50.

Abram, J. (ed.). (2016). *André Green at the Squiggle Foundation* (2nd ed.). Karnac Books.

Abram, J., & Hinshelwood, R. D. (2018). *The clinical paradigms of Melanie Klein and Donald Winnicott: comparisons and dialogues.* Routledge London & New York.

Birksted-Breen, D., Flanders, S., & Gibeault, A. (2009). *Reading French Psychoanalysis.* Education Section: New Library of Psychoanalysis Routledge.

Freud, S. (1909). Analysis of a phobia in a five year old boy (SE 10). [No Brasil: Freud, S. (1999). *Análise de uma fobia em um menino de cinco anos* (1. ed.). Imago.]

Freud, S. ([1915] 1917). Mourning and Melancholia (SE 14). [No Brasil: Freud, S. (2012). Luto e melancolia. (1. ed.). Cosac & Naify.]

Freud, S. (1916). Some character types met with in Psychoanalytic Work (SE14). [No Brasil: Freud, S. (2010). Alguns tipos de caráter encontrados no trabalho psicanalítico. In: *Sigmund Freud: obras completas, 12* – Introdução ao narcisismo, ensaios de metapsicologia e outros textos (1914-1916). Companhia das Letras.]

Green, A. (1980). The Dead Mother in On Private Madness (reprint 1997 Maresfield). [No Brasil: A mãe morta (1980). *Narcisismo de vida, narcisismo de morte.* Escuta, 1988.]

Green, A. (1987). Experience and Thinking in Analytic Practice In J. Abram (ed.). (2016). *André Green at the Squiggle Foundation.* Karnac Books.

Green, A. ([1997] 2000). *The Intuition of the Negative in Playing and Reality.* In J. Abram (ed.) (2016).

Laplanche, J., & Pontalis, J-B. (1973). *The Language of Psychoanalysis.* The Hogarth Press Ltd. [No Brasil: Laplanche, J., & Pontalis, J-B. (2022). *Vocabulário da psicanálise* (5. ed.). Martins Fontes.]

Ogden, T. (1986). *The Matrix of the Mind: Object Relations and the Psychoanalytic Dialogue.* Jason Aronson. [No Brasil: Ogden, T. (2018). *A matriz da mente: relações objetais e o diálogo psicanalítico.* Blucher, Karnac.]

Ogden, T. H. (2016). Destruction Reconceived: On Winnicott's 'The Use of an Object and Relating through Identifications. *Int J Psychoanal, 97*(5), 1243–1262.

Rodman, R. (ed.). (1987). *The Spontaneous Gesture: Selected Letters of DW Winnicott*. [No Brasil: Rodman, R. (ed.). (2017). *O gesto espontâneo*. WMF Martins Fontes.]

Winnicott, D. W. (1945). Primitive emotional development. *Int J Psychoanal*, 26, 137–143. [No Brasil: Winnicott, D. W. (2000). Desenvolvimento emocional primitivo. In: D. W. Winnicott, *Da Pediatria à Psicanálise: obras escolhidas*. Imago.]

Winnicott, D. W. ([1949] 1958c). Mind and its relation to the psyche-soma. In 1958a. [No Brasil: Winnicott, D. W. (2000). A mente e sua relação com o psique-soma. In: D. W. Winnicott, *Da Pediatria à Psicanálise: obras escolhidas*. Imago.]

Winnicott, D. W. ([1952] 1958b). Anxiety associated with insecurity. In 1958a, 97–100. [No Brasil: Winnicott, D. W. (2000). A ansiedade associada a insegurança. In: D. W. Winnicott, *Da Pediatria à Psicanálise: obras escolhidas*. Imago.]

Winnicott, D. W. ([1953] 1988). *Human Nature*. Free Association Books. [No Brasil: Winnicott, D. W. (1990). *Natureza humana*. Imago.]

Winnicott, D. W. (1958). *Collected papers: Through Paediatrics to Psychoanalysis* (1st ed.). Tavistock. [No Brasil: Winnicott, D. W. (2000). *Da Pediatria à Psicanálise: obras escolhidas*. Imago.]

Winnicott, D. W. ([1960] 1965a). Ego distortion in terms of true and false self. *The maturational processes and the facilitating environment: Studies in the theory of emotional development*. Hogarth. (International Psycho-analytical Library, No. 64.). p. 140–52. [No Brasil: Winnicott, D. W. (1983). A distorção do ego em termos de falso e verdadeiro self. *O ambiente e os processos de maturação*. Artes Médicas.]

Winnicott, D. W. (1967). The location of cultural experience. *Int J Psychoanal*, 48, 368–372. Winnicott, D.W. ([1967a] 1989). [No Brasil: Winnicott, D. W. (1975). A localização da experiência cultura. *O brincar e a realidade*. Imago.]

Winnicott, D. W. ([1967b] 1989). Postscript: DWW on DWW. *Psychoanalytic Explorations* (p. 569–582). Karnac Books. [No Brasil: Winnicott, D. W. (1994). DWW sobre DWW. *Explorações Psicanalíticas*. Artmed.]

Winnicott, D. W. ([1967b] 1986). Home is where we start from. R. Shepherd, & M. Davis (eds.). Penguin, W.W. Norton. [No Brasil: Winnicott, D. W. (2011). *Tudo começa em casa*. Ubu Editora.]

Winnicott, D. W. ([1968a] 1969). The Use of an Object. *Int J Psychoanal, 50*, 711–716. [No Brasil: Winnicott, D. W. (1994). Sobre o uso de um objeto. *Explorações Psicanalíticas*. Artmed.]

Winnicott, D. W. ([1968b] 1971). Contemporary Concepts of Adolescent Development and their Implications for Higher Education. In D. W. Winnicott (1971). *Playing and Reality* (chapter 11). [No Brasil: Winnicott, D. W. (1975). Conceitos contemporâneos do desenvolvimento adolescente e suas implicações para a educação superior. *O brincar e a realidade*. Imago.]

Winnicott, D. W. ([1969] 1989). The Use of an Object in the Context of Moses and Monotheism. In: D. W. Winnicott. *Psychoanalytic Explorations*. C. Winnicott, R. Shepherd, & M. Davis (eds.). Harvard UP. [No Brasil: D. W. Winnicott. (1994). O uso de um objeto no contexto de Moisés e o monoteísmo. *Explorações Psicanalíticas*. Artmed.]

Winnicott, D. W. ([1970] 1986). Living Creatively. *Home is where we start from*. R. Shepherd, & M. Davis (eds.). Penguin, W.W. Norton. (The surviving object, 58). [No Brasil: Winnicott, D. W. (2011). Vivendo criativamente. *Tudo começa em casa*. Ubu Editora.]

Winnicott, D. W. (1988a [1967b]). Communication between Infant and Mother, and Mother and Infant, Compared and Contrasted. *Babies and their mothers*. Free Association Books. [No Brasil: Winnicott, D. W. (2020), A comunicação entre o bebê e a mãe e entre a mãe e o bebê: convergências e divergências. *O bebê e suas mães*. Ubu Editora.]

Winnicott, D. W. (1989). A Note on the Mother-Foetus Relationship. *Psychoanalytic Explorations* (p. 161–162). C. Winnicott, R. Shepherd, M. Davis (eds.). Harvard UP. [No Brasil: D.W. (1994). Nota sobre o relacionamento entre mãe-feto. *Explorações Psicanalíticas*. Artmed.]

CAPÍTULO 3
O objeto não sobrevivente: algumas reflexões sobre as raízes do terror

(2005)

Introdução

O foco na não sobrevivência foi instigado pelo trabalho com um paciente diante do qual eu quase não sobrevivi. Ao invés de habitar o limiar contratransferencial, como descrevi no capítulo anterior, com o paciente K. minha ansiedade cresceu a ponto de se tornar uma sensação de terror e paralisia. O fracasso real da análise em um ponto crucial do trabalho poderia ter sido desastroso para nós dois.

Durante o período em que trabalhei com K., me descobri lendo algumas das biografias a respeito de Mary Wollstonecraft e fiquei particularmente chocada por sua trágica morte prematura, alguns dias depois de dar à luz a sua segunda filha, que também recebeu o nome de Mary. Mary, a filha, quando tinha dezesseis anos, se casou com Percy Bysshe Shelley e se tornou Mary Shelley, a famosa escritora de *Frankenstein*. À época, me perguntei bastante sobre a sina da psique de Mary Shelley ao perder a mãe em um estágio tão inicial do seu desenvolvimento psíquico e sobre os terrores que ela deve ter sofrido. Essa questão me levou a aprofundar o pensamento sobre a atraente narrativa de *Frankenstein*, escrito em 1818 quando a autora tinha dezoito anos e estava grávida pela segunda vez. Sugeri, recentemente, que *Frankenstein* pode ser visto como uma autobiografia emocional das fantasias mais íntimas de Shelley relacionadas às suas fantasias de nascimento, baseadas por sua vez no fato de que sua mãe, Mary Wollstonecraft, morreu em trabalho de parto (Abram, 2019). A popularidade da história, sugiro no meu argumento, dialoga com uma narrativa de alienação e de não sobrevivência que ressoa em cada um de nós. E que Mary Shelley, na sua condição de grávida, identificou o feto dentro do seu útero como uma criatura que a mataria durante o parto — uma convicção oriunda de um fato, a morte de sua mãe[1]. Essa narrativa, aplicável a todos nós em variadas formas, e associada a uma experiência universal de não sobrevivência, ressonou de modo particular com o paciente K. e suas fantasias inconscientes primárias. Cada um de nós possui uma fantasia de "história do nascimento" que contém uma narrativa do que fizemos às nossas mães durante o parto e assim por diante. Essas fantasias profundas sobre o corpo da mãe se relacionam ao medo da MULHER formulado por Winnicott, como elaboro no **Capítulo 4**. Neste capítulo, foi a análise de K. que mobilizou nele a criatura do Dr. Frankenstein — uma criatura relacionada à história do nascimento de K. e sua história psíquica inicial.

Tem uma passagem no romance de Mary Shelley em que a criatura vaga por uma floresta e esbarra em um lenhador e sua família, que seguiam para suas tarefas diárias no meio do matagal, onde eles moravam. Ela, a criatura, observa o grupo se comunicando entre si de um jeito gentil e ordinariamente amoroso, e aquilo faz com que se sinta dominada pela tristeza. Shelly fala pela criatura quando escreve: "Miserável, infeliz, desgraçado... Eu nunca tinha visto antes um ser que se parecesse comigo, ou que quisesse ter qualquer relação comigo. O que eu era? A pergunta voltou a aparecer,

---

1 Este argumento foi apresentado pela primeira vez em outubro de 2019 durante a Conferência Psicanalítica Europeia para Estudantes Universitários (EPCUS, na sigla em inglês), que versava sobre o tema "Medos e Ansiedades" (Abram, 2019). O artigo está sob revisão para futura publicação.

para ser respondida apenas com grunhidos" (Shelley, [1818] 2003, p. 124).

***

"Terror é a palavra certa", disse K., perto do fim de uma sessão. Foi sua resposta ao meu comentário de que ele estava me contando quão aterrorizado ficava por se sentir dependente de mim. Tínhamos atravessado uma fase particularmente complicada da análise, um período de várias semanas no qual meu intenso sentimento de medo antes de cada sessão me fez considerar o término do tratamento. Naquela sessão, comecei a sentir que tinha conseguido encontrar a disposição mental para usar palavras que possuíam algum significado para K., e, como ele era um conhecedor das letras, senti, ao vê-lo confirmar minha interpretação, que aquele era um momento significativo. Surgiu ali um vislumbre de esperança de que a análise poderia continuar, porque, finalmente, um espaço de reflexão prometia se abrir à medida que a atmosfera mudava de maneira radical. Retorno a esta sessão mais tarde.

A fase complicada da análise de K. ocorreu no início do seu segundo ano de tratamento e instigou minhas reflexões sobre o terror como um afeto e seu lugar como um conceito na psicanálise (Winnicott, 1969). Isso me levou a refletir sobre o significado da sobrevivência psíquica do analista e sobre o "como" relacionado à necessidade do analista de sobreviver ao terror do paciente diante da psicanálise.

O dicionário Oxford, na sua versão online, apropriadamente descreve a palavra "terror" como um medo intenso, assombro ou pavor; "aterrorizar", por sua vez, é definido como: ocupar ou inspirar com terror, reduzir a um estado de terror; *esp.* coagir ou dissuadir pelo terror. A segunda definição indica: comandar, ou exercer poder, através do terrorismo; praticar intimidação.

Eu me perguntava se terror era a palavra certa para descrever meus estados mentais afetivos durante aquela fase da análise. Meu consultório possui um tamanho modesto, e K. era um homem alto que, embora ordinariamente educado e respeitoso, se tornou verbalmente abusivo durante aquela fase do tratamento, de uma maneira ameaçadora que me fez temer pela minha segurança física. E também havia o abuso literal do setting, como, por exemplo, bater a porta da frente com tanta força a ponto de provocar uma rachadura no reboco ao lado do batente. Não seria exagero dizer que eu me sentia cercada pelo que podia ser descrito como seu "sistema emocional de intimidação coerciva". Até aquele instante, do ponto de vista contratransferencial, eu às vezes me sentia aterrorizada. Apesar de K. não ter histórico psiquiátrico anterior e não ter reportado nenhum incidente de abuso físico a ninguém, em alguns momentos me perguntei se o ambiente privado era mesmo o mais adequado para as consultas. No entanto, por mais difícil que aquele período fosse, também aconteciam sessões em que K. trazia sonhos e associações e era evidente que existia nele alguma coisa lutando para ser trabalhada na análise. Embora eu tivesse relativa certeza de que ele na verdade não iria me atacar, me perguntei se eu não estava, por acaso, me enganando. E, quando a raiva e a agressividade nele aparentemente ficaram piores, comecei a sentir que talvez fosse mais adequado encerrar a análise. Falo um pouco mais sobre isso mais adiante.

Um esboço do terror e seu lugar na teoria psicanalítica

Teorias psicanalíticas concordam que o medo extremo é incorporado nas conceitualizações da ansiedade cujo início se dá ainda em Freud. Para minha surpresa, no entanto, descobri que o "terror" não está listado no index geral da *Edição standard das obras psicológicas completas de Sigmund Freud*. A palavra também não está presente nos índices dos dicionários psicanalíticos mais utilizados (Laplanche & Pontalis, 1973; Rycroft, 1968; Hinshelwood, 1989; Abram, 2007; Akhtar, 2009). Na tradução de Strachey para o inglês, a palavra "terror" é usada para enfatizar a ansiedade e em relação a fases particulares e tipos de desenvolvimento. Por exemplo, no caso de Schreber analisado por Freud, o terror é associado a ansiedades infantis e, no caso do Homem dos Lobos, ele é aplicado na significação da angústia de castração precoce. Em *Estudos sobre a histeria*, ele é associado à sexualidade — "terror da cobra" — e é usado especialmente no artigo curto de Freud sobre a Medusa: "O terror da Medusa é, portanto, um terror da castração. A visão da cabeça da Medusa faz o espectador paralisar de terror, transformando-o em pedra". Desta citação, destaca-se: o afeto do "terror" faz o indivíduo "paralisar de terror" enquanto "o transforma em pedra" (Freud, [1922] 1940; SE, 18, p. 273).

Em essência, essas descrições cobrem três teorias proeminentes da ansiedade no trabalho de Freud: libido, nascimento e sinais de angústias primárias. O que considerei digno de nota, em relação ao caso de K., foi que o último exemplo, que discorre sobre a angústia sinal, refere-se ao medo da mulher que o homem sente (ver a Discussão no final deste capítulo e também no **Capítulo 4**, em que relaciono esse medo primário à noção winnicottiana de medo da MULHER).

Melanie Klein usa a palavra "terror" quando ela se refere ao terror da criança em relação às fezes, ao pênis, ao seio, associado ao conhecimento do dano provocado ao corpo da mãe e, portanto, o terror do dano que poderia ser causado ao próprio corpo (Klein, 1931, p. 24-25). O uso de Winnicott da palavra "terror" diz respeito, na maior parte das vezes, aos "terrores noturnos" das crianças, indicando a falha do ambiente nos estágios mais iniciais, o que resulta em "agonia primitiva" e "ansiedades impensáveis". É chocante que Winnicott só use a palavra terror em relação às crianças, sugerindo, como Klein, de que é um afeto experimentado, na maioria das vezes, pelas crianças. Se recorrermos ao trabalho de Bion (1962), em particular sua noção de "terror sem nome" em *Uma teoria sobre o pensar*, então poderíamos imaginar que o terror está na raiz daquele tipo específico de pavor na parte psicótica da personalidade. O conceito de André Green de "angoisse blanche" e o complexo da mãe morta parecem estar intrinsicamente conectados à noção de "terror", no qual existem a paralisia e a incapacidade de pensar. A Discussão no **Capítulo 2** relaciona o trabalho de Green à paciente Jill, que se sentia sobrecarregada com uma incapacidade de permanecer no mundo real diante da ausência da sua analista. Para mim, ela também experimentava terror nas raízes da sua raiva e do seu medo.

Talvez seja verdadeiro dizer que o "terror" é um afeto que vai estar presente predominantemente no trabalho com pacientes psicóticos e borderline, mas acredito que, para todos os pacientes em análise, é provável que algum sentimento de terror apareça. É um sintoma que indica trauma precoce, isto é, não sobrevivência, e uma experiência na qual não existe espaço para pensar ou para simbolizar antes que o funcionamento do ego evolua (*cf.* Abram, 2021).

Seguindo a teoria de Winnicott para o "uso de um objeto", como explicitei nos capítulos um e dois, proponho aqui que o terror como um afeto está no centro de um objeto intrapsíquico não sobrevivente. O objeto não sobrevivente ocorre como uma consequência do trauma psíquico precoce e constitui um elemento da história psíquica que está à espera de ser posto em relação com um objeto que seja capaz de sobreviver no après-coup da matriz transferência-contratransferência. É então, e só então, que o trauma do passado tem uma chance de ser experenciado pelo Self. A partir daí, surge a possibilidade de elaborar a história inicial do paciente e, sob este movimento, relegar o trauma ao passado.

Quadro clínico

Na primeira sessão, K. me contou sobre o incidente que o levou a buscar ajuda psicanalítica. Falando devagar, com os olhos voltados para baixo, ele disse: "Eu tinha um prazo para cumprir — eu estava trabalhando o dia inteiro, e a pressão era enorme — é o que acontece no meu trabalho — e eu precisava chegar no escritório até cinco e meia — eles precisavam do texto até aquela hora. Eu finalmente terminei de escrever — bom, não estava feliz com ele, mas eu... Bom, de qualquer jeito, coloquei o texto na cestinha da minha bicicleta: eu vou para todo lugar de bicicleta; e eu precisava pedalar o mais rápido possível. Como sempre, eu não tinha me dado tempo suficiente". Ele balançou a cabeça, repreendendo a si mesmo. K. continuou: "O escritório fica na cidade e tem umas grades do lado de fora onde eu costumo prender minha bicicleta com o cadeado. Cheguei muito suado e tinha poucos minutos para entrar no escritório a tempo e, depois de prender a bicicleta, em uma correria como sempre", ele disse com um suspiro longo, e fez uma pausa. "Então, quando me abaixei para pegar o documento, eu... eu...", ele levou a palma da mão a um dos olhos e de novo, com suspiros de exasperação e desespero, disse: "Eu espetei meu olho em... em uma das pontas... das grades". Esperei enquanto K. fazia uma nova pausa. Agora, com a mão sobre o olho, K. disse: "Na hora não achei que fosse nada de mais; ficou um pouco dolorido, mas senti que deveria segurar meu olho", ele riu — de uma maneira incongruente, me pareceu —, "e, enquanto eu atravessava o escritório com a mão no olho, eu ia contando pra todo mundo e eles todos ficaram dando risada do que eu tinha feito". Ele sorriu, como se gostasse da lembrança das pessoas dando risada dele enquanto ele sentia dor e segurava o olho. Mais tarde naquele dia, ele foi para um hospital e descobriu que a situação era grave; ele corria risco de perder o olho. Fiquei chocada que, apesar de hesitante, me parecia que K. estava bastante impassível ao relatar o incidente, enquanto sua futura analista sentia horror e choque de que ele pudesse ter feito aquilo com ele mesmo.

Naquele primeiro encontro, K. também reclamou de não ter chorado por quarenta anos. Ele disse que desejava ser capaz de chorar. A última vez tinha sido aos doze anos de idade, e porque havia acontecido uma coisa terrível. Era uma aula de mergulho, e todos os meninos da sua turma precisavam pular do trampolim. Ele era o último da fila e, por algum motivo, não conseguiu pular na água. O professor de natação o fez ficar em pé na borda do trampolim enquanto a turma inteira assistia. Quanto mais o professor gritava, mais ele se sentia paralisado. O restante da turma foi mandado para a próxima aula. Em algum momento, K. achava, ele deve ter pulado dentro da água, depois de muito, muito tempo, tremendo sobre a prancha. Ao chegar na aula seguinte, os outros meninos seguiam com os estudos e ele se lembrava de ter sentado no fundo da sala em um estado terrível, chorando sem parar até o final da aula. Ele era grato ao professor que, discretamente, continuou com a aula e parecia ter dado permissão a K. para chorar. Desde este incidente, K. disse, ele nunca mais tinha chorado de novo, e sentia aquilo como uma grande perda para sua vida emocional. Fiquei chocada ao perceber que o relato de K. sobre esse momento parecia mais vivo e terrível para ele do que o acidente com o olho.

Apesar do medo intenso de K. em relação à análise e seu esforço para quebrar os limites analíticos durante os primeiros meses (ao chegar muito cedo ou sair muito tarde, tentando conversar com outros pacientes que entravam ou iam embora), ele demonstrava, através dos sonhos e respostas a comentários transferenciais e interpretações, uma capacidade de se tornar um paciente. Nas sessões de avaliação, K. falou sobre o que o tinha levado à análise. Ele havia tentado vários tipos diferentes de terapia, mas os acompanhamentos nunca duravam mais do que seis meses. Ele sempre saía revoltado dessas terapias. Mas agora, graças ao conselho de um amigo que lhe indicou a psicanálise, ele tinha decidido que deveria tentar, pois estava muito desesperado. K. se apresentava gravemente depressivo e com ideação suicida, e sentia tanta raiva da sua mãe que achava que poderia assassiná-la caso a encontrasse. Para evitar esse desfecho, ele tinha parado de visitá-la.

Então, como eu havia antecipado, a cooperação dos primeiros meses se transformou na marca de seis meses. Depois do nosso segundo recesso, K. voltou e disse que, a partir dali, ia sentar na cadeira, pois sentia que não podia mais confiar na psicanálise, o que ele atribuiu a "um encontro com a insanidade" durante o último recesso. A maneira que K. sentava na cadeira fornecia muitas pistas do seu estado mental.

No começo de cada sessão, ele esfregava vigorosamente os olhos com as palmas das mãos, de forma que me era possível escutar seus olhos se movimentando. Depois ele fechava os olhos e se largava na cadeira com a cabeça baixa, enquanto uma mão permanecia erguida, como se fosse um escudo dos olhos. Quando ele começava a falar, sua mão cutucava suas pálpebras e cílios, de uma forma quase provocativa. Era uma imagem tão evocativa que me vi bastante hipnotizada pela cena que, acredito eu, ele estava inconscientemente criando. Ao mesmo tempo, eu percebia minha reação, o sentimento de repulsa e dor. Era como se eu estivesse assistindo toda a terrível cena de Édipo arrancando os próprios olhos e depois caindo em um abismo de desespero doloroso e culpa.

O relato de K. sobre seus pais e o ambiente doméstico parecia, de maneira geral, concordar com as transferências materna e paterna em evolução. Existia uma camada poderosa na qual ele experenciava sua analista como a mãe odiada, fria, frustrante e retraída, bem como se sentia submetido e oprimido pela psicanálise representada por Freud: o pai sádico, volátil e violento que abusa e humilha. K. carregava uma mágoa profunda contra seus pais, que ele sentia ser absolutamente justificada. Minha sensação de precisar ser vigilante em relação ao humor de K. indicava uma reação contratransferencial à sua família de origem. Era um pressentimento de que alguma coisa terrível poderia acontecer; talvez como o pai volátil e a mãe passiva que ele descrevia. E isso me traz para a sessão que se tornou um prelúdio para a fase complicada.

Depois de dezoito meses, e depois do quarto recesso, a violência na transferência aumentou. K. chegou para a primeira sessão no que parecia ser sua rotina de sempre. Ele tocou a campainha alguns minutos antes do horário e, à distância, abri a porta para ele. Escutei, em seguida, K. assoar o nariz, uma espécie de som de trombeta, como se quisesse me alertar da sua chegada, e logo depois veio um ruído alto quando K. abriu a porta do banheiro, situado na sala de espera. Era normal que, ao abrir a porta do consultório no horário marcado, eu encontrasse K. quase sempre no banheiro. Eu então me sentava na minha cadeira e esperava. A sala de espera fica ao lado da entrada do meu consultório e, por isso, se estou sentada na minha cadeira, não consigo enxergá-la. K. normalmente me deixava esperando no início da sessão. Ele saía do banheiro, fazia alguma coisa na sala de espera, o que soava como se ele estivesse rearrumando seus pertences na mochila, antes de entrar no consultório e fechar a porta. Alguma coisa no andamento daquele começo me informava em qual estado de espírito K. tinha chegado para a sessão do dia. No entanto, naquela tarde fria de janeiro, depois dos barulhos acabarem, que era, de maneira geral, o momento em que K. entrava devagar no consultório, nada aconteceu. Quero dizer, escutei K. permanecer em silêncio e ficou claro que ele ia me deixar esperando por mais tempo do que o normal. A compreensão de que ele continuava na sala de espera foi acompanhada, em mim, por uma sensação crescente de medo e pânico que ameaçavam devastar meu sentido de ser. Simultaneamente, me vi curiosíssima em saber o porquê do medo que eu sentia. Ali estava eu em meu consultório, sabendo que K. estava na sala de espera, não tendo me visto nas últimas três semanas, e, naquele momento, eu não conseguia escutá-lo. Havia um silêncio mortal crescente na sala de espera, que se transformou em uma ameaça cada vez maior na minha mente. Tentei, antes de qualquer coisa, me acalmar, para que eu pudesse raciocinar. Por que eu deveria ter medo? O que poderia acontecer? Não estava acontecendo nada. Fiquei sem saber o que fazer. E comecei a refletir sobre nosso trabalho preliminar, em um esforço para descobrir como lidar com a situação. Naquele momento, parecia perigoso sair da minha cadeira e ir lá buscá-lo. Me senti paralisada e, em um esforço para preservar minha mente analítica, me descobri refletindo sobre as sessões anteriores e as várias camadas da transferência.

Duas narrativas significativas haviam se desenrolado nos nossos encontros até ali. K. tinha me dito como sentia uma grande dose de culpa e de vergonha a respeito de uma situação que havia acontecido com sua cachorra uma ou duas vezes, quando ele tinha entre nove e dez anos. Ele gostava bastante da cachorra da família e mantinha uma relação amistosa com ela; no entanto, de vez em quando, K. subitamente a agredia, o que fazia a cachorra ganir, se encolher e tremer; ele depois fazia as pazes com ela, e voltava a bater nela. Ele se perguntava o porquê daquilo. E admitiu, constrangido, que o que realmente o chocava era a sensação de prazer que ele extraía daquele gesto. Isso deixava K. preocupado. Ao pensar sobre esse relato, eu me perguntava: eu era como sua cachorra, à espera da pancada? Ou ele estava se encolhendo na sala de espera? Esse pensamento, de alguma maneira, me manteve no lugar e me pareceu que permanecer na minha cadeira, dentro do meu consultório, era de suma importância, como se fosse a única forma de seguir em segurança. A outra narrativa significativa se deu quando K. tinha cinco anos: ele sofreu um corte no joelho e esse corte, ao sangrar, provocava uma verdadeira repulsa nele; e mesmo depois da ferida cicatrizar ele continuava aterrorizado de olhar para ela. Essa lembrança emergiu depois de um curso de primeiros socorros quando K. quase desmaiou ao ver uma imagem de uma ferida aberta. Nas suas palavras, ele achou que a ferida tinha a mesma forma de uma vagina.

Eu estava numa espécie de devaneio com essas associações que me acalmavam, mas, percebendo a hora, eu sabia que precisava decidir o que fazer se ele permanecesse na sala de espera até o final da sessão. Então, mais ou menos cinco minutos antes do horário de encerramento, K. se mexeu. Ele meio que perambulou[2] pela frente da porta e, na soleira,

---

2   Em muitas casas londrinas do período vitoriano e mesmo do início do século 20 existe um vão (um buraco na parede) entre a cozinha e a sala de jantar, por onde os pratos de comida podem ser passados. Essa característica deriva da era vitoriana e até de antes, porque a cozinha não era o lugar habitual em que os membros da família sentavam para comer. Claro, isso se refere somente a famílias da classe média e da elite. No campo e em comunidades mais pobres, todo mundo comia na cozinha.

ainda fora do consultório, K. timidamente me contou que tinha decidido ir embora, mas que achava que deveria dar as caras e me contar por que ele não tinha sido capaz de entrar no consultório. Ele disse, gesticulando na direção do divã, que não estava preparado para afundar na cadeira e muito menos no divã, mas que havia sido útil "ficar ali fora". Ele disse que tinha sentido um pouco de pânico, mas que tinha pensado bastante e feito várias reflexões sobre a viagem de barco que ele fez nas férias, quando uma forte tempestade atingiu a embarcação. Na sua cabine, ele precisou se segurar com força enquanto o barco era jogado de um lado para o outro no mar. Ele disse que ficou aterrorizado com a situação e que se convenceu de que ia morrer naquela tempestade. Ele nunca tinha atravessado um mar tão violento. Depois de uma pausa, eu disse que, no meu entendimento, ele estava me contando que entrar no consultório hoje seria como entrar no mar outra vez, e que sua vida, assim, estaria ameaçada.

A partir daquele momento, em quase todas as sessões, K. às vezes permanecia na sala de espera por boa parte do horário programado. Quando conseguia, enfim, entrar no consultório, ele sempre começava a sessão atacando Freud e a psicanálise com um desdém belicoso. Era como se ele quisesse me incitar a defender a psicanálise e, em certas ocasiões, interpretei sobre como eu achava que ele queria me conduzir a uma discussão dos prós e contras da psicanálise. Depois de algumas interpretações desse tipo no início de uma sessão, ele às vezes era capaz de usar o restante da sessão e quase sempre trazia muitos sonhos. No entanto, parecia que o resultado de qualquer elemento de trabalho construtivo era demolido na sessão seguinte, por ele cancelar a sessão ou ficar na sala de espera por muito mais tempo. Na sequência, o que apareceu foi uma frequência bem maior de abusos verbais contra mim. Ele me contava, por exemplo, como, a caminho do consultório, sentia vontade de "esmagar minha cara" e me "esmurrar até não sobrar mais nada". Em um tom ansioso, ele também me perguntou se eu temia pela minha vida e se analistas eram assassinadas durante as sessões. Segundo K., ele precisava reforçar para mim o quão aterrorizado ele se sentia diante do que a análise poderia fazer com sua cabeça, e que ele se sentia em absoluto terror por causa do medo de perder a sanidade, o que não podia deixar acontecer. Enquanto K. me contava o quão aterrorizado ele se sentia diante de mim, comecei a sentir, em doses cada vez maiores, que eu era quem estava sendo aterrorizada ali. Quando a campainha tocava no horário da sua sessão, percebi que muitas vezes sentia um profundo sentimento de pavor, e era difícil não me sentir assustada, intimidada, indefesa, desesperançosa e, com certeza, inútil. A outra reação reveladora da contratransferência foi que comecei a questionar se a psicanálise era mesmo a solução para ele, e que talvez K. estivesse certo sobre seus perigos. Eu deveria continuar a trabalhar com ele? Existia a possibilidade de eu ser fisicamente atacada, apesar de K. não ter nenhum histórico de ataques físicos? No auge do que parecia ser um desespero em mim e em todo o projeto analítico, surgiu um ponto de virada.

Quando K. abriu uma sessão dizendo que ia embora e que era tudo uma perda de tempo, notei que comecei a sentir raiva dele, ao invés de medo, e, quando ele passou a dizer que queria dar um chute no meu rosto, eu o interrompi e disse achar que ele estava tentando me intimidar, e que ele queria que eu me sentisse assustada. Para minha surpresa, ele pareceu chocado e confuso por aquela afirmação e rapidamente a negou. Mas continuei dizendo que aquilo poderia estar acontecendo porque, se ele fosse capaz de me assustar, existia uma chance de que eu me recusasse a trabalhar com ele, e essa seria, para ele, uma maneira mais fácil de abandonar a análise. Ele fez uma pausa, e senti a atmosfera se transformar. K. abaixou a cabeça e murmurou que aquela minha análise era muito desrespeitosa. Essa sua resposta produziu em mim um sentimento de indignação, eu não aceitava que ele pudesse ter dito aquilo, considerando o quão verbalmente abusivo ele vinha sendo comigo — ainda mais depois que K. havia há pouco tempo confessado que não se atreveria a falar da mesma forma se o analista fosse um homem e não uma mulher. Naquele momento, senti vontade de gritar abusos contra ele e dizer qualquer coisa como "Mas que maravilha, hein?". No entanto, respirei fundo para reorganizar meus pensamentos e disse a ele, em um tom de voz calmo, que aquela era a razão pela qual ele achava que poderia ser tão desrespeitoso comigo quanto quisesse. Ele estava se aproveitando do fato de que eu sou uma mulher. K. então ficou bastante imóvel e em silêncio. Depois de um tempo, afundando na cadeira e com o que parecia ser uma sensação profunda de tristeza, ele disse: "Não consigo fazer isso". Ele parecia miserável, infeliz e humilhado, como a criatura do Dr. Frankenstein, que dizia "eu sou malvado porque sou miserável". Minha raiva arrefeceu e comecei a me sentir angustiada por ele. Esperei por um instante e então disse achar que, a cada vez que ele se deslocava para a sessão, ele se sentia sobrecarregado por um sentimento de humilhação; uma sensação de que era eu quem o arrastava para o consultório a cada dia, e que era esse sentimento de humilhação que o revoltava e o impedia de trabalhar na sua análise. Ele ficou quieto por alguns segundos e, em seguida, admitiu a sensação de que eu "esfregava [alguma coisa na sua] cara" toda vez que ele aparecia, e que ele entendia aquilo como uma punição. Em voz alta, me perguntei se ele achava que eu alguma vez tinha sentido prazer diante do seu sentimento de humilhação e vergonha, e se eu não valorizava o que ele precisava atravessar para estar ali no consultório. Houve uma pausa longa e, perto do fim da sessão, ele disse que não podia continuar na análise pelo resto da vida. Esse foi o momento em que eu disse achar que ele estava me contando o quão aterrorizado ficava de se sentir dependente de mim. "Terror" é a palavra certa, ele disse, baixinho, e finalizamos a sessão.

No encontro seguinte, em que ele chegou pontualmente, K. relatou um sonho que havia tido naquela noite, no qual andava de bicicleta e se sentia bastante animado enquanto deslizava por um terreno desconhecido, mas muito suave, e ele se sentia muito animado e maravilhado com a distância que tinha conseguido percorrer. Na mesma sessão, K. comentou sobre uma mulher de quem ele havia realmente gostado: uma vez, quando ela espontaneamente o visitou, K. se viu obrigado a rejeitá-la porque ficou ansioso demais pensando que ela estava roubando sua alma e que ele não podia se dar ao luxo de perder seu senso de si, que era uma coisa que ele tinha certeza que acabaria acontecendo com várias das mulheres com quem manteve proximidade ao longo da vida. Mas agora ele se arrependia de todas aquelas oportunidades perdidas e que o tempo estava passando. A sensação de oportunidades perdidas e de arrependimento intenso eram palpáveis naquela sessão e se relacionavam com várias outras situações semelhantes sobre as quais ele já tinha me falado. Não fiz interpretações naquela sessão porque me pareceu que um trabalho psíquico tinha acontecido e que K. precisava de algum espaço reflexivo para respirar.

As coisas se acalmaram por várias semanas e então aconteceu uma sessão marcada para pouco antes da minha semana de folga. Ele se escorou de qualquer jeito no batente da porta do consultório. Eu disse achar que ele deveria entrar para que pudéssemos iniciar o trabalho[3]. Aí, com um desprezo intenso, ele disse: "Que trabalho?". Para minha surpresa, me descobri dizendo, em um tom calmo porém firme, que imaginava a existência de muitas coisas que ele podia ou não podia precisar me contar, mas que se sentar era o requisito mínimo para isso. Quase de imediato, ele foi direto para a cadeira e seguiu com a sessão. No encontro seguinte, ele chegou na hora certa e foi direto para o divã. E, pelo resto da sua análise, K. se acomodou nas estruturas da situação de análise e usou palavras e o espaço analítico para expressar suas questões.

---

3   Esse momento me fez lembrar de um artigo de Nina Coltart, *Rastejando até Belém*, que, no início da minha prática clínica, eu achava inspirador. O título é tirado de um poema de W.B. Yeats — *A segunda vinda*. Coltart cita o verso final do poema: "E qual besta monstruosa, ao enfim ver chegar sua hora, rasteja até Belém para nascer?". Para Coltart, a "besta monstruosa" é uma metáfora para o "analista em embrião" (Coltart, [1988] 1992).

O objeto intrapsíquico não sobrevivente

Nos capítulos um e dois, estabeleci minhas propostas relativas ao objeto intrapsíquico sobrevivente. Seu corolário é o do desenvolvimento de um objeto não sobrevivente. Este objeto, sugiro, é um objeto intrapsíquico que surge como resultado da não sobrevivência do objeto externo logo no momento inicial mais crucial. As necessidades não são atendidas e, portanto, as ansiedades do bebê sobrecarregam a psique vulnerável, provocando uma série de quebras na continuidade-do-ser (Winnicott, [1963b] 1965).

A depender dos caprichos de um ambiente não suficientemente bom, tanto no início da vida quanto nos anos subsequentes, o trauma cumulativo irá ocorrer, e o desenvolvimento de um objeto intrapsíquico não sobrevivente vai eclipsar um objeto sobrevivente atrofiado. O objeto não sobrevivente corresponde a todas as psicopatologias e oferece uma perspectiva relacional sobre as causas dos transtornos mentais. Aqui, sugiro que, no centro de um objeto não sobrevivente, reside um terror primitivo que petrifica o sentido de si e, assim, impede a capacidade de receptividade, porque o bebê teve que se insular e proteger o núcleo do seu self. O leitor é redirecionado para os dois padrões iniciais de relação apontados por Winnicott (como descrito no **Capítulo 1**) e como, em um ambiente que não é suficientemente bom, o bebê sofre violação do self. O artigo de Khan sobre o trauma cumulativo se baseia nas teorias preliminares de Winnicott sobre a psicose (*cf.* Khan, 1964).

Em teoria, então, mesmo se o objeto não sobrevivente eclipsar o objeto sobrevivente, existe potencial para que o objeto sobrevivente cresça caso apareça uma oportunidade no qual um ambiente psíquico diferente possa ser experienciado. Sem dúvida, o relacionamento analítico carrega este potencial em si e talvez seja o único método que pode seriamente mudar a dinâmica interna. Uma forma de alimentar teoricamente o relacionamento analítico consiste na capacidade do analista de receber as comunicações inconscientes através da escuta e da interpretação que instaura o ambiente sustentador. Neste sentido, o sujeito pode sentir que cria o objeto, o que, em contrapartida, provê significado. O desfecho desse movimento tem o potencial de levar o objeto sobrevivente a eclipsar o objeto não sobrevivente — o que requer o incremento de uma série de provisões simbólicas para que a mudança psíquica ocorra e se estabeleça.

Discussão

Vamos refletir sobre a resposta de K. à análise no contexto de uma seleção das primeiras teorias psicanalíticas cujas abordagens me fizeram sentido em relação à transferência de K. O "terror da dependência" de K. estava claramente associado ao seu intenso ódio assassino contra sua mãe. Em 1932, Karen Horney se referiu ao "pavor da mulher" que, para ela, era associado com o pavor da genitália feminina (Horney cita Groddek, que diz: "É claro que os homens têm medo das mulheres!").

> Se a mistura de impulsos destrutivos for realmente considerável, a genitália da mãe deve, de acordo com o princípio de talião, se tornar um objeto de ansiedade direta. Assim, se ela primeiro se torna desagradável para ele por causa de sua associação com uma autoestima ferida, ela vai, por um processo secundário (pelo caminho da frustração-raiva), se tornar um objeto de ansiedade castradora. E provavelmente isso é reforçado de maneira ampla quando o menino observa traços de menstruação (Horney, 1932, p. 358).

Quando K. experimentou o horror ao ver a ferida no seu joelho, com quatro ou cinco anos, sua irmã tinha um ano de idade. Ele quase sempre se referia à perda de sua mãe por volta dos dois ou três anos, e, mesmo assim, nunca parecia associar essa perda à gravidez da mãe e o fato dela ter dado à luz a uma segunda criança. Winnicott propõe que o medo da MULHER está relacionado ao medo da dependência e afirma que a depreciação das mulheres em todas as sociedades se deve ao fato de todos nós devermos nossas vidas a uma mulher. A dependência original não é lembrada, e, portanto, a dívida não é reconhecida, exceto na medida em que o medo da MULHER representa o primeiro estágio deste reconhecimento (Winnicott, [1950] 1986). Apesar de Winnicott não declarar isso diretamente, eu já sugeri antes que este medo pode ser encontrado nas raízes da misoginia (Abram, [1996] 2007). Esta proposta é melhor desenvolvida no **Capítulo 4**.

Outra autora de primeira hora no que diz respeito à sexualidade feminina foi Marie Bonaparte, que, inspirada pelo trabalho de Melanie Klein, se referiu a uma ansiedade primária relacionada à cena primária como um ato de violência perpetrado por um homem contra uma mulher. Ela se refere ao "terror vital da violência diceladora praticada por um homem contra uma mulher" e propôs que as fantasias deste tipo de cena primária violenta podiam indicar um "complexo de perfuração" (Bonaparte, 1938, p. 214-220). A cena do mergulho de K. aos doze anos mostra um evidente terror da penetração. Wrye, cujos temas considero relevantes para a compreensão de K., escreveu sobre o "terror erótico" associado à transferência erótica materna primitiva, que, afirma ela, é um terror particular experimentado por homens esquizoides que possuem um "medo primal de intimidade" (Wrye & Welles, 1989, p. 673). Essa perspectiva complementa a tese de Perelberg sobre a função defensiva da violência contra a relação analítica. Para Perelberg, essa violência se relaciona com a fantasia central a respeito do relacionamento primário com a mãe, assim como com a cena primária (Perelberg *et al.*, 1999).

K. muitas vezes indicava que tinha muito a falar sobre sua sexualidade, e eu tinha a impressão de que ele se sentia profundamente envergonhado das suas fantasias violentas e dos seus sentimentos voltados às mulheres. Considerando a hipótese de Perelberg, fica claro que era assim que a violência de K. em relação à análise funcionava para manter alguma distância do terror da fantasia central. Fonagy e Target sugeriram que "o obstáculo (para a compreensão da intepretação por parte do paciente violento) é o terror que o paciente experimenta diante de uma mente que oferece compreensão" (Fonagy & Target, 1999), e eles concordam com Campbell, para quem a ausência do pai na primeira infância do paciente, e sua incapacidade de intervir e separar a mãe do bebê, pode muitas vezes levar a uma violenta relação pré-edípica do paciente (Campbell, 1999 *apud* Perelberg, 1999, p. 69). Quando K. iniciou a análise, ele regularmente batia sua cabeça contra a parede, em conexão direta, ele dizia, com as intenções assassinas que sentia contra sua mãe e que se fundiam a seus impulsos suicidas.

A sobrevivência psíquica do analista constitui o alimento simbólico que vai facilitar a possibilidade de crescimento do objeto sobrevivente e, assim, permitir que o paciente alcance um ponto de partida na tarefa de encontrar *les mots pour le dire* [as palavras para dizer] (Cardinal, 1975) ao invés de recorrer a um acting out.

A noção do objeto não sobrevivente se relaciona a como os pacientes experimentam a ausência quando o analista está de férias, como vimos a partir de Jill. K. tinha dificuldades com recessos, mas inicialmente não entrou em contato com o quão dolorido ele se sentia. O trabalho construtivo que ocorria antes das pausas era quase sempre desfeito como uma consequência da minha ausência em relação a ele. Eu sentia que essa questão dialogava com seu medo do colapso (Winnicott, 1963a?). O outono antes do nosso segundo intervalo para o Natal havia testemunhado uma gradual manifestação de memórias e associações relacionadas ao mundo interior de K. e, pela sua descrição daquele recesso, parece muito provável que a viagem que ele fez de fato o levou a revisitar fisicamente a morte e o "medo do colapso", e ele culpava a análise por isso. Na transferência, era verdade que a análise o tinha forçado a colapsar e, de certas maneiras, isso era verdade porque ele não possuía proteção alguma durante nosso período de férias e minha ausência parecia repetir as memórias inconscientes de negligência psíquica.

Enxerguei mais tarde que meu estado de petrificação naquela primeira sessão depois do segundo recesso de Natal era resultado de uma atualização projetiva (Green, 1997 *apud* Abram, 2016, p. 2), isto é, a dinâmica interna de K. foi mobilizada na transferência e se transformou em uma atualização de uma petrificação aterrorizante. Mostrava também, de uma maneira transparente, uma intensa comunicação inconsciente de retaliação. Enquanto eu estava sentada no meu consultório e ele permanecia na sala de espera fora do meu campo de visão, eu estava sendo forçada a me sentir abandonada e confusa. Quase perdi o sentido da minha mente analítica e, na esteira, o sentido de significado. Sob essa perspectiva, refleti sobre o trabalho de Bollas, em especial nos seus comentários sobre a contratransferência do analista, no que o leva a se tornar "situacionalmente doente", que, afirma ele, é um estado que o analista pode vivenciar com frequência ao trabalhar com pacientes borderline (Bollas, 1989). Por muitas semanas depois daquela sessão, ficamos os dois enredados nas dinâmicas do objeto não sobrevivente e do sujeito. Era um lugar terrível para se habitar, porque não existia espaço para o pensamento; tudo o que eu me sentia capaz de fazer, como ele na sua viagem de barco, era me agarrar em alguma coisa que pudesse estabilizar meu corpo enquanto um mar violento ameaçava destroçar o navio. A cada sessão que eu não conseguia sobreviver, mais aterrorizado (e, em consequência, violento) K. se tornava. Mas, paradoxalmente, percebi mais tarde, embora eu não estivesse sobrevivendo, eu tinha o potencial de sobreviver ao me render e ser o objeto que o paciente precisava que eu fosse, e para que eu tomasse conhecimento de como era sentir o colapso e a não sobrevivência. Entrar em contato forçado com as profundezas dos seus terrores que ainda não podiam ser colocados em palavras e podiam ser apenas atualizados fez repetir a dinâmica inconsciente e a história do seu objeto não sobrevivente. A análise precisava atravessar essa fase crítica antes que eu estivesse em posição de metabolizar a esmagadora natureza das suas atualizações projetivas.

Minha raiva no início da sessão em que o sadismo de K. atingiu seu auge foi, enfim, real. Recuperei meu sentido de uma mente analítica, de um modo que seus objetos do passado provavelmente não conseguiam, e eu podia confrontá-lo de uma maneira que sua cachorra não podia, ou do jeito que sua mãe não podia diante do seu pai, ou como ele provavelmente nunca conseguiria em relação a seus progenitores. Era uma fronteira real, de uma Mãe/Outro diferente. Quando me vi dizendo a ele que se sentar era um requisito mínimo, uma coisa que eu não tinha planejado falar mas que saiu bem espontaneamente, ficou claro pela sua reação que aquilo era algo que ele precisava e ansiava. Acredito que esse momento constituiu o limite da função paterna, tal como elaboro no **Capítulo 7**. Ele também me faz pensar no ato de liberdade do analista, como conceitualizado por Neville Symington (1983). Para K., acredito que o momento constituiu a primeira mamada teórica analítica, porque foi associada a um casal edípico em trabalho colaborativo. Muitos anos mais tarde, percebi que a mudança na minha resposta, do medo para a raiva, estava relacionada a uma mudança psíquica em mim, associada ao terceiro. No **Capítulo 7**, proponho a noção de um "integrado paterno" analítico quando o analista possui um terceiro em mente, um paralelo com a mãe que mantém o pai da criança na mente. Essas formulações surgiram neste trabalho clínico e seguem as reflexões posteriores de Winnicott sobre o pai precoce, semelhante, mas não idêntico, ao conceito de "outro do objeto" de Green (Green, 1991 *apud* Abram, 2016).

Depois desse período crítico, o trabalho com K. foi, em termos analíticos, mais "normalizado". Algumas evidências da sua crescente percepção foram demonstradas quando ele relatou que seu ódio e seus sentimentos assassinos em relação à mãe haviam diminuído, junto com seus violentos impulsos suicidas, que estavam desaparecendo.

Quando encerrou a análise, K. disse que se sentia confiante de que não ficaria tão deprimido quanto ele ficava antes do início do tratamento, apesar de quê, ele acrescentou, não sabia por quê, nem sabia se aquilo tinha alguma coisa a ver com a análise. Isso podia ser verdade em um nível consciente; por outro lado, me perguntei se aquele era um sinal de que ele achava difícil se sentir grato à análise por causa do medo de aprisionamento. Em termos das minhas formulações aqui, considero como evidência suficiente de que ele tinha recebido a primeira mamada teórica. Muito trabalho psíquico havia sido conquistado, para nós dois. Sobrevivemos intactos à tempestade, embora o objeto analítico intrapsíquico sobrevivente tivesse apenas começado a ser analisado.

Referências

Abram, J. (1994). Review of How to Survive as a Psychotherapist by Nina Coltart. *Brit. J Psychother, 11*(2), 31.

Abram, J. (1996). The language of Winnicott a dictionary of Winnicott's use of words Karnac Books. [No Brasil: Abram, J. (2020). A linguagem de Winnicott: dicionário das palavras. 1. ed. Thieme Revinter.]

Abram, J. (ed.). (2000). *André Green at the Squiggle Foundation*. Winnicott Studies. Karnac Books.

Abram, J. (2005). L'objet qui survit. D. Alcorn (trad.). *Journal de la Psychanalyse de l'Enfant, 36*, 139-174.

Abram, J. (2019). *The Frankenstein Complex: on birth terrors*. Annual Conference European Psychoanalytic. Conference for University Students. Brussels, Belgium.

Akhtar, S. (2009). *Comprehensive Dictionary of Psychoanalysis*. Karnac Books.

Bion, W. R. (1962). The psychoanalytic theory of thinking. *Int J Psychoanal, 43*, 306-310.

Bollas, C. (1989). *The forces of destiny*. Free Association Books.

Bonaparte, M. (1938). Some Palaeobiological & Biopsychical Reflections. *Int J Psychoanal, 19*, 214-220.

Campbell, D. (1999). The role of the father in pre suicide states. In: R. Perelberg, *Psychoanalytic understanding of violence and suicide*. Routledge.

Cardinal, M. (1975). *Les mots pour le dire*. Grasset.

Coltart, N. (1988). *Slouching towards Bethlehem in Slouching towards Bethlehem and further psychoanalytic explorations.* Free Association Books.

Freud, S. ([1922] 1940). *Medusa's Head SE, 18*, 273. [No Brasil: Freud, S. (2011). A cabeça da medusa. *Obras completas XV: Psicologia das massas e análise do eu e outros textos.* Companhia das Letras, 1920-1923.]

Fonagy, P., & Target, M. (1999). Towards understanding violence: the use of the body and the role of the father. In: R. Perelberg, *Psychoanalytic understanding of violence and suicide.* Routledge.

Green, A. (1991). On Thirdness. In Abram (2016), R. D. Hinshelwood (1989), *A Dictionary of Kleinian Thought.* Free Association Books.

Horney, K. (1932). Observations on a specific difference in the dread felt by men and by women respectively for the opposite sex. *Int J Psychoanal, 13*, 348–360. Oxford English Dictionary Second Edition on CD-ROM Version 3.1.

Khan, M. R. (1964). Ego distortion, cumulative trauma, and the role of reconstruction in the analytic situation. *Int J Psychoanal, 45*, 272–279. [No Brasil: Khan, M. (1977). Distorção do ego, trauma cumulativo e o papel da reconstrução na situação analítica. In: M. Khan (1964), *Psicanálise: teoria, técnica e casos clínicos.* Francisco Alves.]

Klein, M. (1931). The psychoanalysis of children. *Int Psychoanal Lib, 22*, 1–379. [No Brasil: Klein, M. (1981). *Psicanálise da criança.* Editora Mestre Jou.]

Laplanche, J., & Pontalis, J. B. (1973). The language of psychoanalysis. Traduzido por Donald Nicholson-Smith. *The International Psycho-Analytical Library, 94*, 1–497. The Hogarth Press and the Institute of Psycho-Analysis. [No Brasil: Laplanche, J., & Pontalis, J.-B. (2022). *Vocabulário da psicanálise* (5. Ed.). Martins Fontes.]

Perelberg, R., et al. (eds.). (1999). *Psychoanalytic understanding of violence and suicide.* Routledge.

Rycroft, C. (1968). *A critical dictionary of psychoanalysis* (1st ed.). Nelson. [No Brasil: Rycroft, C. (1975). *Dicionário crítico de psicanálise.* Imago.]

Shelley, M. ([1818] 2003). *Frankenstein*. Penguin Classics. [No Brasil: Várias edições, incluindo: Shelley, M. (2015). *Frankenstein ou o prometeu moderno*. Penguin-Companhia das Letras.]

Symington, N. (1983). The analyst's act of freedom as Agent of therapeutic change. *Int Review Psychoanal, 10*, 283-291. [No Brasil: Symington, N. (1994). O ato de liberação do analista como agente de mudança terapêutica. In: G. Kohon (org.), *A escola britânica de psicanálise: the Middle group, a tradição independente*. Artes Médicas.]

Winnicott, D. W. ([1950] 1986). Some Thoughts on the meaning of the word Democracy. In C. Winnicott, R. Shepherd, & M. Davis, *Home is where we start from*. Penguin. [No Brasil: Winnicott, D. W. (2011). Algumas reflexões sobre o significado da palavra democracia. *Tudo começa em casa*. Ubu Editora.]

Winnicott, D. W. (1958). Primary maternal preoccupation [1956]. In 1958a, 300-305. [No Brasil: Winnicott, D. W. (2000). Preocupação materna primária. In: D. W. Winnicott, *Da Pediatria à Psicanálise: obras escolhidas*. Imago.]

Winnicott, D. W. ([1963a?] 1989). Fear of Breakdown. In C. Winnicott, R. Shepherd, & M. Davis (eds.), *Psychoanalytic explorations* Harvard University Press. [No Brasil: Winnicott, D. W. (1989). Medo do colapso. *Explorações Psicanalíticas*. Artmed.

Winnicott, D. W. ([1963b] 1965). Communicating and not communicating leading to a study of certain opposites. *Maturational Processes and the facilitating environment*. Hogarth Press. [No Brasil: Winnicott, D. W. (1983). Comunicação e falta de comunicação levando ao estudo de certos opostos. *O ambiente e os processos de maturação*. Artes Médicas.]

Winnicott, D. W. (1969). The use of an object. *Int J Psychoanal, 50*, 711-716. [No Brasil: Winnicott, D. W. (1994). Sobre o uso de um objeto. *Explorações Psicanalíticas*. Artmed.]

Wrye, H. K., & Welles, J. K. (1989). The maternal erotic transference. *Int J Psychoanal, 70*, 673-684.

CAPÍTULO 4

O medo da mulher/análise: reflexões sobre o desejo, a sexualidade infantil e o objeto intrapsíquico sobrevivente

(2010)

Introdução

Neste capítulo, baseado no trabalho clínico com a paciente Lisa nos seus últimos anos de período fértil, proponho a existência de uma teoria implícita do desejo no trabalho de Winnicott, fundamentada na relação inicial entre pais e filhos. O medo da MULHER, tanto em homens quanto em mulheres, é um conceito que, delineado por Winnicott em 1950, destaca o medo universal da dependência. E essa noção, como já sugeri antes, elabora as formulações de Freud sobre o Hilflosigkeit (desamparo).

A análise faz movimentar o medo da dependência de todos os pacientes. Para Lisa, como demonstro aqui, seu medo da dependência estava inextricavelmente ligado a um medo de se tornar mulher. Essa experiência clínica chamou minha atenção para a dimensão psicossexual de um objeto intrapsíquico sobrevivente (ou não sobrevivente), como exploro nas próximas linhas.

Freud afirmava que a fase do apego à mãe estava "intimamente relacionada à etiologia da histeria". Para ele, tanto essa fase quanto a neurose eram caracteristicamente femininas. Ele também considerava que a dependência da mãe guardava o "germe de uma posterior paranoia nas mulheres" (Freud 1931, p. 227). Podemos perguntar por que Freud excluiu os homens dessa questão. Winnicott (1957, p. 125), por sua vez, escreveu, vinte e seis anos depois, que, se "buscarmos as raízes na história de cada indivíduo, [vamos descobrir que] esse medo da MULHER acaba se revelando um medo de reconhecer o fato da dependência". Esse medo universal da MULHER, para Winnicott, se aplica tanto a homens quanto a mulheres e está enraizado no fato de que todos nós, em algum momento, para sobrevivermos, dependemos de uma mulher. Como sugeri previamente, esse medo está na raiz da misoginia tanto em homens quanto em mulheres (Abram, [1996] 2007a, p. 135).

***

Durante uma pausa em uma sessão, um momento no qual me senti insegura de ser capaz de dizer qualquer coisa que reverberasse em Lisa, ela disse, de uma maneira inesperada e em um ritmo lento e deliberado: "O que você acabou de dizer, acho que está certo. Eu realmente não tinha pensado dessa forma antes". Não entendi o que ela queria dizer. Lisa continuou: "Não é só saber o que você realmente quer que é importante — assim, claro que ajuda... mas é o ato de conseguir — isso realmente me deixa aterrorizada — mesmo a ideia de conseguir o que eu realmente quero me deixa aterrorizada". Então lembrei que eu tinha feito um comentário que se referia às inibições de Lisa sobre "ter tudo". Depois de uma nova pausa, Lisa disse: "E acho que é por isso que eu não consigo pedir pela quinta sessão, apesar de ser algo que eu realmente quero. Tudo em torno dessa questão me aterroriza de um jeito que não aconteceu com a terceira e a quarta sessão". No silêncio que se seguiu, me vi refletindo sobre as ansiedades de Lisa a respeito da psicanálise lá atrás no nosso primeiro encontro, muitos anos antes.

Lisa era uma bem-sucedida musicista, altamente intelectual e desesperada para ter alguma ajuda em relação a seus ataques de pânico. O problema dela era que, embora soubesse o quanto precisava de ajuda emocional, ao mesmo tempo se sentia profundamente desconfiada de todos os tratamentos psicológicos, e em particular da psicanálise. Simultaneamente, ela desejava estar em análise. Mas, logo na sua primeira consulta, ficou evidente que ela não estava preparada para um tratamento de final indeterminado e, portanto, ofereci a ela a ideia de termos uma sessão semanal por um período de seis semanas. O limite de tempo me pareceu ter provocado um alívio, e ela compareceu conscienciosamente às seis sessões. Ao final do que tínhamos acordado, Lisa disse que tinha achado os encontros proveitosos e, por isso, concordamos em fazer mais sessões, até pararmos para um recesso. Após esse intervalo, marcarmos mais uma sessão. Lisa retornou ao consultório e discutiu sua vontade de continuar o tratamento e "ver como as coisas iam se desenrolar". Foi assim que ela embarcou em um esquema de uma sessão por semana, sem um final determinado.

Aos poucos, ao longo de vários anos, Lisa ampliou sua frequência para quatro sessões por semana. Cada sessão extra era acordada depois de algum evento significativo na sua vida. Pouco antes de pedir pela segunda sessão, ela conheceu um homem com quem se envolveu romanticamente. Mais ou menos um ano mais tarde, ela foi morar com esse mesmo homem e pediu pela terceira sessão. Frequentando meu consultório três vezes por semana, Lisa se deitou no divã pela primeira vez. E, antes de passar para quatro encontros semanais, ficou noiva e estava no processo de planejar seu casamento. Essa evolução foi bastante surpreendente para Lisa, pois ela dizia ter certeza de que nunca encontraria um homem que a amasse — sem falar que ela sempre advogava contra a instituição do matrimônio.

Logo após o casamento, e um pouco antes do nosso recesso de verão, ela expressou (o desejo por uma) quinta sessão, vinculando essa questão à sua intensa vontade de ter um bebê. Era, no passado, uma vontade que Lisa tinha certeza de que nunca faria parte do seu rol de desejos. Ela, no entanto, seguiu afirmando que não conseguia se identificar com o fato de ser uma adulta — uma mulher — e que aquele estágio de desenvolvimento instigava fantasias aterrorizantes associadas a violência e a assassinato.

O medo que Lisa sentia de uma análise (completa) estava inextricavelmente conectado ao medo relacionado a seu desejo de se tornar uma mulher. Claro, com o trabalho de Freud em mente, esse medo era muito claramente uma reminiscência da histeria, com sua sexualidade reprimida que demanda uma rejeição. Essa era, sem dúvida nenhuma, uma camada poderosa na patologia de Lisa. No entanto, para além da óbvia temática edípica, a questão de se tornar uma mulher também se relaciona ao "medo da MULHER" e a seu corolário, o medo do desejo. Este ensaio é uma tentativa de explorar esses temas no trabalho de Winnicott, no contexto de uma situação de análise envolvendo a paciente Lisa.

Em relação às formulações dos objetos sobrevivente e não sobrevivente, entendo que muitos pacientes no espectro psicopatológico procuram uma análise porque um objeto não sobrevivente está exercendo seu poder internamente e sobrecarrega de tal maneira essas pessoas que elas se sentem doentes. Para alguns pacientes, particularmente os acometidos pela histeria, uma resistência ao desenvolvimento é extraordinariamente intensa, e, quanto mais a análise trabalha, mais essa resistência se intensifica. A "reação terapêutica negativa" de Freud pode fundamentar a angústia na transferência que mobiliza o "medo do colapso", relacionado à catástrofe original (Riviere, 1936; Winnicott, [1963?] 1974 — ver **Capítulo 8** e o **Apêndice**). Em muitos casos de histeria, a análise revela o "medo do desejo", de modo que o medo de "alcançar o objeto do desejo" se torna um objetivo perigoso. Para Winnicott, esse medo, paradoxalmente, pode derivar de um excesso de saciedade: "O bebê não fica saciado com satisfação. Ele se sente enganado. Ele pretendia, pode-se dizer, perpetrar um ataque canibalístico e foi desencorajado por um opiáceo, a alimentação. Na melhor das hipóteses, o bebê pode adiar o ataque" (Winnicott, 1945, p. 154). É essa espécie de engodo que corresponde a um tipo de falha materna que constitui uma não *sobrevivência-do-objeto* e pode indicar que o bebê experimentou muito cedo um colapso psíquico (ver **Capítulo 8**).

A teoria implícita do desejo em Winnicott

A matriz teórica de Winnicott enfatiza a distinção entre necessidades e vontades (Abram, 2007a, p. 84 e p. 290) e vários autores concordam com essa perspectiva, isto é, de que o desejo é uma conquista do desenvolvimento decorrente da experiência de satisfação do bebê (Akhtar, 1999). Proponho, neste sentido, a existência de uma teoria do desejo no trabalho de Winnicott que se infere de seu conceito de *sobrevivência-psíquica-do-objeto* (Abram, 2007b, p. 15-40).

Como discuti nos três primeiros capítulos deste livro, a evolução tanto do objeto sobrevivente quanto do não sobrevivente intrapsíquico vai depender da sobrevivência interpsíquica do objeto em cada fase do desenvolvimento. As necessidades que são atendidas em bases consistentes vão instigar uma capacidade de sentir desejo. Essa questão dialoga com o traço mnêmico que Freud postula na sua teoria inicial do desejo, relacionada ao sonhar e aos sonhos (Freud, 1900). Mas, se um objeto não sobrevivente domina a paisagem interna, então um reconhecimento do desejo será negado. Como vimos no **Capítulo 2**, o terror, para mim, está no centro de um objeto não sobrevivente, de modo que, ao se tornar consciente, o desejo vai parecer aterrorizante porque o sujeito não teve nenhuma experiência prévia do Outro sobrevivendo ao seu desejo relacionado com o apetite (Winnicott, 1931).

O conceito de Winnicott da primeira mamada teórica implica que o bebê cria o objeto através do paradoxo de encontrar o que ele precisa e, ao mesmo tempo, que "o que ele encontrou é criado" (Winnicott, [1954] 1988, p. 111).

Vamos resumir a sequência emergente de desenvolvimento que leva à capacidade do sujeito de sentir desejo e, mais importante, acioná-lo:

1. O recém-nascido está em um estado de necessidade física.
2. A consequência do bebê ter suas necessidades atendidas, por uma Mãe/Outro em um estado de preocupação materna primária, produz uma sensação de satisfação que é prazerosa.
3. Na próxima vez que a necessidade surgir (dependendo do efeito de uma acumulação de necessidades sendo atendidas), o bebê vai ter internalizado uma sensação de satisfação (o traço mnêmico de Freud), e isso vai instigar o desejo, isto é, a urgência de repetir a sensação de satisfação, que podemos pensar como algo semelhante à autossobrevivência.
4. O desejo emana da experiência de satisfação, que é prazerosa, e é localizado no corpo. O sentimento de desejo é relacionado ao objeto no qual a satisfação aconteceu (ou não) a partir da habilidade da Mãe/Outro em encontrar a necessidade — o que precisa incluir o prazer e o deleite da mãe em ter a capacidade de atender a necessidade.
5. A psique se desenvolve em relação ao relacionamento mãe/outro-bebê, e a criança experimenta tanto uma sobrevivência quanto uma não sobrevivência do objeto sob uma perspectiva interpsíquica. Essa experiência leva a uma sobrevivência intrapsíquica e a um objeto não sobrevivente que estão em processo de se estabelecerem significativamente. É a isso que Winnicott se refere ao falar na primeira mamada teórica que constitui o limiar da capacidade de simbolizar.
6. A qualidade e a quantidade do desejo são relacionadas a um objeto sobrevivente e não sobrevivente intrapsíquico, que é alimentado pela experiência interpsíquica do bebê com a Mãe/Outro.
7. Seguindo a noção winnicottiana de primeira mamada teórica, propus neste livro a existência de uma série de mamadas teóricas subsequentes em cada estágio do desenvolvimento. No limiar da vida adulta, o sujeito

está no processo de alcançar a "mamada teórica final". Essa mamada simbólica final se relaciona à negociação das disposições da adolescência quando um objeto intrapsíquico sobrevivente integrado é internalizado — o que vai depender da sobrevivência prévia do objeto durante aquela última fase crucial. Isso constitui o estabelecimento da capacidade de simbolizar e um movimento na direção de um modo mais maduro de vida. Os objetos sobrevivente e não sobrevivente vão continuar a ter impacto na psique, e o desdobramento se dará em cada estágio subsequente do desenvolvimento, equipando a psique com uma capacidade de gerenciar tanto relacionamentos intrapsíquicos quanto relacionamentos interpsíquicos.

Assim, o desejo, tomando como base a matriz winnicottiana, possui duas trajetórias possíveis abastecidas pelo objeto sobrevivente ou pelo objeto não sobrevivente. Onde o objeto sobrevivente domina o mundo interno, o desejo vai evoluir e crescer, alimentando o desenvolvimento da capacidade de amar e se preocupar (Winnicott, 1963). Em contraste, onde o objeto não sobrevivente dominar o mundo interno, o desejo será tolhido (seja pela negação, pela rejeição, pela repressão ou pela cisão) e, em um domínio inconsciente, vai alimentar o ódio, o desprezo e especialmente a inveja. Portanto, o desenrolar de uma consciência do desejo (para o analisando) pode ser aterrorizante porque, no centro de um objeto não sobrevivente, reside uma experiência bastante real de terror. Enquanto essa sensação de terror tem suas raízes na experiência do bebê de uma não *sobrevivência-do-objeto*, a essa altura ela pertence ao sujeito, ou seja, é a internalização de uma não sobrevivência cumulativa do objeto, que distorceu o desenvolvimento, como propus no **Capítulo 3**.

O tratamento psicanalítico, portanto, oferece uma nova oportunidade para que o objeto sobrevivente atrofiado possa crescer. Tudo o que o analista tem a oferecer para o analisando — setting, holding, interpretação, continuidade, escuta, confiabilidade — constitui a sobrevivência psíquica do objeto, de modo que, na transferência e no après-coup do relacionamento analítico, o objeto sobrevivente do analisando tem o potencial de ser alimentado e de crescer de uma nova maneira, retomando, por assim dizer, seu até então atrofiado desenvolvimento. Esse movimento vai levar a um significativo enfraquecimento dos ataques interiores corrosivos do superego contra o self e a uma capacidade crescente de alcançar o que se é desejado. Enquanto a satisfação é necessária, relacionada à "ilusão da onipotência", a desilusão é necessariamente um estágio crucial da maturidade (Winnicott, 1971; Abram, 2007a, p. 200-212).

Quadro clínico

Aqui vou me concentrar em uma seleção das principais trocas que aconteceram na análise de Lisa durante o curso de várias semanas, em que nos encontrávamos quatro vezes por semana, de terça a sexta-feira. Essas trocas ilustram como Lisa lutava entre a sobrevivência e a não sobrevivência na transferência enquanto se movia na direção do que vou chamar de "ação" do seu desejo. Agendar uma quinta sessão semanal era sua tentativa consciente de lidar com suas ansiedades relacionadas a "conceber um bebê". Mas, como vamos ver, sua vontade de conceber estava emaranhada a seus terrores edípicos inconscientes relacionados a mim na transferência.

Depois do recesso de verão, Lisa retornou ambivalente e desconectada da sua análise. Foi o que ela chamou de seu momento "distraída" e que percebemos ser sua forma de se defender dos intervalos na terapia. Era uma atitude bastante maníaca e superior na qual Lisa se enveredava, mas de onde normalmente ela caía, como vamos ver adiante. A possibilidade de uma quinta sessão rondou cada uma de nossas sessões desde que ela vislumbrou essa possibilidade, muito antes do recesso. Como já mencionei, Lisa reconhecia que existia alguma coisa na análise completa — as cinco sessões — que a aterrorizava. Até onde aquilo iria levar? Ela iria, na sequência, querer a sexta e a sétima sessão, viver perto de minha casa, morar comigo? E, como sabia que não poderia ter tudo isso, por que não permanecer com quatro mesmo?

    A experiência de Lisa de tergiversar em relação à quinta sessão era meio como "guardar o melhor pedaço no prato para o final". A espera era quase mais deliciosa do que morder o melhor pedaço, porque, uma vez que você tivesse comido o pedaço, era isso, ele já era. Mas essa operação levava ao retorno das ansiedades originais, ainda que em um nível muito mais tolerável. Os temas emergentes enfatizavam suas ansiedades diante do desejo e do roubo, do amor e do ódio, da rivalidade e da inveja. Depois de certa elaboração, ela descobriu, durante uma sessão de sexta-feira, uma maneira de pedir pela quinta sessão. Ofereci um horário na segunda, para começarmos as cinco sessões semanais de análise. No entanto, Lisa não confirmou, nem desconfirmou se conseguiria assumir.

    Quando Lisa voltou para a sessão de terça-feira, disse que tinha se sentido melhor naquele fim de semana, mas, logo depois, começou de novo a tergiversar sobre a sessão extra. Ela disse que não sentia ser o momento certo. Depois de uma pausa, Lisa perguntou: "O que alguém vai achar olhando de fora?". Essa fala foi acompanhada pelo seu relato de que tinha passado o fim de semana completamente obcecada por uma peça que ela havia visto no sábado, que se desenrolava em uma cabine de controle ferroviário (aquele lugar onde o chefe da estação controla a sinalização para os trens). Na peça, o chefe da estação está tão absorto no seu interesse sexual por uma mulher com quem ele flerta que não escuta o sistema de alarme indicando que ele deveria mudar o sinal para o trem que se aproxima. Consequentemente, o trem bate e o chefe da estação se torna o responsável pela morte de dezoito pessoas. Era como Lisa se sentia, de que ela ia se envolver com alguma coisa qualquer e um desastre iria ocorrer.

    Eu disse achar que ela estava tão aterrorizada de se envolver comigo, como se estivéssemos em um caso amoroso, que ela sentia que não ia ouvir o sistema de alarme e que aquilo iria provocar um desastre.

Ela disse se sentir exatamente daquela maneira e que não sabia o porquê.

Depois desta sessão, Lisa perdeu as chaves de casa e achou que as tinha deixado na minha sala de espera. Ela ainda se sentia distraída por causa da batida do trem (como se tivesse mesmo acontecido). Quando Lisa me reportou essa sensação na sessão seguinte, respondi que ela se sentia perdida — como se assumir a responsabilidade pela quinta sessão soasse tão difícil por causa das fantasias de se ver presa a mim. Lisa fingiu estar chocada por eu insinuar que ela ainda não havia confirmado se faria a quinta sessão ou não. Disse também que achava que já estava tudo acertado. Na sequência, houve uma pausa na qual senti ser muito claro que ela sabia não ter confirmado a quinta sessão e que ela estava jogando aquele familiar jogo de deixar o melhor pedaço para o final.

O silêncio perdurou por algum tempo e era desconfortável. Mas terminou sendo útil, porque a levou a uma associação com uma outra peça, desta vez a respeito de Mary Stuart, rainha da Escócia, e da rainha Elizabeth I, da Inglaterra. Ela odiava essa peça, mas se sentia como Elizabeth, que não queria assinar a sentença de morte para a execução de Mary. Na verdade, Lisa disse, Elizabeth queria Mary morta, mas era dissimulada sobre sua vontade de matar a prima e não queria ser vista como a responsável por aquela morte.

Depois de uma pausa, eu disse que Lisa estava soando dissimulada. Ela queria a quinta sessão, mas não a responsabilidade de assumir sua vontade, pois era como assinar uma sentença de morte. Ela se sentia paralisada como Elizabeth.

Lisa, por um instante, concordou. Então disse: "Uma das duas precisava sumir e Elizabeth sabia muito bem disso".

Eu disse: "Não é possível ter duas rainhas". Ela disse: "Uma das duas precisava morrer". Chegamos, então, ao fim da sessão, e me vi dizendo: "A rainha virgem não podia se permitir ser substituída pela sensual rainha da Escócia". Lisa respondeu: "É [uma história] repleta de sexo e do poder do sexo. Acho que é por isso que eu odeio tanto essa peça".

Na semana seguinte, Lisa relatou um sonho que tinha tido no verão. No sonho, ela precisava fazer uma prestigiosa leitura sobre Fausto (personagem que ela disse odiar) e não tinha se preparado a contento, sobrando apenas cinco minutos para a apresentação. Um homem, então, entrou e disse: "Você está deixando tudo pra última hora!". Foram várias as associações a esse sonho, em geral relacionadas ao seu ódio à opressão das mulheres e ao sexista e cruel Fausto. O que parecia central para as associações de Lisa era que ela se compadecia da mulher engravidada por Fausto. Aquela mulher se sentia tão envergonhada que, por Fausto, matou seu bebê. Ela tinha "sofrido como uma consequência do sexo".

Lisa começou a semana seguinte me contando do gato que ela e seu marido estavam cuidando para uns vizinhos. Ela estava surpresa com seus intensos sentimentos de ciúme em relação ao gato. Esses sentimentos de ciúme a aterrorizavam. O gato havia passado a noite inteira chorando na porta do quarto. Lisa achava que os donos do gato levavam o animal para cama com eles e sentia que definitivamente não iria permitir isso! Também produziu outras associações com esse evento.

Eu disse a Lisa que era assim que ela tinha se sentido o fim de semana inteiro, chorando para entrar no meu quarto e subir na minha cama. Mas que ela achava que eu me igualava a sua reação, que eu seria rígida, e que eu não iria permitir. Ela suspirou e disse que conseguia enxergar e, naquele momento, até sentir esse dilema. Então ela de repente perguntou: "E se eu tiver um bebê e continuar na análise?". Lisa sentia que precisava continuar. Mas como poderia trazer seu bebê para as sessões? Ela ficaria enciumada em relação a meus sentimentos pelo bebê, se sentiria como uma rival do seu próprio rebento.

Perto do fim da sessão, tímida, ela disse que precisava ter a quinta sessão porque ela ainda não estava "desenvolvida o suficiente".

Os temas relacionados às rainhas Mary e Elizabeth continuaram, e as associações de Lisa a levaram a se sentir convencida de que uma de nós duas precisava morrer. Mesmo que ela conseguisse enxergar que aquele era um retrato do seu mundo interno, essa ideia possuía um domínio poderoso sobre ela. Lisa mal conseguia distinguir entre as realidades interna e externa.

No trabalho, ela se sentia resistente a ser promovida, apesar de ansiar pela promoção. Ela não queria que as coisas mudassem. Eu disse achar que ela estava aterrorizada de se transformar em uma mãe (representada por Mary Stuart, rainha da Escócia) e que era muito mais seguro permanecer uma filha. Essa minha fala fez Lisa se lembrar de que sua mãe tinha deixado bem claro, tanto para ela quanto para a irmã, que nenhuma das duas deveria se tornar uma mulher, muito menos uma mãe. Os piores anos de sua vida tinham acontecido quando ela tinha entre sete e treze anos de idade. Sua mãe queria que ela permanecesse uma menininha para sempre.

Eu disse que ela também sentia aquilo no consultório — de que eu não poderia suportar ser transformada em uma avó e que ela tinha certeza de que eu sentiria a mesma rivalidade que ela sentia em relação a mim.

Lisa chegou em um grande estado de pânico no começo da última semana em que a quinta sessão ainda era uma possibilidade. A conclusão de um trabalho no fim de semana tinha instigado aquele estado. Ela estava se sentindo bem e, "do nada", passou a sentir um pânico terrível de que uma colega poderia acusá-la de roubar sua música. Essa impressão a levou a uma aflição desesperada e uma vontade de destruir todo seu belo trabalho.

Eu disse que, no fim de semana, quando ela finalmente tinha concluído o trabalho, um borrão confuso havia se instalado entre a situação com sua colega e a situação comigo. Que ela tinha certeza de que eu iria acusá-la de roubo caso reivindicasse seu direito de se tornar uma mulher nos seus próprios termos. Que sua hesitação em relação à quinta sessão acontecia porque ela tinha certeza de que eu é quem não conseguia tolerar seu desejo de se tornar mãe, porque ela sentia que aquilo levaria a uma competição mortal. Que, na sua mente, não podiam existir duas rainhas.

No começo da sessão seguinte, Lisa relatou que, no dia anterior, tinha se sentido bem pelo resto do dia, mas que, naquela hora, no consultório, estava começando a se sentir mal de novo. Tudo que ela conseguia pensar era na colega que a acusaria de roubo. Ela sentia que havia feito algo errado. E, naquele dia, ela iria encontrar sua veterana colega, que não conseguia entender por que Lisa tinha demorado tanto para completar aquela composição. Lisa desejava muito poder ser como sua colega.

Eu disse que, em algum nível, ela de fato havia roubado e era isso que soava errado. Depois de uma pausa, Lisa disse baixinho: "É inveja, eu sinto inveja em todos os lugares".

A sessão seguinte começou com Lisa me contando, muito tímida, que ela e seu marido já estavam tentando ter um bebê e que ela estava com medo de me contar. Essa informação parecia explicar sua ansiedade intensa. Ela pensava que podia estar grávida. Quando os resultados, no entanto, deram negativo, ela se sentiu aliviada, porque seu desejo de triunfar em relação a mim estava contaminado por uma angústia terrível de que eu pudesse me vingar ou colapsar ou morrer.

Chegamos até a última sessão antes do fim de semana, e Lisa ainda não tinha me confirmado se bancaria a quinta sessão ou não. Estava muito claro que ela se sentia encurralada entre permanecer a filha — as quatro sessões — e se mexer na direção de se tornar uma mulher e engravidar — as cinco sessões. Ela sentia que não podia andar para trás, mas também achava impossível andar para a frente.

Lisa, então, de uma maneira repentina, confirmou que, sim, queria a quinta sessão e se sentia preparada para começar. Então, muito rapidamente, com uma vozinha de menina, ela disse: "Ah, você acha que vai dar tudo certo? Não vai piorar as coisas? Eu não sentia essa angústia tão terrível há muitos anos, até esse verão agora. Em algum momento ela vai embora?".

Depois de uma pausa, eu disse que ela queria permanecer pequena, que ela assim se sentia segura, e que ela queria que eu a tranquilizasse de que se tornar uma mulher — ou mesmo uma rainha — não seria um problema e que eu podia tolerar aquilo. Ela disse que não queria andar para trás. Por um instante, veio um silêncio desconfortável, seguido por Lisa se lembrando de uma fotografia que havia visto naquela semana, em uma exposição.

Era a foto de uma mãe em uma zona de guerra, carregando seus filhos através de um rio porque a ponte tinha sido destruída. Críticas virulentas haviam sido feitas ao fotógrafo, pois ele deveria ter resgatado aquela família em vez de apenas ter tirado a foto, e ele foi inclusive acusado de ser um assassino. Lisa, porém, não tinha interpretado a foto daquela maneira. Para ela, a imagem mostrava uma mulher forte que estava sobrevivendo e parecia que ia sobreviver. E a história real, ela continuou, era que a mulher de fato tinha sobrevivido. A crítica tinha entendido tudo errado. E existia ainda uma segunda imagem do fotógrafo junto com a mulher e os filhos dela, um ano depois.

Eu disse que parecia que ela estava retratando seus sentimentos daquele momento, oscilando entre a mulher forte e sobrevivente e a crítica acusatória. Eu era o fotógrafo.

"Sim, eu enxergo isso. É como eu me sinto", ela disse, convicta. E rapidamente perguntou de novo, na sua vozinha de menina, se aquilo iria mesmo funcionar. E disse: "Depois não dá mais para voltar", como se nos alertasse de um desastre iminente.

E a sessão acabou.

Discussão

Com o tempo, passei a enxergar a ampliação gradativa do número de sessões como uma ilustração de um movimento manifesto de desenvolvimento em direção à maturidade: da pré-adolescência (a segunda sessão) à adolescência (a terceira sessão e a mudança para o divã), à maioridade (quarta sessão) e, enfim, à feminilidade completa (a rainha e a coroação da quinta sessão). Coincidindo com a evolução da relação com seu marido, esse trânsito demonstrava que ela podia, aos poucos, se permitir se aproximar de mim. Era uma evidência da sua confiança crescente na psicanálise enquanto um método que auxilia a compreensão e desenvolve a reflexão. Lisa tinha certeza de que, sem a análise, ela não teria sido capaz de sustentar seu relacionamento e se sentia grata por ter vivido uma cerimônia de casamento tão bem-sucedida.

Em relação à ideia de um objeto intrapsíquico sobrevivente, cheguei à conclusão de que esse movimento em direção à quinta sessão emanava de um objeto intrapsíquico sobrevivente que tinha entrado em processo de desenvolvimento a partir do momento em que Lisa decidiu, ainda no nosso primeiro encontro e por um breve período, comparecer às seis sessões iniciais, o que pode ser visto como um sinal de que o objeto sobrevivente subdesenvolvido teve uma chance de crescer na situação de análise. No entanto, a questão que permaneceu na sua análise completa estava relacionada à sua psicossexualidade e à vontade de se tornar mãe. A sobrevivência do objeto torna possível que se trabalhem os desejos de morte edípicos. Mas, se o paciente é libidinalmente investido na manutenção do status quo, esse trabalho pode ser impossível e pode surgir o doloroso impasse de uma "análise interminável" (Freud, 1937).

Transferência e sexualidade infantil

O conteúdo manifesto da transferência no quadro clínico que apresentei ilustra como as principais angústias inconscientes de Lisa demonstram a dinâmica edípica clássica. Mas o que pretendo sugerir aqui é que a questão da dependência, no que Freud descreveu como a fase feminina do desenvolvimento, remonta ao desenvolvimento psíquico mais primitivo, quando o estabelecimento da sobrevivência psíquica ou da não sobrevivência se enraíza, como proponho no **Capítulo 2** e no decorrer dos capítulos deste livro.

Como será apontado por alguns, o comportamento de Lisa nas sessões era, muitas vezes, próximo de uma performance, e fiquei impressionada como ela me confiou a posição de audiência. Danckwardt e Wegner desenvolveram a noção de performance como uma forma de transferência relacionada com o que ainda não foi bem percebido psiquicamente e funciona em um nível pré-simbólico. "Em uma performance, a psicologia de uma pessoa e um monólogo em ação prevalecem" (Danckwardt & Wegner, 2007, p. 1121). Em consonância a este ponto, embora Lisa parecesse estar trabalhando em um nível simbólico, com seu conteúdo rico, ela ao mesmo tempo me mantinha no papel de audiência para evitar engajamento e aprofundamento. Seu corte defensivo em relação aos recessos era o que Lisa chamava de seu momento "distraída", uma postura que ela só foi capaz de reconhecer depois de um extenso período de análise. Era algo que ela se descobria fazendo e que anestesiava a dor psíquica de uma maneira efetiva. O problema era que impedia o luto pelo objeto perdido, e sua característica maníaca indicava que não era uma reação duradoura, até porque suas intensas angústias logo retornavam. Esse "medo do colapso", que, no primeiro momento, foi o que a levou à terapia, era uma presença poderosa durante o tratamento (Winnicott, [1963?] 1970).

Essa dificuldade em simbolizar foi experimentada por mim na contratransferência, uma vez que muitas vezes eu me sentia como se não estivesse muito presente, tal como relatei no início. Antes de Lisa assumir as quatro sessões semanais, passamos por vários meses no que parecia ser uma transferência incrivelmente negativa e que me fez entrar em desespero, uma preocupação de que nada mudaria. Descobri que acolher as projeções que ela atribuía a mim, de um objeto que desistia dela, e interpretar isso (uma professora que desistia de ver a aluna compreender determinado assunto), nos fez atravessar aquela situação e Lisa pôde assumir a quarta sessão. Concluí que não interpretar seus ataques de inveja a ajudou a experimentar a sobrevivência psíquica do objeto.

Mas, depois da quarta sessão ser instituída, me perguntei se estava certa no meu raciocínio, e comecei a me sentir manipulada. Essa particularidade do limite contratransferencial me fez sentir desespero, e não tanto pânico ou medo.

O comportamento provocador, no qual ela hesitava em relação à quinta sessão, sugeria, no entanto, um modo de ser pautado pelo adiamento das gratificações, que matizava a maneira pela qual Lisa vivia sua vida e era uma forma dela sentir que estava no controle dos seus objetos. Existia uma forte sensação de que, nas sessões, ela não revelava muitas das coisas boas que aconteciam na sua vida. Quando fiz um comentário observacional sobre como ela mantinha o último pedaço no prato para comer no final, Lisa se mostrou surpresa. Acho que ela sentiu que eu não a compreendia muito bem, mas, ao mesmo tempo, acho que ela também deve ter sentido que eu tinha uma espécie de raio-x capaz de entendê-la a fundo, o que pode ter soado meio mágico ou próximo disto. Mas foi um movimento útil na medida em que levou Lisa a revelar sua marcante dificuldade de absorver as coisas boas e deixá-las guardadas lá dentro. Uma vez que ela "comia o melhor pedaço do prato", ele sumia. A perda era traumatizante, e era como se não houvesse nada de bom para se guardar dentro, isto é, boas alimentações simbólicas que, em contrapartida, nutrem e ajudam a desenvolver o objeto sobrevivente. Esse ponto levanta a questão do que acontecia, na sua mente, quando ela conseguia o melhor pedaço. Ela invejosamente destruía o objeto bom para que permanecesse focada no sentimento de perda e de trauma, como na melancolia? (Freud, 1917). Mas também podia existir nela um prazer masoquista inconsciente em não alcançar o que ela aparentava querer. Como Kohon (1986) observou, a privação para a histérica é libidinalmente investida e é onde a sexualidade reside.

A experiência de assistir à peça expôs [em Lisa] uma ansiedade clara sobre a transferência homoerótica passional. Ela se sentiu esmagada pela ideia de que sentimentos eróticos e edípicos poderiam provocar a morte de tantas pessoas em uma batida de trem, e acho que existia, naquela cena, algo que a fazia se sentir à beira de um colapso. Essa questão a confundiu tanto que Lisa perdeu as chaves e pensou que tinha deixado seu chaveiro na minha sala de espera — o que se conecta com as questões de responsabilidade: quem é que a faz perder seu sentido de Self? Como o chefe da estação na peça: a responsabilidade era dele ou da mulher com quem ele flertava? Na verdade, para Lisa, foi o desejo sexual que o fez perder seu senso de responsabilidade. E existem aqui muitos apontamentos relevantes para seu caso. Lisa descobriu, aliás, que as chaves estavam o tempo inteiro dentro da sua bolsa. Ela possuía a chave do seu próprio destino, se fosse capaz de perceber (*cf.* Bollas, 1989).

Neste sentido, as associações à história de Mary Stuart e Elizabeth Tudor eram inúmeras, e ela se sentia (histericamente) identificada com ambas as rainhas. A narrativa ilustrava o sentimento poderoso de inveja e de medo da inveja e a relevância da rivalidade fraterna na transferência (Mitchell, 2000, 2003). Elizabeth pode ter seguido sua vida, mas, em relação a esses temas, ela não sobreviveu psiquicamente ao assinar a sentença de morte para a execução de Mary. O comentário que fiz no final da sessão, sobre a "sensual rainha da Escócia", foi um daqueles momentos em que me descobri articulando o elemento não dito e que pareceu mobilizar a memória de Lisa a respeito do sonho sobre Fausto, que havia acontecido durante o recesso de verão. O foco das suas associações a este sonho levou a uma outra associação, sobre o assassinato que uma mulher cometeu contra seu próprio filho. Era outra identificação assustadora. E o homem no sonho estava, sem dúvida nenhuma, ecoando a realidade, isto é, de que ela estava deixando tudo para última hora. Lisa estava bem consciente de que sua idade cronológica diminuía, cada vez mais, suas chances de engravidar. As referências à violência e à destruição da criatividade são todas muito transparentes.

As questões edípicas estavam sempre à espreita e vieram à tona quando Lisa cuidou do gato de seu vizinho. Ela, há muito tempo, já sabia que não suportava a ideia de três e podia lidar apenas com dois. Era esse o motivo de Lisa ser tão possessiva. Ela sabia que não era "desenvolvida o suficiente". Mas isso a levou a pensar que permanecer jovem era "lastimável" e que sua mãe (interna), e não ela, era quem queria que ela continuasse pequena para sempre. Esse era o motivo de ser tão perigoso alcançar o que ela desejava, isto é, eliminar sua mãe e se tornar a rainha. Um desejo de morte que precisava seguir em segredo, longe da vista de todo mundo, inclusive dela mesma.

A oscilação entre a menininha que precisava de uma validação minha, na última sessão, mexeu comigo e senti seu sentimento de ansiedade. Será que a quinta sessão era mesmo uma boa ideia? Ela indicava progresso? Por um instante, me senti convencida pelo seu medo intenso de que uma de nós iria colapsar — a não sobrevivência —, um bebê analítico assassinado (Fausto). Houve um momento na sessão, no entanto, que impediu aquele pensamento de continuar, antes da última narrativa de Lisa sobre a mãe sobrevivente. Aquele momento sugeriu uma distância do momento posterior de não sobrevivência em direção a um novo sentido (e esperança) de sobrevivência. Tive a impressão de que ela tinha, de fato, alcançado uma quantidade significativa de trabalho psíquico durante aquelas semanas específicas. Não ter sido promovida, ainda, pela sua colega, parecia ajudá-la a se sentir segura o suficiente para arriscar a análise completa — com a perspectiva de trabalhar de olho no projeto maior, isto é, engravidar e se tornar uma mãe. E, embora ainda tivéssemos uma ponte destruída a ser consertada, havia esperança de que, no ano seguinte, o bebê analítico/análise iria sobreviver. A questão era se isso seria o suficiente para que ela pudesse conceber um bebê real.

Como a paciente histérica de Freud, Dora, Lisa se via sobrecarregada por um desejo inconsciente pela mãe que nunca havia tido, e isso desaguou na resistência transferencial — Dora estava convencida de que sua paixão primária tinha aniquilado sua Mãe/Outro. As múltiplas camadas da não sobrevivência precoce do objeto se embaralham na psique histérica devido a forças poderosas de repressão onde o desejo é associado com o desejo de morte edípico, e se imaginar participante da cena primária se torna aterrorizante. Esse terror ocorre porque os ataques e vontades infantis contra a Mãe/Outro não sobreviveram durante os estágios iniciais e subsequentes do desenvolvimento, o que indica que o terror do objeto está no centro de um objeto intrapsíquico não sobrevivente, como argumento no **Capítulo 3**. A ânsia e o desejo de Dora por sua mãe/Frau K., relacionados a seu pungente objeto não sobrevivente, eram a razão pela qual seu desejo precisava ser reprimido. É o objeto não sobrevivente que se encontra no centro da resistência transferencial.

Vamos agora retomar a tese de Winnicott sobre o medo da MULHER e também minha proposta em relação às raízes da misoginia.

Para mim, um senso de desejo é inevitável em qualquer pessoa que esteja viva e surge a partir da experiência de satisfação. Dependendo da qualidade e da quantidade de satisfação, o que se relaciona com as capacidades da Mãe/Outro logo no início, o desejo no sujeito vai se conectar tanto com o objeto intrapsíquico sobrevivente quanto com o objeto intrapsíquico não sobrevivente. O desejo do sujeito que se relaciona com a não sobrevivência instiga uma maldade, uma inveja e um ciúme patológicos — e que pode direcionar o indivíduo para questões de dominância e de poder pelo poder. O desejo se torna uma ganância insaciável que devora o Self. Sob outra chave, o desejo é inibido e mantido em segredo, porque o sujeito está convencido de que o Outro vai retaliar, como aconteceu no caso de Lisa (e que também se aplica ao caso de Jill, no **Capítulo 2**).

O corolário aqui é um desejo relacionado a um objeto sobrevivente que tem potencial para crescer e florescer, porque o medo da retaliação é significativamente mitigado pela confiança de que a Mãe/Outro irá sobreviver a ele. Como no caso de Dora, as principais angústias de Lisa diziam respeito às suas rivalidades fraternas e edípicas.

No decorrer do curso da análise, a capacidade do analista de tolerar e compreender as vicissitudes da sexualidade infantil e da paixão assassina associada com o desejo em cada paciente pode, gradativamente, levar ao desenvolvimento de um objeto sobrevivente que, a depender do setting analítico, vai esperançosamente começar a eclipsar o objeto não sobrevivente. Cada aspecto da análise — o holding e a interpretação — contribui para que o paciente internalize um objeto que está vivo e é capaz de sobreviver, isto é, permanecer intacto apesar dos ataques agressivos e passionais do paciente.

Aos poucos, a paisagem interna do paciente pode se transformar, e a apreensão dos aspectos reprimidos do desejo inconsciente pode se deslocar para o pré-consciente e, na sequência, para o desejo consciente. Diante da força crescente do objeto intrapsíquico sobrevivente, que evoluiu através da sobrevivência intrapsíquica do analista aos ataques, o analisando se torna capaz de separar seus desejos de morte e sua sexualidade infantil da posição adulta mais madura. Isso, em contrapartida, diminui o medo de se avançar para o mundo adulto, no qual a capacidade de gerar vida, pela sobrevivência dos próprios desejos primitivos da pessoa, oferece um sentimento de liberdade e satisfação. É uma indicação de que os dilemas psíquicos da adolescência se completam com a "mamada teórica final" (Abram, 2007a, p. 209) — o que não quer dizer que a luta com os desejos infantis e de morte está concluída. Eles vão continuar a provocar perturbações, mas, com a presença de um objeto sobrevivente mais forte, a chance de que eles sejam mantidos sob controle aumenta.

Um sentido de satisfação é alcançado através da primeira e das subsequentes mamadas teóricas que levam até a última mamada teórica. Na maturidade, uma vez que um objeto sobrevivente integrado se estabeleceu, o movimento posterior da jornada em direção à sabedoria é a desilusão. O paradoxo é que o objeto do desejo pode ser alcançado — em uma alimentação teórica adequada e no orgasmo do ego —, mas o que se vê é que ele não consegue durar na realidade.

Portanto, o sentido de satisfação, física e emocionalmente, é ditado pelo princípio da realidade no qual um processo de luto e de elaboração precisa ocorrer. Esses processos enriquecem o objeto sobrevivente interno, levando a um crescimento maior até, e incluindo, a morte. No amor maduro, isso deve estar acompanhado do reconhecimento e da tolerância do paradoxo. A capacidade de se conhecer o próprio desejo vai carregar simultaneamente uma percepção de que o desejo inconsciente envolve uma combinação do anseio erótico pela mãe inalcançável junto com o necessário assassinato metafórico do pai. A esperança impregnada nesta terrível percepção é que o processo de luto e de elaboração pode começar (Perelberg, 2009, p. 729), e ele tem o potencial de levar a um discernimento do outro e à capacidade de amar.

Referências

Abram, J. ([1996] 2003). Squiggles, clowns and Catherine wheels: reflexions sur le concept Winnicottien du 'violation du self'. *Le Coq Heron,* 173 (Chapter 1).

Abram, J. (2007a). *The language of Winnicott: A dictionary of Winnicott's use of words* (2nd ed.). Karnac. [No Brasil: Abram, J. (2020). *A linguagem de Winnicott: dicionário das palavras* (1ª ed.). Thieme Revinter.]

Abram, J. (2007b). L'objet qui ne survit pas: Quelques réflexions sur les racines de la terreur. D. Houzel (translator). *J Psychanal l'enfant, 39,* 247–270, (Chapter 3). Bayard.

Akhtar, S. (1999). The distinction between needs and wishes: implications for psychoanalytic theory and technique. *J Am Psychoanal Assn, 47,* 113–151.

Bion, W. R. (1962). A theory of thinking. *Second thoughts* (1967). William Heinemann Medical Books. [No Brasil: Bion, W. R. (2022). Uma teoria do pensar. *No entanto... pensando melhor.* Blucher.]

Bollas, C. (1989). *The destiny drive in Forces of destiny: psychoanalysis and human idiom.* Free Association Books.

Danckwardt, J., & Wegner, P. (2007). Performance as annihilation or integration? *Int J Psychoanal, 88,* 1117–1133, p. 1121.

Freud, S. (1900). *The interpretation of dreams*. SE 4, 1–626. [No Brasil: Várias edições, incluindo Freud, S. (2019). *Obras completas vol. 4: a interpretação dos sonhos*. Companhia das Letras.]

Freud, S. (1917). *Mourning and melancholia*. SE 14, 243–59. [No Brasil: Freud, S. (2012). *Luto e melancolia* (1. ed.). São Paulo: Cosac & Naify.]

Freud, S. (1931). *Female sexuality*. SE 21, 225–243. [No Brasil: Freud, S. (2010). Sobre a sexualidade feminina. *O mal-estar na civilização, novas conferências introdutórias à Psicanálise e outros textos*. Companhia das Letras.]

Freud, S. (1937). *Analysis terminable and interminable*. SE 23, 209–254. [No Brasil: Freud, S. (1937/2017). A análise finita e infinita. *Fundamentos da clínica psicanalítica* (1. ed.). Autêntica Editora.]

Kohon, G. (1986). *Reflections on Dora: The case of hysteria in The British School of Psychoanalysis: The Independent Tradition*. Free Association Books.

Laplanche, J., & Pontalis, J.-B. (1973). *The Language of Psychoanalysis*. The Hogarth Press & The Institute of Psychoanalysis. [No Brasil: Laplanche, J., & Pontalis, J-B. (2022). *Vocabulário da psicanálise* (5. ed.). Martins Fontes.]

Mitchell, J. (2000). *Mad men and Medusas: Reclaiming hysteria and the effects of sibling relations on the human condition*. The Penguin Press.

Mitchell, J. (2003). *Siblings*. Polity Press.

Ogden, T. (1987). The transitional Oedipal relationship in female development. *Int J Psychoanal, 68*, 485–498. [*Oxford English Dictionary* (2nd ed., version 3.1. Oxford University Press, 2004, 2005.]

Perelberg, R. (2009). Murdered father; dead father: Revisiting the Oedipus complex. *Int J Psychoanal, 90*, 713–732. [No Brasil: Perelberg, R. (2021). *Pai assassinado, pai morto: revisitando o complexo de Édipo*. Blucher.]

Riviere, J. (1936). A contribution to the analysis of the negative therapeutic reaction. *Int J Psychoanal, 17*, 304–320.

Winnicott, D. W. (1931). Appetite and emotional disorder. *Collected papers: Through paediatrics to psychoanalysis* (1st ed.). Tavistock. [No Brasil: Winnicott, D. W. (2000). Apetite e perturbação emocional. In: D. W. Winnicott, *Da Pediatria à Psicanálise: obras escolhidas*. Imago.]

Winnicott, D. W. (1945). Primitive emotional development. *Int J Psychoanal, 26,* 137–143. [No Brasil: Winnicott, D. W. (2000). Desenvolvimento emocional primitivo. In: D. W. Winnicott, *Da Pediatria à Psicanálise: obras escolhidas*. Imago.]

Winnicott, D. W. (1957). The mother's contribution to society. *The child the family and the outside world*. London: Tavistock. [No Brasil: Winnicott, D. W. (2011). A contribuição da mãe para a sociedade. *Tudo começa em casa*. Ubu Editora.]

Winnicott, D. W. (1963). The development of the capacity for concern [1960]. *Bull Menninger Clin, 27*, 167–176. [No Brasil: Winnicott, D. W. (1983). O desenvolvimento da capacidade de se preocupar. *O ambiente e os processos de maturação*. Artes Médicas.]

Winnicott, D. W. (1971). *Playing and reality*. Tavistock. [No Brasil: Winnicott, D. W. (1975). *O brincar e a realidade*. Imago.]

Winnicott, D. W. ([1954] 1988). *Human nature*. In C. Bollas, M. Davis, R. Shepherd (ed.). Free Association Books. [No Brasil: D. W. Winnicott (1990). *Natureza humana*. Imago.]

CAPÍTULO 5

As inovações clínicas de Winnicott na análise de adultos

(2012)

Introdução

Este capítulo traça um panorama da contribuição de Winnicott e foca nas suas inovações clínicas para oferecer novas reflexões sobre a ênfase do autor no infantil, sob uma perspectiva distinta das de Freud e de Klein. Buscando comentários de vários de seus contemporâneos, como William Gillespie, Marion Milner e Pearl King, apresento aqui como ele era estimado, primariamente, como um clínico dedicado. Em referência à educação científica inicial de Winnicott, Loparic há muito tempo argumenta que o trabalho de Winnicott é científico: algo que Winnicott enfatizou para sua colega Ella Sharpe na década de 1940 (Abram & Hinshelwood, 2018, p. 143). Em referência à literatura dos tempos atuais, destaco algumas das inovações específicas identificadas pelos autores contemporâneos, como visto em Abram, 2013: copensamento (Widlöcher, 2006); a criação de uma literatura de não ficção (Ogden, 2001); a atualização (Green, 2000); o avanço clínico do narcisismo primário (Roussillon, 2010); o medo do colapso como um exemplo de Nachträglichkeit (Faimberg, 1998); e seu modo de interpretar a "loucura da contratransferência". Esse capítulo também examina o artigo de Winnicott que aborda os "objetivos do tratamento psicanalítico" e comenta sobre a controversa área que ele chamou de "modificações" em qualquer tratamento analítico (Winnicott, [1962] 1965). O exemplo clínico do trabalho tardio de Winnicott lança luz sobre sua conduta de trabalho na contratransferência.

É importante ter em consideração que o objetivo deste capítulo é apenas começar a enumerar as inovações clínicas de Winnicott, porque o corpus de sua escrita ultrapassa bem mais de seiscentos artigos, com textos não publicados ainda nos arquivos. Uma pesquisa simples no Psychoanalytic Eletronic Publishing (PEP), um acervo eletrônico de publicações em psicanálise, mostra que seu trabalho é citado em quase doze mil artigos e livros. A segunda edição de *A linguagem de Winnicott* (2007) contém vinte e três entradas principais e cento e sessenta e cinco subentradas. Cada entrada ilustra como Winnicott elaborou o trabalho de Freud enquanto participava de uma discussão contínua com o desenvolvimento kleiniano que acontecia em paralelo. Portanto, o escopo da tarefa de examinar as inovações clínicas de Winnicott possui um potencial enorme, mas exige uma pesquisa substancial para abarcar a totalidade das inovações clínicas que ele articulou na análise de adultos. Apesar desta limitação, este capítulo pretende esperançosamente inspirar outros a assumir o bastão da pesquisa.

A linguagem clínica de Winnicott

Winnicott foi um dos maiores inovadores conceituais da história da psicanálise no século 20. A primazia da configuração ambiente-indivíduo está no centro das suas formulações e provê à psicanálise com uma nova matriz simbólica, isto é, a relação inicial pais-filhos. Essa contribuição estende e amplifica a matriz simbólica edípica original, elaborada por Freud. Para Winnicott, a psicanálise constitui uma teoria científica do desenvolvimento emocional e da natureza humana, iluminada pelas lentes freudianas da prática psicanalítica.

Os escritos de Winnicott invocam a situação clínica e a luta intrapsíquica e interpsíquica cotidiana que são exigidas do analista no trabalho clínico. É uma escrita capaz de transmitir a inefabilidade do que significa estar em "processo contínuo de se tornar um analista", por estar "nos melhores termos com seus processos primários" (Milner, 1972, p. 10). "Ele era, acima de tudo, um psicanalista" (Gillispie, 1972, p. 1) que acreditava ser essencial estar "profundamente enraizado no espírito da tradição psicanalítica, e não a seguir ao pé da letra, se um psicanalista de fato deseja trabalhar na vanguarda da descoberta psicanalítica" (King, 1972, p. 28).

A ênfase na "descoberta psicanalítica" e na psicanálise como uma ciência surgiu na educação inicial de Winnicott na escola Leys, em Cambridge, um centro de estudos conhecido pelo ensino das ciências. Loparic, apoiado na teoria de Thomas Kuhn sobre a "estrutura das revoluções científicas", defende que a dívida de Winnicott para com Darwin, assim como para com Freud, mostrou a ele que as "coisas vivas podiam ser estudadas cientificamente, com a conclusão de que as lacunas no conhecimento e na compreensão não precisam ser assustadoras" (Winnicott, [1945b] 1996, p. 7) e ilustra como, para Winnicott, seu novo "exemplar" — o termo que Kuhn usa para modelo ou paradigma — surgiu através das suas descobertas clínicas (Loparic, 2012 *apud* Abram, 2013). Portanto, se, por um lado, é verdade que a prosa de Winnicott pode ser descrita como "poética", isso não quer dizer que suas inovações são mais arte do que ciência. O próprio Winnicott sempre sustentou que não enxergava o método psicanalítico como uma arte. Em 1946, em uma carta para Ella Sharpe, ele escreve que não concorda com ela de que a psicanálise é uma arte. E enfatiza que, para ele, a técnica da psicanálise é "baseada mais em considerações científicas" (Winnicott, 1946 *apud* Rodman, 1987, p. 10).

Thomas Ogden, através de uma análise detalhada de *Desenvolvimento emocional primitivo*, um dos trabalhos seminais de Winnicott, observa que "Winnicott não usa a linguagem para chegar a conclusões"; pelo contrário, ele compartilha seu processo de descoberta e cria uma "literatura de não ficção". Ao ler Winnicott, Ogden escreve, acontece um "encontro entre leitor e texto [que] gera uma experiência imaginativa no universo da linguagem" e propõe que as formulações nos escritos de Winnicott são inseparáveis do homem e da vida das suas ideias (Ogden, 2001).

Winnicott alegava que "pacientes dependentes ou profundamente regredidos podem ensinar ao analista mais sobre a primeira infância do que pode ser aprendido pela observação direta de bebês, e mais do que pode ser aprendido pelo contato com mães envolvidas com seus bebês" (Winnicott, 1960, p. 141). Essa declaração endossa o argumento original de Freud de que as inovações na psicanálise só podem evoluir no contexto de uma metodologia clínica freudiana, isto é, o analisando no divã em uma análise de alta frequência. Esse é o setting tentado e testado no qual o trabalho psíquico pode ser desenvolvido e no qual novas descobertas clínicas podem vir à tona a partir de diferentes casos de estudo. André Green, por sua vez, afirmou que o pensamento de Winnicott emergiu de um exame minucioso da sua contratransferência na situação analítica e não tanto do seu trabalho pediátrico (Green, [1975] 2000). Assim, uma inovação clínica só possui valor como um autêntico avanço psicanalítico se ela emerge da matriz transferência-contratransferência na situação analítica.

Como já demonstrei em outro texto (Abram, 2007), a capacidade de Winnicott em invocar a experiência psicanalítica clínica, tanto para o analista quanto para o analisando, produziu uma linguagem psicanalítica distintiva — que, sugiro, constitui uma "linguagem clínica"[1] que gerou uma nova matriz teórica. Em outras palavras, as inovações clínicas de Winnicott, baseadas na investigação científica e na descoberta no interior do setting analítico, estão integradas aos seus avanços conceituais. São espécies semelhantes.

---

1   Sobre pensamento clínico, *cf.* Green.

Darwin e Freud — a turma de Winnicott

Winnicott dizia que, ao descobrir o método de Freud, se sentiu "alinhado a ele" e que aquilo o lembrava de quando ele leu Darwin na escola e percebeu que o naturalista britânico era da sua "turma" (Winnicott, [1967] 1989, p. 574).

Winnicott "descobriu" o trabalho de Freud em 1919, aos vinte e quatro anos. Quatro anos mais tarde, depois de uma consulta com Ernest Jones, o fundador do Instituto de Psicanálise (em Londres), ele começou uma análise com James Strachey, que tinha acabado de retornar de Viena, onde passou por uma análise com Sigmund Freud. Em 1929, Winnicott começou o treinamento analítico no Instituto de Psicanálise, apenas três anos depois que Melanie Klein passou a morar e trabalhar em Londres, após deixar Berlim.

O método clínico de Freud continuou a ser um integrante da "turma" de Winnicott, e ele sustentava que "é uma maneira objetiva de olhar as coisas... sem noções pré-concebidas, que... é ciência" (Winnicott, [1967] 1989, p.574). Depois de dez anos de análise com James Strachey, que era o editor-geral da *Edição standard das obras psicológicas completas de Sigmund Freud*, não surpreende a afirmação de Winnicott de que ele sempre sentia que "Freud estava nos seus ossos" e, como ele costumava dizer, qualquer ideia original que ele pudesse ter somente era "válida como um crescimento da teoria psicanalítica ordinária de Freud [...] e não faria nenhum sentido se plantada em um mundo que não havia sido preparado para ela por Freud" (Winnicott, 1954 *apud* Rodman, 1987, p. 75). Uma leitura minuciosa dos textos de Winnicott mostra como, através da sua vida e do seu trabalho, ele estava continuamente no processo de encontrar e usar os objetos freudianos e de "criar o objeto" (Winnicott, 1969). Por exemplo, em um dos textos-chave de Winnicott, *Teoria do relacionamento paterno-infantil* ([1960] 1962), ele reconhece que os conceitos de Freud sobre a infância derivam de um estudo de adultos em análise e, em seguida, ilustra em uma nota de rodapé como Freud pagava "todos os tributos à função do cuidado materno":

Vai ser corretamente objetado que uma organização que funcionava sob a escravidão do princípio do prazer e negligenciava a realidade do mundo externo não poderia se manter viva por muito tempo, de modo que não poderia sequer ter surgido. O emprego de uma ficção como essa, no entanto, se justifica quando se leva em consideração que o bebê — "desde que inclua aí o cuidado que ele recebe de sua mãe" — quase compreende um sistema psíquico desta natureza (Freud, 1911 *apud* Winnicott, [1960] 1965, p. 39).

Winnicott aponta que Freud não desenvolveu a ideia da poderosa influência do cuidado materno na psique para além desta observação, porque "ele não estava pronto para discutir suas implicações (Freud, 1911 *apud* Winnicott, [1960] 1965, p.39).

Depois, em 1926, Freud vai identificar o estado de desamparo do bebê — Hilflosigkeit — e focar na tensão instintiva provocada pela necessidade infantil. Essas noções antecipam as teorias de Winnicott sobre a dependência e sua distinção entre necessidades e vontades — uma distinção feita pela primeira vez por Freud em *A interpretação dos sonhos* (1900). Winnicott (assim como Balint, Suttie e Fairbairn, cada um a seu modo) formulou uma distinção entre necessidades e vontades (Akhtar, 1999) e, para ele, as necessidades infantis e um senso de desamparo no paciente adulto eram fatos clínicos. Essa área de conceituação se tornou fundamental à sua abordagem clínica, como sugiro nos **Capítulos 2, 3 e 4**.

Os objetivos do tratamento psicanalítico

Em 1962, depois de mais de trinta anos de trabalho como analista, Winnicott registra sua abordagem em um esboço dos seus objetivos na psicanálise clínica. Ele começa dizendo que pratica a análise "porque é o que o paciente precisa para que seja feito e seja feito com" (Winnicott, [1962] 1965, p. 166) e identifica três fases da "análise padrão" em termos de como a análise afeta o ego do paciente. Na primeira fase, é o apoio do ego do analista que vai ajudar a desenvolver a força do ego do paciente. O analista na "análise padrão" funciona como a mãe suficientemente boa com seu bebê recém-nascido cujo ego precisa ser sustentado pelo ego da Mãe/Outro. Essa perspectiva está alinhada à análise clássica dos primeiros dias de análise freudiana, na qual os objetivos do tratamento serviam para reforçar as funções do ego do paciente. Mas, em complemento à análise clássica, Winnicott traça um paralelo entre esse processo e um outro, derivado do seu reconhecimento do impacto crucial na psique da relação inicial entre pais e filhos. Na transferência, o analista precisa estar preparado para ser tanto a mãe das fases iniciais de vida quanto a mãe e o pai dos estágios mais tardios do desenvolvimento. Na segunda fase — a fase mais longa da análise —, "a confiança do paciente no processo analítico produz todos os tipos de experimentação [...] em termos de independência do ego". E, na terceira fase, o paciente é capaz de "reunir todas as coisas na área da onipotência pessoal, incluindo até os traumas genuínos" (Winnicott, [1962] 1965, p. 168). Com esse terceiro e último estágio, o paciente vai ter trabalhado o suficiente para ser capaz de retomar as projeções e se desenvolver para além dos traumas da situação original, isto é, a história familiar do paciente. Winnicott ainda afirma que: "Se o paciente não precisa de análise, então eu faço alguma outra coisa" (Winnicott, [1962] 1965, p. 168).

Esse "alguma outra coisa" do texto é apontado como uma "análise modificada" (em alguns lugares, fala-se às vezes em psicoterapia), e Winnicott identifica cinco condições específicas que habilitam uma modificação da análise padrão.

a. Onde o medo da loucura domina a cena.
b. Onde um falso self se tornou bem-sucedido, e uma fachada de sucesso e mesmo de brilho vai ser destruída em alguma fase, se a análise pretende ter êxito.
c. Onde uma tendência antissocial no paciente, seja na forma de agressão ou de roubo ou de ambos, é o legado de uma privação.
d. Onde não existe uma vida cultural — apenas uma realidade psíquica interior e um relacionamento com

a realidade externa, em que as duas são relativamente desconectadas.
e. Onde uma figura parental doente domina a cena.

Sob essas condições, Winnicott afirma que ele "se transforma em um psicanalista" que vai "atender as necessidades" daquele "caso especial". E, enquanto se refere a esse processo como "trabalho não analítico", ele afirma que ele é "geralmente mais bem feito por um analista bem-versado na técnica psicanalítica padrão" (Winnicott, [1962] 1965, p. 169).

Ou seja, para Winnicott, a análise padrão é adequada para o paciente que é capaz de desenvolver as forças do ego através do uso ordinário da "análise padrão", isto é, o trabalho psíquico na matriz transferência-interpretação dentro do setting analítico. Essa categoria de paciente, usualmente chamado de "analisável", contrasta com o paciente que manifesta uma das cinco condições que, para Winnicott, exigem que o psicanalista faça "alguma outra coisa". Ele conclui o artigo declarando que os objetivos da psicanálise não precisam mudar se estamos verbalizando os "nascentes estágios de consciência" do desenvolvimento. Mas, se isso não é possível, então o analista precisa praticar "alguma outra coisa" que seja adequada (Winnicott, [1962] 1965, p. 170).

Essa abordagem é controversa e, como podemos notar, é baseada nas descobertas clínicas de Winnicott relacionadas à sua compreensão das crianças traumatizadas (cujas necessidades não foram atendidas) nos pacientes adultos. O setting psicanalítico mobiliza estados infantis da mente, o que significa dizer que as necessidades infantis não atendidas no adulto vão vir à tona na transferência, e o analista precisa ser capaz de reconhecer que, em um estado regredido, o paciente possui necessidades, e não vontades.

> O paciente regredido está próximo de uma revivência do sonho e de situações de memória; um acting out de um sonho pode ser o único caminho para que o paciente descubra o que é urgente, e falar sobre a matéria desse acting out sucede a ação, mas não pode precedê-la (Winnicott, 1955, p. 22).

Não pode preceder a ação porque o paciente não está funcionando em um modo simbólico. Winnicott também se refere ao paciente que possui um "ego observador", que se identifica com o analista enquanto atravessa um estado de desamparo e necessidade durante o horário analítico. Esse paciente pode se recuperar da regressão ao final da sessão. Mas, para um paciente que não pode arregimentar um "ego observador", o acting out é o único caminho para revisitar a situação de falha original. As modificações propostas por Winnicott para a técnica analítica são controversas porque elas o levaram a defender a existência de uma fase de "acting out" como um pré-requisito necessário para o trabalho psicanalítico ordinário, isto é, a "análise padrão". Uma vez que essa questão é tolerada, uma nova compreensão surge.

Green e Sandler se referiram a esse tipo de acting out como uma "atualização", conectada ao que Sandler nomeou de "role-responsiveness" (responsividade ao papel) (Green, 1996; Sandler, 1976 *apud* Abram, 2016). Esse termo indica que o paciente e o analista estão enredados por um processo de atualização que precisa ser experimentado antes que possa ser pensado e, na sequência, elaborado. Este é o material da análise e ocorre em todo tratamento analítico. Cada ilustração clínica deste livro destaca o modo no qual o processo de atualização funciona.

A compreensão de Winnicott não era controversa; foi a dimensão das modificações propostas que se tornou controversa. Por exemplo, como podemos ver em alguns dos seus relatos publicados, ele podia estender ou diminuir o tempo da sessão; fornecer bebidas e/ou biscoitos; e, em um dos casos reportados, ele segurou a cabeça do paciente (Winnicott, [1958b] 1971b). Ele considerava essas "modificações" como não analíticas e suas razões para implementar essas mudanças com certeza não eram meros caprichos, mas baseadas na sua confiança no setting psicanalítico e na sua convicção de que o paciente adulto se encontrava em processo de alcançar a criança traumatizada interior dentro do contexto da transferência. No **Capítulo 6**, ao refletir sobre o papel do pai, começo a questionar a extensão que Winnicott implementa no quadro temporal de uma sessão analítica. No entanto, como a questão da "modificação" para cada analista é uma área controversa desde o começo da psicanálise, cada analista diante de cada caso precisa decidir o que constitui uma "modificação" na análise. Por exemplo, no **Capítulo 2**, quando Faith usou a cadeira ao invés do divã, isso se configura enquanto uma "modificação"? Ou, no **Capítulo 3**, quando K. permanecia na sala de espera?

De todo modo, neste capítulo, para apreciarmos com máxima plenitude o porquê de, para certos pacientes, Winnicott considerar aceitável que um psicanalista "mude" a prática psicanalítica para "se adaptar às necessidades do paciente", é importante entendermos as fundações da sua abordagem, que evoluía junto com suas ideias a respeito da regressão à dependência (Winnicott, 1955).

Processos psíquicos primitivos

Se você folhear este livro e ler cada capítulo em ordem cronológica, ira se familiarizar com o princípio central de Winnicott, de que "não existe essa coisa chamada bebê" ([1952], 1958c, p. 99), e com o quanto enfatizo que a busca empreendida na sua pesquisa almejava entender e teorizar os estágios iniciais do desenvolvimento humano que precediam as relações objetais (Abram, 2007). Ele propôs que, no "começo teórico", o bebê vive em um mundo subjetivo e que "a mudança do estado primário" demanda, em complemento aos "processos de crescimento herdados", um "mínimo ambiental" (Winnicott, 1971a, p. 151).

O "paradoxo essencial", para Winnicott, é inerente ao impasse da criança, pois, "ainda que o objeto estivesse lá para ser encontrado, ele foi criado pelo bebê" (Winnicott, [1968b] 1989, p. 205). Em outro lugar, ele disse: "É só o que você cria que possui significado para você" (1968b, p. 101). Do início da década de 1940 em diante, a visão de Winnicott sobre o indivíduo sempre levou em consideração o ambiente, ao qual adiciono o termo "psíquico" para enfatizar o postulado de Winnicott, que não é comportamental, e sim relacionado aos afetos do Outro em direção ao sujeito (Winnicott, 1958c, p. 99). O foco na mudança da "apercepção" para a "percepção" demanda um ambiente facilitador que possa estimular os processos de amadurecimento para que assim o bebê cresça da "dependência em direção à independência".

Melanie Klein também encetava uma teoria do desenvolvimento psíquico primitivo no final da década de 1930 e início da década seguinte, embora o ambiente, nas suas formulações, não possuísse a mesma ênfase. Para Klein (1946), o recém-nascido na posição esquizoparanoide se situava em um estado de ansiedades persecutórias interiores que são provocadas pela pulsão inata de morte. O sentimento da criança de se sentir atacado, portanto, era interno. Para Winnicott, o bebê poderia potencialmente ficar aterrorizado se não existisse, em seu entorno, um ambiente sustentador suficientemente bom. Como vamos ver de maneira mais explícita no seu trabalho posterior, abordado nos **Capítulos 7** e **8**, ele não concordava com o conceito de uma pulsão de morte e argumentava que a agressão inata não é uma manifestação do ódio, do sadismo e da inveja, como Klein sustentava. Para Winnicott, esses afetos surgem apenas mais tarde no desenvolvimento do bebê. Assim, a agressão no bebê de Winnicott é benigna e relacionada à necessidade de sobreviver. O instinto é um motor na direção da autopreservação — acompanhando o pensamento inicial de Freud antes da introdução da pulsão de morte em 1920 (Freud, 1911). Winnicott se refere a esse impulso como uma criatividade psíquica primária e enfatiza que a necessidade de sobreviver da criança depende de se encontrar um objeto que vá sobreviver. A capacidade da Mãe/Outro de se adaptar às necessidades da criança e de tolerar o dano irrefletido que a criança impele a ela faz com que ela seja o objeto que sobrevive. Sua real sobrevivência psíquica e emocional é um aspecto da sua capacidade de adaptação e vai contribuir para que a criança sinta que ela mesma criou o mundo.

O mundo é criado de novo por cada ser humano, que dá início a essa tarefa desde... a hora do parto e da sua primeira mamada teórica (Winnicott, [1954] 1988, p. 110).

Como indiquei no **Capítulo 2**, a "primeira mamada teórica" de Winnicott se refere à culminação de incontáveis necessidades sendo atendidas e, ele ressalta, essa mamada é tanto real quanto simbólica. A mãe precisa continuamente atender as necessidades da criança em termos de cuidados gerais, mas é sua abordagem emocional diante do recém-nascido que vai fazer toda a diferença para a experiência do bebê de ser alimentado por uma mãe atenta às suas necessidades humanas. A união entre a identificação materna primária e as necessidades do bebê vai corresponder à primeira mamada teórica (Abram, 2007, p. 210). Portanto, Winnicott elabora os detalhes de um processo de internalização que se dá nos estágios mais iniciais e cria um conceito que explica os primeiros processos simbólicos, o potencial na natureza humana e o conceito de saúde (Winnicott, [1986] 1988).

Consequentemente, existem dois paradigmas distintos que discorrem sobre o desenvolvimento psíquico primitivo — como se existissem duas crianças e duas mães diferentes. Esse tema é debatido no quarto capítulo do meu livro sobre Klein-Winnicott, em parceria com Hinshelwood (Abram & Hinshelwood, 2018, p. 41-65). Em contraste, a mãe de Melanie Klein suaviza a pulsão de morte inata da criança para permitir que ela desenvolva o bom objeto interno. O bom objeto interno vai auxiliar a criança a integrar o seio bom e o seio ruim da posição esquizoparanoide em vez de projetar um ou outro sobre a mãe. Em contraste, o bebê de Winnicott ainda não possui o material (interno) para dividir o objeto em bom ou ruim e é ainda menos capaz de projetar (também em função de uma ausência de material interno nos estágios mais iniciais). Para Winnicott, a projeção surge mais tarde no desenvolvimento do bebê. É por isso que a mãe é tão poderosa no começo. Através do seu estado de preocupação materna primária, ela está apta, devido à sua capacidade de sustentar e receber as comunicações de quase terror do bebê, a impedir que a criança caia em "agonias primitivas". O bebê de Winnicott só vai ficar aterrorizado e sofrer ansiedades persecutórias se ele não for sustentado, o que significa que o ambiente não é suficientemente bom. Assim, o ambiente psíquico primitivo é crucial para ambos os teóricos, mas, nas conceitualizações de Winnicott, é a falha da mãe nos estágios mais iniciais que vai provocar transtornos mentais severos, enquanto, para Melanie Klein, isso vai depender mais da magnitude da pulsão de morte inata. Sei que essa simples afirmação exige uma exposição que ultrapassa o escopo deste capítulo. Hinshelwood sustenta que a pulsão de morte para Melanie Klein era mais metafórica do que biológica (ver Abram & Hinshelwood, 2018, p. 186-187).

Através da capacidade da mãe de identificar a situação do bebê, ela oferece a ele total dedicação, constituindo o suporte e a proteção do ego que vai, aos poucos, ser internalizado pela criança. Neste sentido, é a "adaptação da mãe às necessidades" que vai levar à inscrição materna na psique da criança, com significativa influência no desenvolvimento do Self. Winnicott introduziu o termo "relacionamento com o ego" em 1956 para descrever a fase de absoluta dependência quando, em sua terminologia, o bebê se funde com a mãe e se beneficia da defesa do ego que emana da preocupação materna primária da mãe (Abram, 2007, p. 42). Em seu artigo *A capacidade para estar só* (1958d), Winnicott declara que essa capacidade é baseada na introjeção de um "ambiente de apoio ao ego" — uma consequência da atenção e da adaptação inicial da mãe suficientemente boa, isto é, a defesa do ego. Ele indica que esse tópico se conecta à existência de um bom objeto interno na teoria de Klein e a uma habilidade de tolerar "os sentimentos provocados pela cena primária" em Freud. A ênfase de Winnicott é que a introjeção do bom objeto interno e a resolução do complexo de Édipo não poderiam ocorrer, no entanto, sem a "introjeção de um ambiente sustentador do ego" desde o início. A capacidade para estar só é baseada no paradoxo de se estar sozinho na "presença da mãe" (Winnicott, 1958d, p. 30), o que surge no começo da vida quando a mãe obtém sucesso ou falha. Portanto, para Winnicott, o bom objeto interno vai emergir mais tarde no desenvolvimento e será uma consequência da "introjeção de um ambiente sustentador do ego"[2].

Essa sequência possui relação direta com o conceito freudiano de narcisismo primário e foi esclarecida na obra de Roussillon, para quem, em Freud, a "sombra de um objeto" se refere à mãe dos estágios mais iniciais, tal como descrito por Winnicott, e, assim, "se o sofrimento envolve a sombra de um objeto que desabou sobre o ego, o analista vai ter que auxiliar o paciente a devolver a sombra ao objeto, a se libertar da mistura provocada pelas suas defesas narcísicas e desconstruir o postulado narcisista básico da autogeração da mente" (Roussillon, 2010, p. 822). O principal ponto do argumento de Roussillon é que a descoberta de Winnicott da poderosa inscrição da mãe no Self, que ocorre durante os primeiros processos psíquicos, transformou o conceito freudiano de narcisismo primário em um conceito clínico, porque o narcisismo primário de Winnicott "não pode ser concebido de uma maneira solipsista" (Roussillon, 2010, p. 822). Roussillon sugere ainda que, no narcisismo primário, existe um "tipo de ilusão primitiva" que "tende a obliterar" o fato da inscrição da mãe e que a análise do narcisismo primário reintroduz "o que a ilusão narcisista primária apagou".

Essa é uma inovação clínica significativa e é um exemplo de como, tendo "Freud nos ossos", Winnicott estendeu muitos dos conceitos freudianos a partir do seu foco nos fenômenos psíquicos primitivos. A questão da técnica, então, se relaciona a como o analista auxilia o paciente a "devolver a sombra do objeto ao objeto" (Roussillon, 2010, p. 822). E, se essa "sombra" está relacionada às falhas maternas nos estágios mais iniciais, então o analisando vai ter que retornar à situação de falha original dentro da segurança do setting analítico.

---

2   A diferença entre os objetos internos de Klein e a evolução dos objetos subjetivos e internos para Winnicott exige uma análise mais detalhada no futuro.

Traumas revividos e adaptações no setting analítico

O foco de Winnicott nos processos psíquicos primitivos e na configuração ambiente-indivíduo o levou a transpor a noção de "adaptação à necessidade"[3] no setting analítico. A regressão formal ordinária que inevitavelmente ocorre durante o curso de uma análise era vista como um caminho para "reviver o trauma ainda-não-experimentado" (Abram, 2007, p. 275). Esse trauma aconteceu à época de uma falha ambiental precoce, quando o bebê sofreu uma interferência grosseira e não teve outra opção a não ser se isolar (Winnicott, 1953). O trauma foi "catalogado" ou "registrado", mas não pôde ser integrado ao self em desenvolvimento porque ainda não existia um Self para processar o choque. No seu trabalho posterior, Winnicott se referia às interferências grosseiras como uma "violação do self" e um "pecado contra o self", como discuti no **Capítulo 1** (Winnicott, 1965c).

Haydée Faimberg, que desenvolveu o conceito de "telescopagem das gerações" (1981/85 *apud* 2005), ilustrou como o medo do colapso em Winnicott amplia o conceito freudiano de Nachträglichkeit (Faimberg, [1998] 2013 *apud* Abram, 2013). Faimberg incisivamente demonstra que, embora nunca tenha usado explicitamente o termo "Nachträglichkeit", o conceito de Winnicott de "medo do colapso" oferece à psicanálise um "excelente exemplo de Nachträglichkeit". Winnicott declara que, quando o "medo do colapso" é sentido pelo paciente no tempo presente da sessão, o analista deve interpretar que esse medo de um colapso futuro é baseado em um colapso que já ocorreu antes. Isso, aponta Faimberg, constitui uma construção tal qual Freud sugeriu no seu artigo *Construções em análise* (1937) — e, em seguida, ela nos mostra como Winnicott oferece um "significado retroativo ao medo de colapso do paciente no momento presente da transferência". Assim, Faimberg demonstra como a formulação de Winnicott

---

3   Para uma discussão aprofundada da "adaptação à necessidade" no trabalho de Winnicott, recomendo a leitura do índice remissivo em Abram (2007).

sobre o medo do colapso constitui outra inovação clínica significativa (Faimberg, 2013, p. 314).

O setting analítico, portanto, fornece um ambiente sustentador que potencialmente oferece ao paciente uma oportunidade de revisitar a situação de falha inicial. Esses conceitos relacionados à infância complementam e expandem a técnica psicanalítica. Quando Winnicott escreve que as "mudanças surgem em uma análise no momento em que os fatores traumáticos entram no material psicanalítico pela via do próprio paciente, e dentro da onipotência desse paciente" ([1960] 1962, p. 585), ele se refere a essa perspectiva na qual a técnica psicanalítica (suficientemente) boa demanda que o analista "se adapte" ao modo de ser do paciente na análise ao invés de impor uma interpretação que o paciente pode não estar preparado para escutar. Quando a criança traumatizada interior começa a emergir na transferência em evolução, o analista deve estar pronto para se tornar a Mãe/Outro da situação de falha inicial. Na análise padrão, isso aparece na situação ordinária de transferência, que é ilusória. Permitam-me acrescentar aqui que, no contexto da análise, a criança traumatizada é "clínica" e a Mãe/Outro da situação de falha inicial é uma característica da atualização contratransferencial que também é "clínica" ou "analítica". Como vou discutir no **Capítulo 7**, nenhum analista pode literalmente compensar as deficiências do objeto original.

Um exemplo clínico do trabalho tardio de Winnicott

Um exemplo clínico bem conhecido de Winnicott que ressalta sua transformação particular dos conceitos freudianos de narcisismo primário e de Nachträglichkeit é o caso sobre o qual ele escreve no sexto capítulo de *O brincar e a realidade* (1971c). Durante o curso de uma análise contínua, ele se descobre com a sensação de que está escutando uma menina, embora o paciente no seu divã seja um homem de meia-idade. Ele diz ao paciente: "Estou escutando uma menina. Eu sei perfeitamente bem que você é um homem, mas estou escutando uma menina, e estou conversando com uma menina. Estou dizendo a essa menina: 'Você está falando sobre inveja do pênis'" (Winnicott, 1971c, p. 73).

Ficamos sabendo, então, que, nessa análise, existia um padrão de bom trabalho seguido por destruição e desilusão, porque "alguma coisa fundamental não tinha se modificado" (Winnicott, 1971c, p. 73). Mas, naquele momento, relata Winnicott, parecia existir um "efeito imediato". O paciente respondeu: "Se eu fosse contar a alguém sobre essa menina, eu seria chamado de maluco". Winnicott se surpreendeu ao responder: "Você não falou sobre isso com ninguém. Sou eu que vejo e escuto a menina falando, quando na verdade tem um homem no meu divã. O louco sou eu" (Winnicott, 1971c, p. 73).

O paciente afirmou que Winnicott tinha falado com ambas as partes dele — o homem que sabia que era e a menina que se sentia escondida e "louca". Na sequência, tanto o paciente quanto o analista chegaram à conclusão de que a mãe do paciente o tinha enxergado como uma menina antes de vê-lo como um menino. Enquanto um bebê, portanto, ele era são em um ambiente louco que havia sido introjetado pelo paciente e, em seguida, projetado no seu analista, que sentiu essa projeção na contratransferência. Apesar de Winnicott afirmar que, para começo de conversa, era difícil provar que a mãe do paciente realmente tinha visto o filho como uma menina, devemos assumir que a evidência desta conjectura é manifestada na contratransferência. Era isso que parecia autêntico tanto para o paciente quanto para o analista naquele momento, e aquela situação se desdobrou em mais trabalho psíquico significativo.

Esse exemplo clínico é usado por Winnicott para ilustrar suas conceitualizações dos elementos masculinos e femininos dissociados. Dodi Goldman recentemente propôs que o episódio mostra como "um canal de comunicação" entre Winnicott e seu paciente se abre entre os elementos masculinos e femininos anteriormente dissociados no paciente, que precisou recorrer à "dissociação completa" como uma defesa contra a repetição do trauma da situação original. Essa questão também se conecta ao conceito de reconhecimento na conceitualização de Winnicott para o papel de espelho da mãe, isto é, a necessidade do bebê de ser reconhecido por quem ele é, sob o risco do bebê se traumatizar pelo não reconhecimento, como no caso do paciente de Winnicott, por parte de uma mãe louca/ambiente. Goldman conclui que esse relato clínico é uma "inovação clínica impressionante e corajosa", pois é um reconhecimento de que o analista havia recebido a projeção atualizada, como vimos na Discussão do **Capítulo 3**, isto é, o analista havia se tornado o objeto original dissociado do paciente. Ao dizer que ele é o louco, e não o paciente, Winnicott "toma a projeção como se fosse sua" (Goldman, 2013 *apud* Abram, 2013, p. 351). Goldman sugere que este é um material clínico exemplar do "viver junto" de "elementos anteriormente dissociados" que são incorporados na psique que se torna "simbolizada em pensamento e linguagem" (Goldman, 2013 *apud* Abram, 2013, p. 351).

A capacidade do analista de tolerar a comunicação inconscientemente transmitida pelo paciente do ambiente inicial falho implica que ao paciente é facilitada a possibilidade de reviver o trauma (congelado ou catalogado) pela primeira vez, como acabamos de ver no exemplo. Essa experiência na situação de transferência temporalmente presente vai, em potência, levar a um descongelamento. Quando Winnicott afirma que as mudanças só podem acontecer dentro dos "confins da onipotência do paciente", ele está se referindo às suas formulações sobre a "ilusão de onipotência" (Abram, 2007, p. 200-216). Se as necessidades do bebê são atendidas pela mãe suficientemente boa, ele sente que criou o mundo e que é deus. Essa é a base da autoestima e é apenas deste lugar de "onipotência" que a criança pode se deslocar na direção de uma desilusão normal e da capacidade de fazer um luto pelo objeto perdido[4]. Quando Winnicott diz ao paciente que

---

4 Para outras discussões sobre o uso de Winnicott para a palavra "onipotência", ver Abram, 2007 (índice remissivo) e Abram & Hinshelwood, 2018, p. 170.

ele, o analista/mãe, é quem é o louco, o paciente pode sentir que é são em um ambiente louco, isto é, ele era são enquanto um bebê, mas vivia em um ambiente louco porque sua mãe o tratava como se ele fosse uma garota. Essa revisitação da situação precoce de falha deve ser vivida junto, como Goldman enfatizou, para que, ao invés de dissociada, possa ser articulada e, assim, pensável em um nível simbólico do funcionamento psíquico.

O exemplo também ressalta a capacidade de Winnicott para a disponibilidade psíquica e a abertura, algo identificado por Widlöcher, em relação à influência de Winnicott nos círculos psicanalíticos franceses da década de 1960, como uma "liberdade de pensamento" através do seu "sentimento profundo pelo processo analítico" (Widlöcher, [2006] 2013). Em relação à virada teórica na psicanálise sobre o conceito de contratransferência, Widlöcher observa como Winnicott desempenhou um "papel altamente significativo naquela mudança de ênfase" ao ilustrar que as origens de uma "comunicação mútua" na transferência-contratransferência "reside na interação entre mãe e bebê". Widlöcher ([2006] 2013, p. 236) propõe o termo "copensamento para descrever o impacto nas representações e no processo associativo do analisando". O copensamento é o que leva Winnicott a dizer ao paciente que "o louco sou eu" (Winnicott, 1971c, p. 74).

Existe uma conexão óbvia aqui entre o que Winnicott descreve como o "congelamento da situação de falha" e o "ponto de fixação" freudiano. A diferença entre os dois é que a situação de falha se relaciona com os estágios mais primitivos de desenvolvimento, quando o ambiente pode ou não ser suficientemente bom. Em outras palavras, quando o recém-nascido está atravessando a fase da dependência, a mãe pode ou não atender suas necessidades. Este é o fato da dependência (Abram, 2007, p. 133), que torna o ambiente tão poderoso. Em minha perspectiva, como espero ter demonstrado até agora, isso está no coração do legado winnicottiano para a prática psicanalítica de hoje. Ele enfatiza a tarefa do analista de estar sintonizado com a contratransferência para ouvir o bebê/criança/adolescente clínico traumatizado dentro de cada analisando (*cf.* Green, 2005). Assim, a matriz transferência-interpretação pode oferecer ao paciente a possibilidade de um "novo começo" (Winnicott, 1954).

Referências

Abram, J. (2007). *The language of Winnicott: A dictionary of Winnicott's use of words* (2nd ed.). Karnac Books. [No Brasil: Abram, J. (2020). *A linguagem de Winnicott: dicionário das palavras* (1. ed.). Thieme Revinter.]

Abram, J. (ed.). (2013). *Donald Winnicott Today New Library of Psychoanalysis*. Routledge and The Institute of Psychoanalysis.

Abram, J. (ed.). (2016). *André Green at the Squiggle Foundation* (revised edition). Karnac Books.

Abram, J., & Hinshelwood, R. D. (2018). *The Clinical Paradigms of Melanie Klein and Donald Winnicott: Comparisons and dialogues*. Routledge.

Akhtar, S. (1999). The distinction between needs and wishes: Implications for psychoanalytic theory and technique. *J Am Psychoanal Assn, 47*, 113–151.

Faimberg, H. (1981/1985). The telescoping of generations: A genealogy of alienated identifications. In Faimberg (2005). (Chapter 1). [No Brasil: Faimberg, H. (2001). A telescopagem das gerações a propósito da genealogia de certas identificações. In Kaës et al. (orgs.), *Transmissão da vida psíquica entre gerações*. Casa do Psicólogo.]

Faimberg, H. (2013). Nachträglichkeit and Winnicott's Fear of Breakdown. In J. Abram (ed.). (Chapter 8).

Freud, S. (1900). *The Interpretation of Dreams.* SE 5. [No Brasil: Várias edições, incluindo Freud, S. (2019). *Obras completas vol.4: a interpretação dos sonhos*. Companhia das Letras.]

Freud, S. (1911). *Formulations on the two principles of mental functioning.* SE 12 (p. 213–226). [No Brasil: Várias edições, incluindo Freud, S. (2010). Formulações sobre os dois princípios do funcionamento mental. In Sigmund Freud, *Obras completas vol.10 — observações psicanalíticas sobre um caso de paranoia relatado em autobiografia ("o caso Schreber"), artigos sobre técnica e outros textos* (1911-1913).]

Gillespie, W. (1972). Commemorative Meeting for Dr. Donald Winnicott, 19 January 1972. *Scientific Bulletin of The British Psychoanalytical Society and The Institute of Psychoanalysis.*

Goldman, D. (2012). Vital sparks and the form of things unknown. In *J. Abram* (ed.). (2013). Chapter 15.

Green, A. (1975). *Potential space in psychoanalysis: The object in the setting in Between Reality and Fantasy.* S. Grolnick, & L. Barkin (1978, p. 169–189). Jason Aronson Publishers Inc., an imprint of Rowman & Littlefield Publishers, Inc.

Green, A. (2000). The posthumous Winnicott: On Human nature. In J. Abram (ed.), *Andre Green at the Squiggle Foundation* (p. 69–83). Karnac.

Green, A. (2005). *Science and science fiction in infant research in Clinical and Observational Psychoanalytic Research Roots of a Controversy.* Joseph Sandler, Anne-Marie Sandler, & Rosemary Davies (ed.). Karnac Books.

King, P. (Jan.19, 1972). *Tribute to Donald Winnicott Commemorative Meeting for Dr. Donald Winnicott*, Scientific Bulletin of The British Psychoanalytical Society and The Institute of Psychoanalysis.

Klein, M. (1946). Notes on Some Schizoid Mechanisms. *Int J Psychoanal, 27*, 99–110. [No Brasil: Klein, M. (1991). Notas sobre alguns mecanismos esquizoides. *Obras Completas de M. Klein*. Imago.]

Loparic, Z. (2012). *From Freud to Winnicott: aspects of a paradigm change in Donald Winnicott Today 2013.* J. Abram (ed.). New Library of Psychoanalysis, Routledge.

Milner, M. (Jan. 19, 1972). *Commemorative Meeting for Dr. Donald Winnicott.* Scientific Bulletin of The British Psychoanalytical Society and The Institute of Psychoanalysis & Chapter 6. In Abram (2013).

Ogden, T. H. (2001). Reading Winnicott. *Psychoanal Q, 70*, 299–323.

Rodman, F. R. (ed.). (1987). *The spontaneous gesture: Selected letters of DW Winnicott.* Harvard UP. [No Brasil: Rodman, R. (ed.). (2017). *O gesto espontâneo.* WMF Martins Fontes.]

Roussillon, R. (2010). The deconstruction of primary narcissism. *Int J Psychoanal, 91*, 821–837. [No Brasil: Roussillon,

R. (2012). A desconstrução do narcisismo primário. *Livro Anual de Psicanálise*, XXVI, 159-172.]

Sandler, J. (1976). Countertransference and role responsiveness. *Int Rev Psychoanal 3*, 43-47.

Widlöcher, D. ([2006] 2013). Winnicott and the acquisition of freedom of thought. In Abram, J., cap. 10.

Winnicott, D. W. (1945a). Primitive emotional development. *Int J Psychoanal, 26*, 137-143. [No Brasil: Winnicott, D. W. (2000). Desenvolvimento emocional primitivo. *Da Pediatria à Psicanálise: obras escolhidas*. Imago.]

Winnicott, D. W. ([1946] 1987). Letter to Ella Sharpe. In F. Robert Rodman (ed.), *The Spontaneous Gesture, Selected Letters*. Harvard University Press. [No Brasil: Rodman, R. (ed.). (2017). *O gesto espontâneo*. WMF Martins Fontes.]

Winnicott, D. W. (1953). Psychoses and child care. *Br J Med Psychol, 26*, 68-74. [No Brasil: Winnicott, D. W. (2000). Psicose e cuidados maternos. *Da Pediatria à Psicanálise: obras escolhidas*. Imago.]

Winnicott, D. W. (1955). Metapsychological and clinical aspects of regression within the psychoanalytical set-up. *Int J Psychoanal, 36*, 16-26. [No Brasil: Winnicott, D. W. (2000). Aspectos clínicos e metapsicológicos da regressão dentro do setting analítico. *Da Pediatria à Psicanálise: obras escolhidas*. Imago.]

Winnicott, D. W. (1958a). Collected papers: Through pediatrics to psychoanalysis (1st ed.). Tavistock. [No Brasil: Winnicott, D. W. (2000). *Da Pediatria à Psicanálise: obras escolhidas*. Imago.]

Winnicott, D. W. (1958b). Birth memories, birth trauma, and anxiety. *Through paediatrics to psychoanalysis* (p. 174-193). Tavistock. [No Brasil: Winnicott, D. W. (2000). Recordações do nascimento, trauma do nascimento e ansiedade. *Da Pediatria à Psicanálise: obras escolhidas*. Imago.]

Winnicott, D. W. (1958c). Anxiety associated with insecurity [1952]. In 1958a, p. 97-100. [No Brasil: Winnicott, D. W. (2000). A ansiedade associada a insegurança. *Da Pediatria à Psicanálise: obras escolhidas*. Imago.]

Winnicott, D. W. ([1957]1958d). The capacity to be alone. *Int J Psychoanal, 39*, 416–420. [No Brasil: Winnicott, D. W. (1983). A capacidade para estar só. *O ambiente e os processos de maturação*. Artes Médicas.]

Winnicott, D. W. ([1960] 1962). The theory of the parent–infant relationship. *Int J Psychoanal, 41*, 585–595, & in Winnicott, D. W. 1965. [No Brasil: Winnicott, D. W. (1983). Teoria do relacionamento paterno-infantil. *O ambiente e os processos de maturação*. Artes Médicas.]

Winnicott, D. W. (1965). *The maturational processes and the facilitating environment: Studies in the theory of emotional development.* Hogarth. (International Psycho-analytical Library, n. 64). [No Brasil: Winnicott, D. W. (1983). *O ambiente e os processos de maturação*. Artes Médicas.]

Winnicott, D. W. ([1962] 1965). The aims of psychoanalytical treatment. *The Maturational Processes and the Facilitating Environment*. The Hogarth Press and the Institute of Psychoanalysis. [No Brasil: Winnicott, D. W. (2000). Os objetivos do tratamento psicanalítico. *Da Pediatria à Psicanálise: obras escolhidas*. Imago.]

Winnicott, D. W. ([1963] 1965c). *Communicating and not communicating leading to a study of certain opposites.* In 1965b, 179–92. [No Brasil: Winnicott, D. W. (1983). Comunicação e falta de comunicação levando ao estudo de certos opostos. *O ambiente e os processos de maturação*. Artes Médicas.]

Winnicott, D. W. ([1960] 1965d). *Ego distortion in terms of true and false self.* In 1965a, 140–52. [No Brasil: Winnicott, D. W. (1983). A distorção do ego em termos de falso e verdadeiro self. *O ambiente e os processos de maturação*. Artes Médicas.]

Winnicott, D. W. (1968a). Communication between infant and mother, and mother and infant, compared and contrasted. In Walter G. Joffe (ed.), *What is psychoanalysis?* The Institute of Psychoanalysis/Baillière, Tindall & Cassell. [No Brasil: Winnicott, D. W. (2020). A comunicação entre o bebê e a mãe e entre a mãe e o bebê: convergências e divergências. *O bebê e suas mães*. Ubu Editora.]

Winnicott, D. W. (1969). The use of an object and relating through identifications. *Int J Psychoanal 50*, 711-716. [No Brasil: D.W. (1994). O uso de um objeto e o relacionamento através de identificações. *Explorações Psicanalíticas*. Artmed.]

Winnicott, D. W. (1971a). *Playing and reality*. Tavistock. [No Brasil: Winnicott, D. W. (1975). *O brincar e a realidade*. Imago.]

Winnicott, D. W. (1971b). *Dreaming, fantasying and living a case-history describing a Primary Dissociation* (Chapter 2). In Winnicott, 1971a. [No Brasil: Winnicott, D. W. (1975). Sonhar, fantasiar e viver: uma história clínica que descreve uma dissociação primária. *O brincar e a realidade*. Imago.]

Winnicott, D. W. ([1966] 1971c). *The split-off male and female elements to be found in men and women*. In 1971a, 72-85. [No Brasil: Winnicott, D. W. (1975). A criatividade e suas origens. *O brincar e a realidade*. Imago.

Winnicott, D. W. (1986). The concept of a healthy individual. In C. Winnicott, R. Shepherd, *Home is where we start from: Essays by a psychoanalyst*. [No Brasil: Winnicott, D. W. (2011). O conceito de indivíduo saudável. *Tudo começa em casa*. Ubu Editora.]

Winnicott, D. W. (1988). *Human nature*. C. Bollas, M. Davis, R. Shepherd (eds.). Free Association Books. [No Brasil: Winnicott, D. W. (1990). *Natureza humana*. Imago.]

Winnicott, D. W. (1989a). *Psychoanalytic explorations*. In C. Winnicott, R. Shepherd, M. Davis (eds.). Harvard UP. [No Brasil: Winnicott, D. W. (1994), Explorações Psicanalíticas, Artmed.]

Winnicott, D. W. (1989b). Postscript: DWW on DWW [1967]. In C. Winnicott, R. Shepherd, M. Davis (eds.). *Psychoanalytic explorations* (p. 569-582). Harvard UP. [No Brasil: Winnicott, D. W. (1994). DWW sobre DWW. *Explorações Psicanalíticas*. Artmed.]

Winnicott, D. W. ([1968b] 1989). Playing and culture. *Psychoanalytic explorations* (p. 203-206). Winnicott, D. W.

([1945b] 1996). Towards an objective study of human nature. In R. Shepherd, J. Johns, H. T. Robinson (eds.), *Thinking about Children.* Karnac Books. [No Brasil: Winnicott, D. W. (1994). O brincar e a cultura. *Explorações Psicanalíticas.* Artmed.]

CAPÍTULO 6
A área de ausência de forma em Winnicott: o elemento feminino puro e a capacidade de se sentir real
(2013)

Introdução

A experiência da ausência de forma foi o caminho pelo qual Winnicott identificou a experiência infantil primitiva crucial da "não integração". Sem essa experiência inicial, o bebê não vai ter acesso à experiência primitiva vital de estar nos braços de uma mulher que se dedica totalmente a ele. A "devoção comum"[1] de 1949 se transformou na "preocupação materna primária" em 1956 e, em 1969, a não integração foi identificada como "ausência de forma"[2] (Winnicott, [1956] 1958; Winnicott, [1969] 1971b). Nenhum adulto sabe o que significa "ser" sem a experiência da ausência de forma. O paciente de Winnicott, no exemplo clínico, não tinha tido uma experiência de "ausência de forma livre" e, por isso, Winnicott decide encontrar um meio de oferecê-la, modificando o setting analítico. Na minha discussão, começo a questionar suas "modificações" relacionadas às funções paternas e maternas como componentes intrínsecos e neces-

---

1 Em 1949, a BBC transmitiu nove palestras de Winnicott que depois foram publicadas como *A mãe dedicada comum*. Essas palestras podem ser escutadas via *The collected works of DW Winnicott*, publicado em 2015 pela Oxford University Press.
2 *Formlessness*: na obra de Winnicott em português, esse termo é traduzido por amorfia.

sários do enquadre analítico. A noção de um "integrado" no último trabalho de Winnicott, *O uso de um objeto no contexto de "Moisés e o monoteísmo"*, leva à minha proposta de um "integrado paterno", elaborada no **Capítulo 7**.

* * *

Winnicott identifica a ausência de forma como "a experiência de um estado sem propósito... um tique-taque da personalidade não integrada", e ele relaciona esse estado mental ao conceito freudiano de livre associação. Ausência de forma é um fenômeno subjetivo iniciado no contexto do desenvolvimento psíquico inicial da criança e da relação diádica entre mãe e bebê. É essa área que constitui o "elemento feminino puro" e ela é fundamental para a capacidade de se sentir real.

Seguindo os passos de Freud, Winnicott propôs que a busca pelo Self só podia surgir da "ausência de forma livre" na sessão analítica e, em *O brincar e a realidade* (1971a), ele oferece dois exemplos clínicos para ilustrar a aplicação que faz dessas ideias.

Como argumentei nos capítulos deste livro, e em especial no **Capítulo 2**, sem a experiência da sobrevivência psíquica do objeto, uma busca pelo Self não pode ser verdadeiramente iniciada, porque ainda não existe o estabelecimento de um objeto intrapsíquico sobrevivente. E, em consonância com o conceito tardio de Winnicott do "pai como um objeto inteiro", vou acrescentar minha proposta de que um "integrado paterno" é um componente essencial do objeto sobrevivente. Para mim, é o "integrado paterno" que fornece a forma e a capacidade de se sentir real.

A ausência de forma no setting clínico, portanto, adquire forma através da existência de um integrado paterno representado pelos variados e distintos aspectos que perfazem as estruturas do setting analítico. E, na esteira de André Green, vou argumentar que, em condições saudáveis, a dinâmica triádica é essencial para o desenvolvimento emocional. Mas o que entendo por triádica não concorda totalmente com o pensamento de Green — este é um ponto que elaboro no próximo capítulo.

Desde o início da vida, à criança em um ambiente suficientemente bom é oferecido um ambiente psíquico pronto e preparado para sobreviver à sua destruição, como discuto no **Capítulo 2**. Neste sentido, a "destruição" do ponto de vista da criança é instintiva, pois é a única maneira pela qual o bebê, nos primeiros estágios de vida, pode literalmente sobreviver. A mãe que sabe disso, por causa da sua profunda identificação com as condições da criança, é capaz de tolerar qualquer demanda feita pelo bebê. Para começar, ela não tem escolha. É a sua sobrevivência da assim chamada destruição pelo bebê que resulta no objeto intrapsíquico sobrevivente. Hoje, penso que essa é a definição de amor primário. A criança descobre, mais tarde, que a mãe se sacrificou por ela. É esse o motivo pelo qual, no momento que reconhece sua destrutividade, a criança pode dizer: "Eu amo você. Você tem valor para mim porque você sobreviveu à minha destruição de você" (Winnicott, 1969, p. 713).

A especificidade do setting psicanalítico oferece as condições psíquicas adequadas nas quais o objeto sobrevivente do sujeito pode evoluir. A manutenção da forma, isto é, a estrutura analítica, é o enquadre essencial no qual a experiência da ausência de forma, entre analista e paciente, pode ocorrer, pois os componentes integrados dos elementos masculinos e femininos no setting analítico constituem a potencial sobrevivência psíquica do objeto. O elemento feminino, associado ao SER, como destaco adiante, emana do relacionamento psíquico mais inicial, que sempre será feminino — o que se relaciona com o trabalho de Freud sobre a fase feminina, como indiquei no **Capítulo 4**.

Ausência de forma e não integração

Winnicott cita a observação de Marion Milner sobre o "poeta original" em todos nós que aparece quando descobrimos "o familiar no não familiar", que vai se relacionar com uma experiência primitiva e profunda (Milner, 1950). Tanto Donald

Winnicott quanto Marion Milner encontraram caminhos inovadores para elaborar e assim estender o conceito freudiano original de processos primários (que foram especificamente designados como uma característica do "sistema inconsciente"). As principais conclusões de suas explorações, realizadas separadamente, porém relacionadas, sobre as camadas mais profundas da mente, levaram ao reconhecimento de que as camadas mais primitivas do mundo interno oferecem uma contribuição imensa para o resultado da personalidade e da capacidade imaginativa. Eles possuíam maneiras bem diferentes de descrever esses processos primitivos, mas, no início da década de 1940, ambos exploraram os percursos pelos quais a criança seria capaz de passar do pensamento pré-simbólico para o pensamento simbólico. Havia uma ênfase em uma sequência de desenvolvimento relativa à evolução das capacidades, de modo que a maturidade, na melhor das hipóteses, constituiria em uma integração de diferentes camadas dos processos. Viver uma vida significativa demanda um enriquecimento através da capacidade de se mover entre essas camadas e processos, para que se possa descobrir e provocar a evolução do próprio "poeta original" de quem é capaz de "viver criativamente". E, para Winnicott, esses processos não podiam ser iniciados sem um "mínimo ambiental" presente desde o começo.

Em 1972, André Green, seguindo as ideias de Winnicott sobre transicionalidade, fez um acréscimo aos processos primários e secundários de Freud, propondo o termo "processos terciários". Mais tarde, em 1991, ele escreve: "Os processos terciários funcionam como um eixo intermediário e conectam os processos primários e secundários" (Green, 1991 *apud* Abram, 2016, p. 48). O importante aqui é que, embora a matriz teórica de Winnicott se constitua como um desenvolvimento sequencial, sua ênfase principal é que cada fase continua a ter seu próprio valor. É por isso que a ausência de forma vai, esperançosamente, ser um recurso no desenvolvimento maduro, como argumenta Milner no seu livro *Sobre não ser capaz de pintar* (1950; *cf.* Abram, 2012a).

"Ausência de forma" é uma expressão que Winnicott acrescentou ao seu vocabulário nos últimos cinco anos de sua vida, mas ele vinha explorando esse aspecto do desenvolvimento psíquico primitivo desde o início do seu trabalho. A ideia da sensibilidade da mãe às circunstâncias e ao estado mental do recém-nascido se relaciona com um conceito específico da infância que sempre inclui o objeto. "Não existe essa coisa chamada bebê" significa dizer que não existe essa coisa chamada sujeito. Fenômenos subjetivos são marcados pelo ambiente psíquico do objeto primário (Abram, 2013, p. 1).

O termo "ausência de forma" é associado ao pensamento inicial de Winnicott sobre a "não integração", conceito que foi primeiro proposto em 1945. O estado primário de não integração — durante a fase de dependência absoluta (narcisismo primário) — se refere aos estados iniciais de experiência sensorial da criança, isto é, o recém-nascido nos braços de uma mãe que está completamente comprometida com ele através da profunda identificação materna com aquele estado de desamparo. Na década de 1950, Winnicott escolheu a expressão "preocupação materna primária" para retratar esse estágio da maternidade (Winnicott, [1956] 1958). Sem a preocupação total da mãe com seu bebê, não existe a possibilidade de que o bebê vá experimentar o luxo da não integração que, de acordo com Winnicott, é o precursor do relaxamento. Esse é um estado mental livre de ansiedade e é o devaneio da mãe que cria as condições apropriadas nas quais o bebê pode "ser". A não integração, portanto, é um fenômeno natural da vida psíquica primitiva do bebê, mas, como acontece com o conceito de "ausência de forma", ela retrata um estado mental que depende da capacidade da Mãe/Outro que, como o analista, é capaz de oferecer um espaço psíquico ou um lugar psíquico no qual se pode "ser". Uma forma verdadeira, assim como uma verdadeira integração, somente pode emergir da ausência de forma e da não integração, e isso só pode ocorrer no contexto de uma relação. Cada camada desses diferentes processos nutre a outra através da operação de processos terciários. Na década de 1970,

Winnicott sugeriu que cada bebê precisa ter essa experiência inicial de ausência de forma para que possa desenvolver um verdadeiro self. A "ilusão de onipotência" no início da vida implica que a criança vai viver a partir de uma experiência fundamental de "ser" um (verdadeiro) Self[3]. A partir desse início, a criança em desenvolvimento pode potencialmente tolerar e integrar o processo de desilusão no estágio posterior de desenvolvimento do princípio de realidade.

Se o bebê não experimentar os componentes que essencialmente compõem o "ambiente suficientemente bom", então ele é forçado a empregar defesas. Por exemplo, a paciente descrita no capítulo dois de *O brincar e a realidade* tinha sido "importunada a vida inteira", porque a qualidade do seu devanear a impedia de "viver criativamente". Naquele capítulo, Winnicott examina as diferenças entre sonhar, fantasiar e viver nesse "caso de dissociação primária" e mostra que, apesar da vida sob o falso self parecer funcionar para sua paciente, o que acontecia mesmo era uma interrupção do crescimento e do enriquecimento do Self, pois era essencialmente masturbatório, como chupar o dedo. O "padrão de relação", como ele chamou em 1952, começa desde o início da vida, e Winnicott sugeria que, para essa paciente, a questão se dava porque não lhe havia sido permitido começar sua vida com ausência de forma. Assim, desde o início, ela tinha sido obrigada a acatar o que o ambiente exigia dela. No fim, Winnicott percebe que "o fantasiar interfere na ação e na vida no mundo real ou externo, mas interfere muito mais no sonho e na realidade psíquica interna ou pessoal, no núcleo vivo da personalidade individual" (Winnicott, 1971a, p. 31).

A experiência clínica convence Winnicott de que a ausência de forma é, portanto, uma experiência fundante essencial da personalidade, à medida que fornece um sentido de significado na vida. O paciente, sem essa experiência fundamental,

---

[3] Ver as entradas para Ser (Being) e Self em Abram (2007) para relação dos artigos relevantes de Winnicott que levantam discussões a respeito desses conceitos.

não está verdadeiramente vivendo uma vida e precisa arrolar defesas para evitar alcançar um senso de futilidade e vazio no núcleo do Self. As defesas são a única maneira do paciente lidar com o trauma de não ser verdadeiramente reconhecido. As deficiências do ambiente primitivo dão origem a um objeto não sobrevivente do qual essas manobras defensivas emanam.

O elemento feminino destilado

Examinando as origens da criatividade, Winnicott aloca o elemento feminino "puro" no início da vida, quando a mãe e o bebê estão fundidos, e ele não tem dúvidas de que "... nenhum senso de self emerge, exceto com base nessa relação com o sentido de Ser [...] ele antecede [...] o ser-um-com, porque ainda não houve nada mais, exceto identidade. Duas pessoas separadas podem se sentir como um, mas, aqui no lugar de onde estou examinando, o bebê e o objeto são um só" (Winnicott, 1971d, p. 80).

O elemento feminino destilado está enraizado na fusão entre mãe e bebê e se localiza no centro da configuração ambiente-indivíduo. É aí que fica o lugar da cultura e da criatividade e o início é fundamental para um Self autêntico. Da "relação com o objeto" do elemento feminino puro surge o estabelecimento do SER.

> Aqui se encontra uma verdadeira continuidade de gerações... passada de uma geração a outra pelo elemento feminino em homens e mulheres (Winnicott, 1971d).

Assim, a ausência de forma é intrínseca ao elemento feminino. Embora Winnicott desenvolva essa ideia por volta da mesma época em que ele desenvolve as ideias sobre o uso de um objeto, de 1968 em diante, me parece que, na conceitualização da ausência de forma, ele não inclui a "nova característica" crucial da sobrevivência psíquica do objeto. Também me impressiona que, na sua aplicação desses conceitos no trabalho clínico, ele não inclua o fator paterno. Essas são áreas que pretendo desenvolver mais adiante, mas, primeiro, vamos examinar suas noções de criatividade psíquica a partir da qual os primeiros objetos subjetivos são formados.

Apercepção criativa e os objetos subjetivos

A apercepção criativa retrata estados de ilusão na relação amorfa e não integrada entre mãe e bebê. Winnicott afirma que essa experiência específica, mais do que qualquer outra experiência, faz o indivíduo sentir que a vida é significativa e vale a pena ser vivida. O bebê que evolui do centro de gravidade e cujo Self psíquico primitivo é alojado no cerne da configuração ambiente-indivíduo está no processo de aperceber-se criativamente, e é essa experiência que vai iniciar a sensação de se sentir real. Da apercepção criativa, em um ambiente suficiente bom, o bebê se move na direção da capacidade de perceber o objeto como um ser separado e diferente. O poema de Winnicott no **Capítulo 1** ilustra a sequência de olhar e ser visto que forma o fundamento dual que constitui a identificação primária comum (Winnicott, 1967, p. 114).

Da experiência de ser, através do ser visto, emerge um espaço psíquico onde se pode sonhar e brincar, ou seja, a iniciação dos processos simbólicos. Essa sequência dialoga com o processo que se sobrepõe à comunicação silenciosa e ao relacionamento com os objetos subjetivos. Essa espécie de "relação com o Self" — que não é masturbatória ou solipsista — é um aspecto necessário do narcisismo saudável e enriquece o sentido de self, de se sentir real e de viver uma vida que se sente significativa, como discuti no **Capítulo 5**.

Objetos subjetivos são uma consequência do processo primitivo da experiência subjetiva da criança com o objeto externo. Do ponto de vista do observador, pode parecer existir uma relação com o objeto no estado primário de fusão, mas, para Winnicott, no início, o objeto é um "objeto subjetivo" (ver **Capítulos 1** e **2** e também o **Índice Remissivo**).

Objetos subjetivos, portanto, precedem os objetos internos e são os ancestrais das relações de objeto interno. A criança "cria o objeto" através da capacidade da mãe de "se adaptar às suas necessidades". Aos poucos, a apercepção criativa se desloca e a criança se vê capaz de objetivamente perceber o objeto graças a uma "provisão ambiental suficientemente boa". É a apercepção criativa que vai contribuir para a capacidade de imaginação e para a "vida criativa".

Tudo isso foi muito bem estabelecido pelas formulações de Winnicott durante as décadas de 1950 e 1960, mas uma questão permaneceu sem resposta: o que precisava acontecer entre a criança e a mãe no movimento sequencial entre a apercepção e a percepção para que o bebê desse o necessário passo de desenvolvimento na direção da verdadeira capacidade de discernir? Como aponto na minha **Introdução**, essa foi a questão que o levou a suas formulações, como proposto no *O uso de um objeto*, em que ele diz (em uma nota de rodapé escrita em 1970, no seu livro *Natureza humana*) que resolveu esse problema. Vou retornar a essa questão adiante, ainda neste capítulo, mas, primeiro, vamos dar uma olhada no que acontece quando temos um ambiente inicial falho.

Deformação/psicose: uma doença da deficiência ambiental

A inabilidade da mãe em oferecer "devoção comum" possui um efeito catastrófico na criança. Essa "ausência" constitui uma deficiência séria porque o bebê se vê incapaz de estabelecer as fundações do sentido de self que emana da "ilusão de onipotência". E a sensação de se sentir real se torna, portanto, indisponível para a criança, cujo ambiente é permeado por deficiências nos ingredientes essenciais da facilitação. Deformações de caráter se iniciam devido a falhas em estágios específicos do desenvolvimento (Winnicott, [1963] 1962). Ansiedade psicótica ocorre em função do trauma precoce quando a experiência "impensável" acontece por não haver ainda um Self para integrar a interferência psíquica externa. O resultado para a criança é o fato da aniquilação, que constitui uma violação do núcleo do self (esse é um dos temas-chave já introduzidos no **Capítulo 1** deste livro). Se a Mãe/Outro não está disponível para proteger o self nascente do bebê, então defesas psicóticas precisam ser arroladas por ele. Winnicott lista uma série do que ele chama de "agonias primitivas".

1. Um retorno a um estado não integrado.
2. Queda eterna.
3. Perda do conluio psicossomático, fracasso do sentir-se em casa no próprio corpo, despersonalização.
4. Perda do sentido do real (defesa: exploração do narcisismo primário).
5. Perda da capacidade de se relacionar com os objetos (defesa: estados autistas, relação exclusiva com os fenômenos do self).

Assim, a doença psicótica é uma defesa organizada contra a agonia primitiva impensável (Abram, 2007a, p. 172).

O valor da ausência de forma no setting clínico — teoria e técnica

Como já mencionei, Winnicott via que a ausência de forma era um termo que evocava a "livre associação" de Freud. Em muitos trechos do seu trabalho tardio, ele demonstra observar uma corrosão da técnica essencial da livre associação no trabalho psicanalítico clínico. Parece óbvio que essa declaração constituía uma crítica atrelada a sua percepção mais abrangente de que os analistas britânicos muitas vezes se excediam em interpretações no trabalho clínico. Mas ele foi o primeiro a admitir, ainda nos seus artigos iniciais, que também se sentia culpado por isso. E Winnicott se assustava em "pensar em quanta mudança profunda" ele impedia em seus pacientes, por se ver afoito de fazer uma interpretação assim que entendia alguma coisa na sessão. Agora, em 1968, seu enunciado era de que ele oferecia interpretações para mostrar ao paciente os limites de sua compreensão. "O princípio é que é o paciente e somente o paciente quem tem as respostas (Winnicott, 1969, p. 87).

Nos capítulos dois e quatro de *O brincar e a realidade*, Winnicott defende que o analista deve entender a necessidade para poder oferecer ao paciente a experiência da ausência de forma no setting analítico, e ele descreve como aplica esse conceito em duas pacientes. A paciente do capítulo dois, como já foi dito, é uma mulher de meia-idade que é descrita como nunca tendo "vivido criativamente" devido a seu "devaneio" defensivo, que se constitui enquanto uma defesa contra a dissociação primária. As distinções entre viver e não viver são examinadas e Winnicott afirma que a causa da dissociação primária da paciente é o fracasso do seu ambiente inicial, porque ninguém que estava lá "entendia que ela precisava começar na ausência de forma" (Winnicott, 1971b). Portanto, a dissociação primária da paciente corresponde a uma deformação que a impede de evoluir e se sentir real.

Pacientes cujos sonhos não contêm valores simbólicos talvez sejam os mais difíceis de se tratar, porque eles não desenvolveram, no sentido psicanalítico, uma capacidade de brincar. Se o paciente não consegue brincar (em função de uma deficiência no pensamento simbólico), o analista então precisa esperar até que o paciente se veja capaz [de brincar], pois a "interpretação fora do amadurecimento da transferência equivale à doutrinação" (Winnicott, 1969).

Em consonância a essa afirmação de que o analista precisa esperar pelo próprio processo do paciente, Winnicott sentia que uma intervenção muito precoce do analista resulta em um paciente com grandes chances de se tornar obediente. A conformidade é a morte da criatividade. A grande ênfase de Winnicott no valor da ausência de forma o levou a acreditar que o setting analítico podia oferecer uma chance para que o paciente pudesse ter uma experiência de ausência de forma pela primeira vez. Se as condições fossem suficientemente facilitadoras, então existia a possibilidade para o paciente ser auxiliado na descoberta de alguma coisa intrapsíquica que seu ambiente inicial tinha falhado em oferecer, isto é, a ausência de forma livre.

No relato clínico de *O brincar e a realidade*, acompanhamos como a paciente começa a reconhecer a distinção entre um sonho que não possui valor simbólico e um sonho relacionado ao "viver". No capítulo quatro do livro, *O brincar: atividade criativa e a busca pelo self,* acompanhamos uma paciente a quem é dada a oportunidade de ter seu próprio tempo para alcançar um sentido de Self, ou seja, de que seu Self estava em evolução. Em ambos os capítulos, Winnicott descreve como ele decidiu ser necessário modificar o setting psicanalítico ordinário. A duração da sessão passou a ser "indeterminada"; ele tomava notas; a paciente tinha permissão de se mover pela sala; leite e biscoitos ficavam à disposição. Baseando-se nas convicções psicanalíticas de Winnicott, lemos sobre sua tentativa de oferecer um ambiente psíquico que pretendia replicar, tanto quanto possível, a ausência de forma diádica inicial entre mãe e bebê. Para Winnicott, era somente "a partir do funcionamento da ausência de forma livre [...] que aquilo que descrevemos como criativo pode aparecer [...] mas apenas se refletido de volta" (Winnicott, 1971d, p. 64).

Os relatos clínicos ilustram como cada paciente chega a um determinado insight durante o curso de (até) três horas. E, embora Winnicott seja cauteloso sobre se sentir muito satisfeito diante de qualquer progresso real conquistado, ele, ao mesmo tempo, se convence de que o trabalho alcançado naquelas sessões não poderia ser alcançado em uma sessão de duração normal.

À luz da teoria winnicottiana de *O uso de um objeto*, o capítulo seis de *O brincar e a realidade*, me parece que a ausência de forma livre (entre analista e paciente) apenas pode surgir como uma consequência da sobrevivência psíquica do objeto diante da destruição pelo sujeito. É a experiência internalizada da sobrevivência psíquica do objeto que leva ao estabelecimento do objeto intrapsíquico sobrevivente e que, em contrapartida, facilita o desenvolvimento do Self. E, para que isso possa acontecer, o fator crucial não se restringe apenas às interpretações do analista, mas engloba também a manutenção do setting analítico com suas fronteiras bem delimitadas. O paciente só pode começar a busca pelo sentido de self quando um ritmo e um andamento analítico se estabelecem. Dessa base, o sujeito pode começar a busca por um objeto que vá sobreviver, o que leva à capacidade de se buscar o self, isto é, a capacidade de se transformar e de evoluir. O sujeito precisa continuamente experienciar a destruição do objeto, na fantasia inconsciente, até que o objeto no mundo externo seja aos poucos percebido como um ser separado e diferenciado, e não um "emaranhado de projeções".

O próprio Winnicott já tinha sublinhado que o "setting analítico" surgiu no trabalho de Freud porque "ele tomou como certa a situação primária de maternagem. O setting forma um paralelo com o ambiente de holding e oferece uma oportunidade para livre associação e regressão. Winnicott acrescenta a sua lista de doze componentes do setting analítico que, "para Freud, existem três pessoas, com uma delas sendo excluída da sala de análise (Winnicott, 1955, p. 284-286).

Winnicott estava, de fato, ciente do pai e da importância do papel do pai no desenvolvimento, mas onde está o pai na matriz winnicottiana relativa ao desenvolvimento psíquico primitivo? Antes de tentar responder essa questão, vamos analisar os últimos aportes conceituais de Winnicott que, para mim, pavimentam o caminho para formulações que ele começava a debater no final da sua vida.

A sobrevivência psíquica do objeto ao impulso cruel

Como defendi nos capítulos deste livro, o conceito de sobrevivência psíquica do objeto é central para o trabalho tardio de Winnicott, como visto em *O uso de um objeto* e em subsequentes artigos de discussão, especialmente *O uso de um objeto no contexto de "Moisés e o monoteísmo"* (ver Abram, 2013). A preocupação de Winnicott era localizar como os processos simbólicos eram iniciados em relação ao "impulso amoroso primitivo", sem recorrer à ideia de "pulsão de morte". O impulso primitivo era, para o observador, cruel, mas, para a criança, evidencia um estágio de pré-preocupação ou pré-compaixão quando ela era capaz de olhar para trás a partir de um ponto diferente do desenvolvimento (Winnicott, 1969).

Ele afirma, então, que "supõe a existência de um impulso primário agressivo e destrutivo que é indistinguível do amor instintivo apropriado para o estágio mais inicial..." e, em seguida, acrescenta uma nota de rodapé para dizer que não poderia publicar o livro *Natureza humana* porque, antes de escrever *O uso de um objeto*, ele ainda não havia resolvido essa questão (isto é, o que acontece com o impulso agressivo primário para que seja possível o movimento para a consciência de ter sido cruel). Qual foi exatamente a descoberta que o fez sentir que tinha resolvido a questão?

Sempre atento ao papel do ambiente facilitador, a pergunta de Winnicott era: o que a mãe precisa fazer para facilitar à criança o desenvolvimento da capacidade de sair da apercepção criativa para a percepção objetiva do objeto? Para ele, a resposta se escondia nos processos intrapsíquicos que ocorriam entre a mãe e o bebê bem no começo, e ele se sentia motivado a estudar a área intermediária "que não é sonho nem relação com o objeto". O paradoxo essencial é que a área intermediária, "entre os dois, não é nem um nem outro, é também ambos" (Winnicott, 1971d).

A comunicação do sujeito para o objeto é a passagem-chave desse artigo, como destaco no **Capítulo 2** quando o sujeito diz ao objeto: "Oi, objeto! Eu destruí você. Eu amo você. Você tem valor para mim porque você sobreviveu à minha destruição de você. Enquanto estou te amando eu estou o tempo inteiro destruindo você (na fantasia inconsciente) — (Winnicott, 1969).

Este é o ponto no qual a (capacidade de) fantasia começa. Associo essa formulação de 1968 com a noção anterior de "primeira mamada teórica", como foi delineada em *Natureza humana*, um livro publicado postumamente. Parece-me que a experiência real da criança de que suas necessidades (que, naquele momento, são parte dos impulsos primitivos instintivos) estão sendo atendidas pelo objeto facilita sua sensação de que o objeto sobreviveu à destruição.

Vamos nos lembrar dos cinco estágios da sequência proposta por Winnicott, que examinei no **Capítulo 2** deste livro: (1) Sujeito se relaciona com o objeto; (2) O objeto está em processo de ser encontrado ao invés de posicionado pelo sujeito no mundo; (3) Sujeito destrói o objeto; (4) Objeto sobrevive à destruição; (5) Sujeito pode usar o objeto.

Quando o objeto sobrevive ao impulso primitivo destrutivo do sujeito, o sujeito pode começar a situar o objeto no mundo externo. Para mim, esse é o elemento crucial na sequência e, como afirma Winnicott, constitui a "nova característica" na sua teoria. A sobrevivência do objeto ressalta a natureza central dos relacionamentos iniciais entre objeto e sujeito para a evolução do Self e o desenvolvimento de capacidades.

O recém-nascido precisa que objeto lhe ofereça a ausência de forma livre antes que qualquer conquista de desenvolvimento possa ocorrer. Winnicott era absolutamente claro sobre esse ponto ([1954] 1988, p. 104). A mãe ambiente oferece esse "fundo de segurança" durante os momentos de calmaria. A questão é: o que precisa acontecer durante os momentos excitados e potencialmente traumáticos, quando o bebê não se sente pacificamente não integrado, e sim com dor, fome ou quase terror? A resposta simples é que a mãe objeto tem que receber as comunicações e se adaptar às necessidades da criança. Ela pode fazer isso por causa da sua identificação com a situação de desamparo do bebê, que, a ele, soa quase como uma aniquilação. Durante esses períodos, um tipo diferente de relação ou técnica é requerida. Em outras palavras, a tarefa e a função da mãe objeto é diferente da mãe ambiente, ainda assim é a mesma mulher, a Mãe/Outro que deve realizar essas diferentes funções. Vamos analisar essa diferença.

A sequência em *O uso de um objeto* se refere à maneira pela qual a mãe ambiente oscila no seu papel de facilitadora da ausência de forma no primeiro estágio, quando o bebê está simplesmente se relacionando com o objeto. Ela precisa mudar de tarefa quando a urgência do bebê aumenta, e se torna a mãe objeto, que precisa ser capaz de receber a comunicação dolorosa provocada pelo desconforto físico que se funde à dor emocional. Mas essa tarefa especial é instigada pela necessidade da criança de "destruir" o objeto. Quando a calma interior é perturbada por uma necessidade psicológica, isso pode ser experienciado como um ataque terrível do objeto. Mas o choro urgente da criança também pode ser experenciado pelo objeto como um ataque. A mãe ambiente, que inclui o suporte do pai e da família, na sua mente, precisa sustentar uma mutualidade de atenção e consistência, em contraste à mãe objeto a quem se exige que receba, traduza e atenda a urgência da comunicação da criança nos seus estados excitados e agitados.

Ambas as tarefas, com suas inevitáveis sobreposições, implicam que a mãe suficientemente boa oscile entre os papéis. Assim, a sobrevivência do objeto indica que a mãe ambiente sobrevive psiquicamente através do seu investimento consistente e em desenvolvimento no reconhecimento das necessidades e do self em desenvolvimento do bebê. Ao mesmo tempo, a mesma mulher desempenhando a tarefa de ser a mãe objeto sobrevive por ser capaz de mensurar e atender a comunicação de quase terror da criança. É a resposta da mãe suficientemente boa que vai contribuir para que a criança seja capaz de transformar o sentimento quase esmagador de disrupção. Se a Mãe/Outro não é capaz de desempenhar essas complexas tarefas e não está suficientemente sintonizada, então a criança vai ser forçada a recuar para um estado de retraimento. Portanto, a sobrevivência do objeto era a "novidade" nas formulações de Winnicott, e ele sentia que "a questão do reconhecimento do elemento destrutivo na ideia excitada primitiva e crua" estava resolvida para ele, em termos das suas formulações (Abram, 2013, p. 308).

No processo de movimentação entre as tarefas da mãe ambiente e mãe objeto, a mulher real desempenhando essas funções vai oscilar entre o sucesso e o fracasso no seu esforço extraordinário para permanecer infinitamente sintonizada às comunicações do bebê. A experiência da capacidade da mãe objeto de sobreviver, isto é, de NÃO retaliar, é aos poucos internalizada pela criança. Mesmo os momentos em que ela não é capaz de sobreviver, tanto no nível do ambiente quanto no da resposta interpsíquica do objeto, são também internalizados. Essas interações constituem uma experiência subjetiva de sobrevivência e de não sobrevivência, mesmo no caso de uma experiência suficientemente boa. A oscilação entre a sobrevivência e a não sobrevivência psíquica pelo objeto conduz a dois objetos subjetivos que aparecem no mundo interno do bebê. Assim, como sugiro neste livro, nós temos o nascimento de um objeto intrapsíquico sobrevivente e também de um objeto intrapsíquico não sobrevivente que emanam do relacionamento com a Mãe/Outro.

A primeira mamada teórica constitui a iniciação dos processos simbólicos, que é o resultado da experiência do sujeito com o objeto sobrevivente. Neste sentido, desde que o objeto seja capaz de sustentar sua continuidade de sobrevivência psíquica, o processo vai levar a mamadas teóricas subsequentes. Propus uma "mamada teórica final" para me referir ao momento em que os dilemas da adolescência culminam em uma configuração final da sequência observada no uso de um objeto. Naquele momento do desenvolvimento, o sujeito pode então discernir o outro como um ser separado e diferente. Esse momento significa a evolução de um objeto intrapsíquico sobrevivente integrado, o que implica que o sujeito é agora capaz de funcionar na relação entre três corpos.

Adolescência e a sobrevivência do objeto

Muitos pacientes são internamente dominados por um objeto não sobrevivente. Isso quer dizer que, antes de serem capazes de começar a buscar pelo Self, é necessário que, nas novas psicodinâmicas que serão mobilizadas através da situação de análise, descubram a experiência de um objeto que vai sobreviver. A capacidade de buscar o Self, portanto, não é possível sem um objeto intrapsíquico sobrevivente que está em crescimento na relação com a sobrevivência dinâmica interpsíquica do outro externo. No **Capítulo 2**, elaborei essa ideia no que concerne à adolescência e ao isolado, a comunicação e a não comunicação, a destrutividade e o assassinato. Seguindo o pensamento de Stern da "criança clínica", propus a notação de um "adolescente clínico" que emerge em estágios particulares da evolução na transferência (Abram, 2014). Permitam-me agora tentar amplificar minhas interpretações prévias nesse ínterim das formulações winnicottianas.

Sobrevivência psíquica do objeto em relação aos elementos femininos e masculinos

Como vimos, Winnicott posiciona a experiência de "ser" junto ao elemento feminino em termos da sua teoria de "continuidade do ser", da criatividade e do brincar. A ausência de forma é facilitada pela sensibilidade sofisticadamente sintonizada da mãe diante da imaturidade e do desamparo da criança.

"O estudo do elemento feminino não contaminado, destilado e puro leva ao Ser, e isso forma a única base para a autodescoberta e para um senso de existência...", como comentamos antes. Mais tarde, Winnicott enfatiza que esse é o ingrediente essencial que dá sentido à vida. O elemento masculino entra em foco no momento em que a criança luta para distinguir entre Eu e Não Eu; é parte de um processo relacionado à separação intrapsíquica e conversa com o estágio da preocupação, quando o sujeito é capaz de integrar tanto a mãe ambiente quanto a mãe objeto juntas e vê a Mãe/Outro como a mesma pessoa tanto nos momentos de calmaria quanto nos momentos de agitação. Essa é uma conquista importante para o desenvolvimento, porque a "relação objetal do elemento masculino em direção ao objeto pressupõe separação". Também implica que o sujeito se torna gradativamente capaz de "ser" e "fazer". Para Winnicott, existe uma sequência crucial aí: "Depois do ser, o fazer e o ser feito. Mas, primeiro, ser" (1971e, p. 85).

Nessas formulações, estamos bem conscientes da ênfase de Winnicott na mãe e no seu papel em facilitar para a criança o estágio designado do elemento masculino. No setting clínico, suas modificações ambicionavam uma replicação dos estágios mais iniciais para facilitar um tipo particular de regressão. E, ainda que Winnicott nunca tenha negado a importância do papel do pai no desenvolvimento emocional como "vital" para o desenvolvimento da criança (ver os verbetes *Ambiente* e *Mãe* em Abram, 2007), é evidente que ele privilegia o elemento feminino destilado puro na fase mais primitiva da vida. De maneira significativa, a questão que ele, mais tarde, veio a concatenar dizia respeito justamente ao papel do pai no começo da vida. Vamos agora refletir sobre esse desdobramento específico no trabalho tardio de Winnicott.

O uso de um objeto no contexto de "Moisés e o monoteísmo" ([1970] 1989)

Neste artigo curto, instigado pelos debates no qual participou em Nova Iorque no final de 1968, Winnicott começou a formular um novo conceito alusivo ao pai nos estágios mais iniciais da vida infantil. Ele estabelece seu argumento ao dizer que apenas poucas pessoas alcançam o estágio do complexo de Édipo em seus desenvolvimentos emocionais, o que significa dizer que "a repressão da figura paterna libidinizada não tem mais do que uma relevância mínima". Em outras palavras, apenas poucas pessoas alcançaram a capacidade de apreciar a "relação triádica". Esse é um ponto importante que ele tentava traçar em *O uso de um objeto*, porque, como já apontei há pouco, ele estava tentando conceitualizar a dinâmica interpsíquica específica entre mãe e bebê que facilita a capacidade da criança de perceber o segundo e, na sequência, o terceiro. Distinguir entre o Eu e o Não Eu leva à distinção entre o Eu e o Não Eu em relação a outro Não Eu, isto é, o terceiro. Um ano antes da sua morte, ele propõe que, "em um cenário favorável, o pai começa como um todo (ou seja, como um pai e não uma mãe substituta)", [...] "começando como um integrado na organização do ego e na concepção mental do bebê" (Winnicott, [1970] 1989; Abram, 2013, p. 297).

Para que o pai comece como um "integrado" na organização do ego da criança, diz Winnicott, ele já deve ser um "integrado" na organização egoica da mãe. Se aceitarmos sua teoria da preocupação materna primária, portanto, é o ego da mãe que constitui o ego do recém-nascido no início da vida. Apoiado em Winnicott, André Green sugeriu que o pai na mente da mãe poderia ser chamado de "o outro do objeto" (Green, 1991 *apud* Abram, 2016). Mas me parece que Winnicott indica que o "integrado" proposto é paterno, e assim proponho a noção de um "integrado paterno". Porque, embora o integrado contenha uma força integrativa potencial, que equivale a constituição de um objeto terceiro (como Green enfatiza), sugiro que, na matriz teórica de Winnicott, ele está relacionado ao elemento masculino que provê a capacidade de fazer: mas isso apenas depois de adquirir a possibilidade de ser; é consequência dessa capacidade de ser. Neste sentido, me parece que precisa, sim, ser paterno, e não somente "outro". Essa ideia inevitavelmente leva à noção de que tanto os elementos femininos quanto os masculinos são essenciais desde o início da vida. Ambos são cruciais porque constituem as sementes de onde os processos integrativos podem florescer. Mas Winnicott chama a atenção para uma sequência que deve ser lembrada: o elemento feminino destilado deve ser estabelecido antes da aparição do elemento masculino.

Como já afirmei antes, para mim, o conceito de Winnicott de um integrado faz avançar a teoria da "preocupação materna primária", porque a capacidade da mãe em providenciar a proteção do ego implica não apenas que ela vai transmitir a imago paterna na sua mente para sua criança, isto é, através da transmissão transgeracional, mas também que ela é responsável pela inscrição do integrado paterno na psique da criança, tal como discuto no **Capítulo 7**. Em condições saudáveis, constitui-se aqui o seu envolvimento ativo, intrapsiquicamente com sua imago paterna e interpessoalmente com o terceiro que facilita sua "devoção comum" ao bebê. Numa fase posterior, o terceiro aparta a intimidade próxima da mãe e da criança, como enfatiza Freud, de modo que tudo servirá de auxílio para o bebê na direção de uma evolução do pensamento simbólico.

No início, no entanto, o pai não pode estar presente para o bebê, porque ele, o bebê, ainda não é capaz de perceber nem mesmo o segundo, quanto mais o terceiro. Mas, mesmo assim, como acabei de afirmar, a presença do pai e o relacionamento contínuo com a mãe perfaz uma contribuição essencial para a evolução do sentido de self da criança. Assim, a mãe ambiente inclui o fato do amor e relacionamento dos pais, necessariamente incluindo o relacionamento sexual entre os dois, o que influencia a psicossexualidade do bebê. Ou seja, à luz da proposta winnicottiana do pai como um objeto total, não resta dúvida de que ele se aproximava da ideia de que não existe essa coisa chamada relação diádica. A relação diádica é um fenômeno subjetivo em um estágio particular do desenvolvimento, relacionado à fusão psíquica primária. Por outro lado, é um fenômeno relacionado a psicopatologia, isto é, a mãe que rejeita o pai do bebê e leva à psicose. A relação triádica, como Green identificou, é um fato essencial desde o início da existência do bebê — psico e fisiologicamente (Green, 1991 *apud* Abram, 2016, p. 46), mas isso só é verdade SE a mãe permite ao pai estar na sua mente: de fato, é a mãe que introduz o pai ao bebê, como vimos na gravura de ukiyo-ê. Esses temas são elaborados no próximo capítulo.

O objeto intrapsíquico sobrevivente está assim banhado pelas dinâmicas da relação triádica. A imago paterna na mente da mãe e o persistente auxílio egoico do pai são uma contribuição essencial à capacidade da mãe de sobreviver às demandas cruéis da criança. Pode ocorrer que, sem o pai na mente da mãe, ela se veja menos capaz de funcionar na constelação da sobrevivência psíquica do objeto. E, portanto, o objeto não sobrevivente emerja como uma consequência da negação da contribuição do pai e seja o resultado de uma deficiência paterna, que pode ter sua origem na exclusão que a mãe faz a respeito do papel do pai. Isso pode ser o resultado do relacionamento disfuncional dos pais, o que implica que o objeto não sobrevive à tentativa do sujeito de destruí-lo — o que leva a deformação e ao isolamento da relação interpessoal. Uma oportunidade genuína para aperfeiçoar esse tipo de deficiência é o setting analítico.

O integrado paterno no setting analítico

Green apontou a transição da relação com o objeto para o uso do objeto em uma linguagem diferente. Ele se referiu à transição "do estágio de terceiridade potencial [...] para a terceiridade efetiva" (Green, 1991 *apud* Abram, 2016, p. 46).

A terceiridade potencial para o sujeito é a inscrição da mãe suficientemente boa no Self. A terceiridade efetiva, por sua vez, indica que o sujeito alcançou a relação triádica. Como já sugeri, considero que era exatamente esse o ponto com o qual Winnicott lidava e sentia que estava resolvido quando propôs a sobrevivência do objeto. Quando, no último minuto, ele acrescentou a noção do pai como um objeto integrado, sugiro que suas teorias se encontravam em processo de evolução. O integrado paterno e o papel do pai eram elementos necessários para que sua matriz teórica se completasse.

Transpondo para o setting analítico, como Winnicott advogou, o papel do pai está presente em todos os componentes que vão formar a estrutura do setting analítico. Imagino que, agora, já deve estar claro que minha preocupação diante das "modificações" de Winnicott, como indiquei antes, são motivadas pela minha impressão de que suas modificações negavam o fator paterno. Oferecer ao paciente um período "indefinido" de tempo, na minha opinião, negava o enquadre necessário. Apesar dos argumentos de Winnicott de que suas modificações não faziam parte da análise, como comentei no **Capítulo 5**, e sim de um esforço sincero de fornecer o que ele acreditava não ter sido antes oferecido aos pacientes, estou convencida de que, sem a manutenção do enquadre e da estrutura do setting analítico por parte do analista, a oportunidade para que o paciente experimente a ausência de forma de uma maneira autêntica não pode ser facilitada. O analista não tem como compensar as deficiências da mãe original. O analista não poderá nunca oferecer aquela dedicação essencial que a mãe "devotada comum" é capaz de oferecer ao recém-nascido.

A função da análise é oferecer o enquadre psíquico (mãe ambiente) e receber as projeções transferenciais do paciente (mãe objeto). Além disso, os elementos femininos e masculinos intrapsíquicos, junto com as relações interpessoais maternas e paternas, constituem o setting, como fica claro na leitura das teorias finais de Winnicott. O paciente não vai ser capaz de buscar a forma e o sentido de self que vão levá-lo à capacidade de se sentir real sem a experiência consistente das dinâmicas envolvidas na sequência de destruição e sobrevivência do objeto. Para mim, ainda que a experiência da análise possa ser efetiva para o paciente, ela nunca vai compensar as deficiências iniciais. Essas deficiências são um fato do desenvolvimento do paciente. O melhor resultado de qualquer análise consistente, portanto, é que o objeto intrapsíquico sobrevivente do paciente alcance um lugar onde ele possa eclipsar o objeto não sobrevivente, e isso será um bom sinal para uma potencial vida satisfatória. Mas o objeto não sobrevivente sempre estará presente e, em tempos de crise, pode ameaçar eclipsar o objeto sobrevivente analítico mais forte que, ainda assim, continua vulnerável.

Referências

Abram, J. (ed.). (2000). *André Green at the Squiggle Foundation*. Karnac Books.

Abram, J. (2007a). *The language of Winnicott: A dictionary of Winnicott's use of words* (2nd ed.) Karnac. [No Brasil: Abram, J. (2020). *A linguagem de Winnicott: dicionário das palavras* (1. ed.). Thieme Revinter.]

Abram, J. (2007b). *L'objet qui ne survit pas: Quelques reflexions sur les racines de la terreur.* D. Houzel (translator). *J Psychanal de l'enfant, 39*, 247–70. Bayard.

Abram, J. (2012a). Review of Marion Milner's on not being able to paint and The hands of the living god. *Int J Psychoanal, 93*, 1340–1347.

Abram, J. (ed.). (2013). *Donald Winnicott Today New Library of Psychoanalysis*. Routledge.

Abram, J. ([2012b] 2013b). *DWW's Notes for the Vienna Congress: a consideration of Winnicott's theory of aggression and an interpretation of the clinical implications*. In 2013a.

Abram, J. (2014). De la communication et de la non-communication, recherche d'un objet qui survivra. *Revue Belge de Psychanalyse,* (64).

Abram, J. (ed.). (2016). *André Green at the Squiggle Foundation*. Karnac Books.

Green, A. ([1991] 2000/2016). On thirdness. *André Green at the Squiggle Foundation*. Karnac Books.

Milner, M. (1950). *On not being able to paint*. Heinemann.

Winnicott, D. W. (1945). Primitive emotional development. *Int J Psychoanal, 26*, 137–143. [No Brasil: Winnicott, D. W. (2000). Desenvolvimento emocional primitivo. *Da Pediatria à Psicanálise: obras escolhidas*. Imago.]

Winnicott, D. W. (1954 [1949]). Mind and its relation to the psycho-soma. *Br J Med Psychol, 27*. [No Brasil: Winnicott, D. W. (2000). A mente e sua relação com o psique-soma. In Winnicott, D. W., *Da Pediatria à Psicanálise: obras escolhidas*. Imago.]

Winnicott, D. W. (1955). Metapsychological and clinical aspects of regression within the psychoanalytical set-up. *Int J Psychoanal, 36*, 16–26. [No Brasil: Winnicott, D. W. (2000). Aspectos clínicos e metapsicológicos da regressão dentro do setting analítico. *Da Pediatria à Psicanálise: obras escolhidas*. Imago.]

Winnicott, D. W. (1956 [1955]). Clinical varieties of transference. *Int J PsychoAnal, 37*, "On transference". [No Brasil: Winnicott, D. W. (2000). Variedades clínicas da transferência. *Da Pediatria à Psicanálise: obras escolhidas*. Imago.]

Winnicott, D. W. (1963 [1962]). Dependence in infant-care, in child-care, and in the psychoanalytic setting. *Int J Psycho-Anal, 44*. [No Brasil: Winnicott, D. W. (1983). Dependência no cuidado do lactente, no cuidado da criança e na situação psicanalítica. *O ambiente e os processos de maturação*. Artes Médicas.]

Winnicott, D. W. (1965a). The aims of psycho-analytical treatment. *The maturational Processes and the Facilitating Environment* (p. 166-170). Hogarth. [No Brasil: Winnicott, D. W. (2000). Os objetivos do tratamento psicanalítico. *Da Pediatria à Psicanálise: obras escolhidas*. Imago.]

Winnicott, D. W. ([1963] 1965b). *Communicating and not communicating leading to a study of certain opposites.* In 1965b, 179-92. [No Brasil: Winnicott, D. W. (1983). Comunicação e falta de comunicação levando ao estudo de certos opostos. *O ambiente e os processos de maturação*. Artes Médicas.]

Winnicott, D. W. (1965c). *Ego integration in child development in Maturational Processes and the Facilitating Environment.* Hogarth. In 1969 (56-63). [No Brasil: Winnicott, D. W. (1983). A integração do ego no desenvolvimento da criança. *O ambiente e os processos de maturação*. Artes Médicas.]

Winnicott, D. W. ([1963] 1965d). From dependence towards independence in the development of the individual (131). *On Winnicott's area of formlessness*. [No Brasil: Winnicott, D. W. (1983). Da dependência à independência no desenvolvimento do indivíduo. *O ambiente e os processos de maturação*. Artes Médicas.]

Winnicott, D. W. (1965e). Providing for the child in health and crisis [1962]. In 1965b, 64-72. [No Brasil: Winnicott, D. W. (1983). Provisão para a criança na saúde e na crise. *O ambiente e os processos de maturação*. Artes Médicas.]

Winnicott, D. W. (1967). Mirror-role of mother and family in child development. In P. Lomas (ed.). *The predicament of the family: A psychoanalytical symposium* (p. 26-33). Hogarth. [No Brasil: Winnicott, D. W. (1975). O papel do espelho da mãe e da família no desenvolvimento infantil. *O brincar e a realidade*. Imago.]

Winnicott, D. W. (1968). Playing: Its theoretical status in the clinical situation. *Int J Psychoanal, 49*, 591-597. [No Brasil: Winnicott, D. W. (1975). O brincar: uma exposição teórica. *O brincar e a realidade*. Imago.]

Winnicott, D. W. (1969). The use of an object. *Int J Psychoanal, 50*, 711-716. Winnicott, D. W. (1970). Dependence in child care. *Your Child, 2*. [No Brasil: Winnicott, D. W. (1994). Sobre o uso de um objeto. *Explorações Psicanalíticas*. Artmed.]

Winnicott, D. W. (1971a). *Playing and reality*. Tavistock. [No Brasil: Winnicott, D. W. (1975). *O brincar e a realidade*. Imago.]

Winnicott, D. W. ([1970] 1971g). *Creativity and its origins*. In 1971a, 65-85. [No Brasil: Winnicott, D. W. (1975). A criatividade e suas origens. *O brincar e a realidade*. Imago.]

Winnicott, D. W. ([1970] 1971b). *Dreaming, fantasying and living: A case history describing a primary dissociation*. In 1971a, 26-37. [No Brasil: Winnicott, D. W. (1975). Sonhar, fantasiar e viver: uma história clínica que descreve uma dissociação primária. *O brincar e a realidade*. Imago.]

Winnicott, D. W. (1971c). *Interrelating in terms of cross identifications.* In 1971a. [No Brasil: Winnicott, D. W. (1975). Interrelacionar-se independentemente do impulso instintual e em função de identificações cruzadas. *O brincar e a realidade*. Imago.]

Winnicott, D. W. ([1970] 1971d). *Playing: Creative activity and the search for the self.* In 1971a, 53-64. [No Brasil: Winnicott, D. W. (1975). O brincar: a atividade criativa e a busca do eu (self). *O brincar e a realidade*. Imago.]

CAPÍTULO 7

O integrado paterno e seu papel na situação de análise

(2013)

Introdução

Como indiquei no capítulo anterior, as derradeiras preocupações de Winnicott se concentraram no pai e, pela primeira vez nos seus escritos, entendo que ele desenvolve um argumento para contestar a pulsão de morte freudiana de uma maneira mais explícita. Minhas reflexões sobre o tema do paterno me levaram a reconsiderar meu trabalho clínico com K., discutido no **Capítulo 3**. Por muitos anos, pensei sobre o ponto de virada significativo, em que fui capaz de me mover da não sobrevivência do objeto para a sobrevivência do objeto. No diálogo com André Green, que propôs o "outro do objeto", proponho a noção de um "integrado paterno"[1] que retoma a ideia winnicottiana de "integrado". Ao revisitar o artigo de Strachey que identificou a "interpretação mutativa", exploro aspectos do encontro clínico que, acredito, fizeram toda a diferença em minha capacidade de superar a não sobrevivência — o que me levou a sugerir o "integrado

---

[1] A ideia de um "integrado paterno" foi primeiro apresentada em francês a convite de Haydée Faimberg (2013) para que eu apresentasse uma discussão em seu ateliê no Congresso Falado em Francês (CPLF, na sigla em francês), em 2013, sob o tema Le Paternel.

paterno analítico" que ocorre como um resultado do terceiro na mente do analista.

* * *

Após apresentar *O uso de um objeto* para a Sociedade Psicanalítica de Nova Iorque em novembro de 1968, Winnicott se sentia frustrado de não ter conseguido transmitir a ideia central do seu argumento. Ao mesmo tempo, ficou muito claro que ele se sentiu inspirado a se envolver com as discussões levantadas a respeito da teoria do instinto, e assim ele escreveu vários pós-escritos, incluindo *O uso de um objeto no contexto de "Moisés e o monoteísmo"*. Nele, Winnicott, pela primeira vez, expressa sua discordância com a noção freudiana de "pulsão de morte". Não era uma posição manifesta quando ele escreveu *O uso de um objeto*. Minha proposta, em 2012, que reapresentei nos capítulos deste livro, era que a tese de Winnicott sobre a "sobrevivência do objeto" no centro de *O uso de um objeto* é sua teoria alternativa ao conceito freudiano de pulsão de morte. Não é uma "alternativa" apenas para criar uma alternativa, e sim o resultado da busca de Winnicott para conceituar o destino da agressão primária ou da assim chamada pulsão destrutiva sem recorrer à noção de pulsão de morte (ver Abram, 2013). Talvez o único conceito de Freud do qual Winnicott discordava era justamente o da pulsão de morte. Ele a entendia como um erro, e sabe-se que Winnicott não estava sozinho na sua discordância.

Vamos considerar por um instante o argumento que Winnicott defendeu contra a dualidade das pulsões de vida e de morte, inspirado pelo filósofo Empédocles, que propôs uma pulsão amor-ódio. Winnicott aproveita essa ideia para defender que a unidade é primária, e ele inevitavelmente acrescenta que "O destino dessa unidade de pulsão não pode ser enunciado sem uma referência ao ambiente" (Winnicott, 1969 *apud* Abram, 2013, p. 293-301).

Aqui, vemos que, nesta citação, Winnicott se refere à "destruição" como uma pulsão. É uma demonstração de que seu foco não eram os instintos, e sim como as pulsões primárias na criança são recebidas pelo objeto. Vocês vão lembrar que o ambiente psíquico, como já descrevi, "faz parte do desenvolvimento da criança [...] e não pode ser omitido", porque "não existe essa coisa chamada bebê" (Winnicott, [1952] 1953). Na sua teoria, a psicose é uma doença da deficiência ambiental. Quem tiver percorrido os capítulos anteriores deste livro estará, a esta altura, familiarizado com minha exploração desses temas no trabalho de Winnicott.

Em complemento ao esclarecimento tardio sobre sua discordância em relação à pulsão de morte, Winnicott (de uma maneira quase inadvertida) avança seu pensamento a respeito do papel do pai e introduz um novo conceito em seu trabalho que, como propus no **Capítulo 6**, constitui o pai mais primitivo na psique nascente da criança. Assim, sugiro, "integrado" se refere ao pai primitivo na psique nascente da criança.

Em 1969, para explicar sua posição, ele propõe que, "em um cenário favorável", o pai começa como um objeto inteiro na psique da criança, não como um substituto da mãe: "ele começa como um integrado na organização do ego e na conceituação mental do bebê" (Winnicott, 1969 *apud* Abram, 2013, p. 297).

Nesta citação, Winnicott cria um novo conceito ao usar esse novo termo. A palavra "integrado" é, em inglês, quase sempre usada na posição de verbo, embora, de acordo com a edição online do dicionário Oxford (OED), sua etimologia sugira que ela tem sido usada tanto como adjetivo como quanto substantivo. Aqui, Winnicott se descobre usando a palavra como um substantivo. O "integrado" se refere ao "pai inteiro" na conceituação mental do bebê.

Se aceitarmos a teoria winnicottiana da "preocupação materna primária", é o ego da mãe que constitui o ego do recém-nascido no início da vida. Portanto, a (ideia do) pai que começa como um "integrado" na organização egoica do bebê implica que ele, o pai, já deve ser uma imago paterna internamente desenvolvida na organização egoica da mãe. Assim, entende-se que a imago paterna interna da mãe deriva do seu integrado paterno original que, de maneira preliminar, foi transmitida psiquicamente pela sua própria mãe.

André Green, em consonância tanto com Freud quanto com Winnicott, e fortemente influenciado por Lacan, propôs as noções de processos terciários e da terceiridade que, na minha opinião, são baseadas no conceito winnicottiano de fenômenos transicionais. Ainda que leve em consideração o significado da afirmação de Winnicott de que "não existe essa coisa chamada bebê", Green argumenta que "não existe essa coisa chamada uma mãe e o bebê", enfatizando o papel crucial do pai na formação da psique desde o primeiro momento. Neste sentido, Green advoga contra a noção de uma "relação dual" no início da vida e, influenciado pelo conceito lacaniano de "metáfora paterna", propôs o "outro do objeto" (Green, 1991 *apud* Abram, [2000] 2016, p. 45).

Minha busca neste ensaio diz respeito à questão do "pai na mente da mãe", em relação à afirmação de Green de que esse pai na mente da mãe constitui o "outro" na psique da criança. Seguindo a proposta tardia de Winnicott do pai que começa inteiro na psique da criança, quero propor que o integrado é, portanto, paterno.

Minha proposta, embora em desacordo com a sugestão de Green do "outro" na psique da criança, ao mesmo tempo concorda com sua visão de que a mãe só pode atuar como facilitadora do bebê se estiver psiquicamente envolvida com o pai real da criança. Além disso, sugiro que a capacidade da mãe para a relação intrapsíquica evolui a partir do integrado paterno original que, ao longo do seu desenvolvimento, cresce até se tornar uma imago paterna. Assim, durante o período em que ela está em um estado de preocupação materna primária e normalmente devotada a seu bebê, o pai (como um objeto total) vai ser psiquicamente transmitido ao recém-nascido. Para mim, é isso que Winnicott quer dizer quando propõe o pai como um objeto inteiro na psique do bebê. A mãe suficientemente boa psíquica e inconscientemente transmite a imago paterna que vai ser inscrita na psique infantil como um "integrado paterno".

A transição da "terceiridade potencial" para a "terceiridade efetiva"

Vamos agora aprofundar algumas das ideias apresentadas no **Capítulo 6** a respeito do trabalho de Green. Seguindo a ideia freudiana do pai na mente da mãe, e fortemente influenciado pelo trabalho tardio de Winnicott, André Green propõe que o bebê precisa realizar a jornada da "terceiridade potencial" para a "terceiridade efetiva". Sua noção de "terceiridade potencial" se refere à fase em que o pai está "apenas" na mente da mãe. "Terceiridade efetiva", por sua vez, significa o estágio de desenvolvimento no qual o bebê pode perceber o pai como um "objeto distinto da criança". Para Green, esta é uma fase que acontece "muito antes da chamada fase edípica" e ele enfatiza a existência de duas sequências independentes nesta jornada: a primeira é a questão da separação entre a mãe e o bebê; a segunda está relacionada à consciência do bebê de que o terceiro é um obstáculo para seu primeiro relacionamento (Green, 1991 *apud* Abram, 2016, p. 46).

Na minha opinião, o trabalho de Green sobre a terceiridade reforça as formulações de Winnicott em *O uso de um objeto*, embora em uma linguagem diferente e com ênfase no pai. Mas Green, no fundo, descreve o que Winnicott já havia proposto a respeito da transição do desenvolvimento — da apercepção para a percepção; de se estar fundido com a mãe para vê-la como um ser separado e um Não Eu; da relação com o objeto para o uso do objeto. E Green, de todo modo, elabora o significado da percepção, mostrando como o bebê não só é obrigado a se deslocar do estágio do Eu para o do Não Eu, mas também precisa avançar para o estágio final dessa sequência, para perceber o Não Eu com outro Não Eu, ou seja, o terceiro. Esse é, sem dúvida, o estágio edípico de desenvolvimento que, muitas vezes, de maneira equivocada, é visto como um estágio irrefutável do desenvolvimento. No

Capítulo 3, sugiro que esse estágio final do desenvolvimento emana de um objeto intrapsíquico sobrevivente integrado que marca o fim da adolescência (teórica) — (Abram, 2013).

Ao definir a jornada da terceiridade potencial para a terceiridade efetiva, Green identifica uma questão que, para mim, é implícita na conceituação que Winnicott faz para o "uso de um objeto" e chama a atenção para a importância do pai desde o início da vida. Mas isso não quer dizer que as primeiras experiências são triádicas. Na verdade, essa ideia confirma, acredito eu, que o recém-nascido, devido à sua extrema imaturidade, só pode se relacionar em um enquadre diádico de referência. É por isso que a terceiridade só pode ser potencial.

Green explica ainda que, quando o pai está (apenas) na mente da mãe, ele é o "outro do objeto" (isto é, não é o sujeito), porque o terceiro elemento não se restringe à pessoa do pai; ele também é simbólico. Essa posição segue de perto o conceito lacaniano de metáfora paterna, proposto em 1957, que Lacan entende como o próprio "personagem metafórico do complexo de Édipo" e que representa a "metáfora fundamental sobre a qual toda significação depende" (Evans, 1996, p. 137).

Essa noção está correlacionada à sugestão winnicottiana de que o pai é um objeto total na psique da criança, como um "integrado na organização do ego". O uso de Winnicott para este termo sugere que o pai funciona intrapsiquicamente como uma força integrativa, que, em potência, a depender do ambiente facilitador (mãe), vai levar (ao que Green descreve como) a "terceiridade efetiva". Para Winnicott, o pai será sentido em uma forma diferente. "Por essa perspectiva, é possível ver que o pai, para a criança, pode ser o primeiro vislumbre da integração e da completude pessoal" (Winnicott, 1969 *apud* Abram, 2013, p. 297). Mas, como Green aponta, e como Winnicott sugere, essa possibilidade só pode ocorrer se a mãe está psiquicamente envolvida com o pai. Acredito que é isso que Winnicott quer dizer com "um cenário favorável". No entanto, para mim, se concordarmos com a sugestão winnicottiana de que o "integrado" emana do pai real, devido à sua relação suficientemente boa com a mãe, então é preciso afirmar que o integrado é, pelo menos para começar, paternal. Em outras palavras, o integrado não pode ser, em suas origens, neutro. Mais tarde, ele se tornará simbólico para a criança em desenvolvimento.

Esse conceito winnicottiano tardio, surgido no final da sua vida, faz avançar a teoria da "preocupação materna primária", que constitui a capacidade da mãe de fornecer proteção ao ego do recém-nascido. Neste sentido, desde que esteja em uma relação amorosa com o pai da criança, ela vai transmitir o fato desta união para a psique nascente do bebê. Essa transmissão psíquica do terceiro da criança ocorre através da mente da mãe (à medida que ela nutre o pai na sua mente) e vai se tornar, como diz Winnicott, um integrado na psique infantil. Minha proposta aqui é que este integrado, em conformidade com a sugestão de Winnicott, é, de fato, um "integrado paterno". Em condições saudáveis, isso constitui o envolvimento ativo e intrapsíquico da mãe com sua imago paterna interior, que é reforçada interpessoalmente pelo verdadeiro terceiro do bebê, que é o pai.

Além disso, para mim, o verdadeiro pai suficientemente bom constitui o terceiro (que reforça a imago paterna da mãe, como acabei de afirmar) e, em contrapartida, facilita a capacidade da mãe de "devoção comum" a seu bebê. No início, o papel do pai é sustentar a devoção da mãe e facilitar a mutualidade da díade. O pai suficientemente bom é capaz de esperar até que a criança se desenvolva o suficiente para que ela seja capaz de tolerar a separação provocada pelo pai na intimidade compartilhada entre ela e a mãe, e, como Green observou, esse paraíso, isto é, a fusão entre mãe e bebê, precisa chegar ao fim. É nesse ponto em que ele, o pai, se torna um "obstáculo", como escreve Green, ao recém-nascido que, a essa altura, está se transformando em um bebê, tal como retratado no ukiyo-ê, em que vemos um bebê de mais ou menos três meses de idade. Essa função paterna posterior é mais familiar na teoria psicanalítica.

A conceitualização do integrado paterno contribui, acredito eu, para que se complete a matriz teórica de Winnicott, porque traz à luz a presença do pai no desenvolvimento psíquico primitivo. Em complemento, acredito que essa ideia oferece à psicanálise uma forma de dar sentido aos passos sequenciais que seguem na direção da conquista do complexo de Édipo (*cf.* Parsons, 2000).

O integrado paterno, assim, também amplia a noção de um objeto intrapsíquico sobrevivente. De fato, sem o terceiro na mente da mãe, a mãe se vê menos capaz de oferecer a seu bebê a experiência suficientemente boa de uma sobrevivência psíquica do objeto. Portanto, uma consistente não sobrevivência do objeto indica uma deficiência paterna (integrado) primitiva, que se desenrola através da realidade da negação do pai na mente da mãe. Essa negação por parte da mãe é o que Green se refere como uma relação dual fechada que "pavimenta o caminho para transtornos psíquicos graves" (Green, 1991 *apud* Abram, 2016, p. 45).

Quero agora, sob essa perspectiva, retomar um capítulo de *Donald Winnicott today* no qual Christopher Reeves se encarrega de um exame filológico do papel do pai nos escritos de Winnicott (Reeves, 2013 *apud* Abram, 2013). Ele confirma, como já afirmei antes, que o pai está, sim, integrado às teorias de Winnicott. Reeves, no entanto, sugere que existem dois pais distintos no trabalho de Winnicott e chama o primeiro de "pai conutridor" e o segundo de "pai reprodutor". O integrado paterno, sugiro, precede o papel do pai conutridor. Mas acredito que a influência do pai conutridor, que é um homem que ama a mãe da criança e celebra o fruto da relação amorosa dos dois, vai naturalmente reforçar a imago paterna da mãe. Portanto, sob os cuidados maternos, a transmissão para o bebê da imago paterna e do pai na mente da mãe vai fazer com que o integrado paterno da criança seja muito mais poderoso.

Permitam-me agora analisar uma situação clínica para ilustrar como o integrado paterno desempenha um papel significativo na situação de análise. O caso de K. foi introduzido no **Capítulo 3** para ilustrar a não sobrevivência do objeto, que provoca um objeto intrapsíquico não sobrevivente. Quando escrevi pela primeira vez sobre esse caso, em 2005, eu ainda não tinha considerado o ingrediente que havia instigado minha mudança afetiva em relação ao paciente. Somente mais tarde entendi aquele momento como um genuíno ponto de virada psíquica no meu trabalho. Ao invés de encerrar o tratamento, em função do meu medo e da paralisia, aquele momento mostrava que o trabalho podia continuar, como narrei no **Capítulo 3**. Então, aqui, retorno a esse tema para discutir aquele ponto de virada à luz das minhas reflexões sobre o paterno, iniciadas em 2012.

O objeto não sobrevivente e as raízes do terror

Na minha Discussão do **Capítulo 3**, faço referência à intensidade de uma "transferência materna erótica" conectada ao "medo da MULHER". Exponho ali o quão necessário é para o analista passar pela experiência de não sobrevivência na transferência como um pré-requisito do processo de "elaborar" o trauma precoce com potencial para oferecer uma experiência real de sobrevivência do objeto, tanto para o paciente quanto para o analista. Nas profundezas da transferência, o analista vai, inevitavelmente, se transformar em algo parecido com o objeto original, em maior ou menor grau, ainda que, ao mesmo tempo, permaneça analista. Essa é a operação do conceito que Green chamou de projeção atualizada, como indiquei na Discussão do **Capítulo 3**.

Permitam-me relembrar o período em que me senti aterrorizada pelo paciente K. Essa fase durou várias semanas, e nós dois estávamos sofrendo, por causa de um senso de terror que um sentia do outro. K. não comparecia, e provavelmente não poderia comparecer, às suas cinco sessões durante aquelas semanas. Às vezes ele cancelava; às vezes ele simplesmente não aparecia; às vezes ele chegava atrasado; às vezes ele permanecia na sala de espera, como fez na primeira sessão depois de um recesso de inverno, como descrevi no **Capítulo 3**.

Então veio a sessão em que, assim que ele se sentou na cadeira em minha frente e começou a se chicotear em um ataque frenético contra mim, eu me vi cada vez mais raivosa. Já descrevi como isso aconteceu e o que falei para ele. Mas por que não consegui sentir que ele me tratava mal antes daquele momento? O que fez a diferença para o meu estado mental? O que aquela mudança em mim significava? Quando comecei a me concentrar no paterno, essas questões específicas começaram a ser respondidas.

O terceiro na mente do analista

Como já observei em relação àquela fase da análise, cheguei a um ponto onde pensei que provavelmente deveria encerrar o tratamento. É o que relato no **Capítulo 3**: comecei a sentir que o paciente estava certo sobre a psicanálise não ser um tratamento apropriado para ele. A intensidade de cinco vezes por semana pode ser contraindicada para algumas pessoas, nem todos os analistas podem ajudar todo mundo. Eu sentia, sem sombra de dúvida, que a transferência estava à beira de se tornar delirante. Esse ponto de inflexão, entre a ilusão e a desilusão na transferência, como Campbell aponta, é um fenômeno muito perigoso quando se trabalha com alguns pacientes que são dominados por ideações suicidas (Campbell, 1995).

Entrei em contato com um colega de confiança com quem eu já havia me consultado por vários anos. Apresentei a ele meu trabalho com K. e disse o quão assustada eu estava e que considerava encerrar o tratamento. Ele ficou reflexivo e em silêncio. Em seguida, perguntei, de uma maneira direta, o que ele achava sobre eu encerrar o tratamento. Lembro que ele levou algum tempo pensando na questão. E então ele me respondeu em um tom desapaixonado e cuidadoso, dizendo que somente eu podia tomar aquela decisão. Saí do nosso encontro me sentindo de certa forma perplexa, porque eu realmente queria algum conselho mais explícito. Mas, aos poucos, no decorrer de algumas horas, gradativamente senti um crescente sentimento de liberdade de que, apesar de parecer contraintuitivo, talvez encerrar o tratamento pudesse ser o melhor para o paciente. Ali eu percebi o quão presa eu me sentia. Em retrospecto, acredito que aquele momento ao perceber que eu podia encerrar o tratamento, se assim desejasse, me libertou do sentimento de prisão que eu sentia. Logo depois, comecei a perceber que aquele sentimento específico podia ser uma reação contratransferencial que contribuía para uma mudança psíquica interna dentro de mim, saindo do sentimento de terror e paralisia na direção de um sentimento de indignação e raiva que pertencia ao meu Eu no mundo real. Cheguei a um ponto em que queria dizer a K.: "Pare com isso! Pare com essa pirraça e tente pensar no que você está sentindo! Vamos falar sobre isso!". É apenas em retrospecto, no après-coup daquela fase, no contexto de uma consulta com um colega de confiança, que sou agora capaz de articular o que eu sentia à época.

Holding e a interpretação mutativa[2]

A situação analítica mobiliza as perspectivas internas do paciente por meio do holding e da interpretação. O analista oferece ao paciente um espaço psíquico através da sua forma especializada de atenção flutuante, semelhante à preocupação materna primária. Assim, o ambiente do holding é inextricavelmente conectado à interpretação; a subjetividade interna contínua do analista se entrelaça ao processo de interpretação, com ou sem palavra alguma sendo proferida.

Quando K. estava no auge da sua angústia, eu me vi obrigada a perpassar níveis profundos de trabalho psíquico à medida que a não sobrevivência do objeto estava mobilizada na transferência. Somente anos depois pude enxergar que eu tinha me tornado um "objeto arcaico da fantasia" para K. na transferência, contra quem ele se sentia um homicida. E foram seus sentimentos assassinos conscientes voltados

---

[2] Uso esse mesmo título no décimo capítulo do livro que escrevi junto a R.D. Hinshelwood. Sou muito grata ao diálogo com Hinshelwood naquele livro, aguçando minha reflexão sobre o trabalho de Strachey.

para sua mãe, emaranhados nas suas ideações suicidas, que o haviam levado à psicanálise. Chegar àquele estado mental na transferência era aterrorizante para ele e para mim, pois ele mal conseguia distinguir entre seu objeto arcaico interno e sua analista. Mais tarde, me perguntei se minha vontade de me livrar dele era indicativa do seu objeto arcaico, o que teria sido uma retaliação da minha parte.

A "estranha" mudança que aconteceu em mim — logo no início da sessão, quando meu medo se evaporou e comecei a sentir raiva dele, e não mais terror — era um prelúdio para uma série de interpretações (as doses mínimas, como refere Strachey) que afinal levaram ao que hoje identifico como uma interpretação mutativa. Claro, não era uma reação conscientemente planejada, mas, enfim, eu me via numa posição capaz de dizer algo que poderia alcançá-lo. Existiam duas razões principais para isso: (a) eu me sentia diferente (como resultado do contato com um terceiro interno instigado por um terceiro externo); e (b) depois da minha primeira intervenção, senti que K. me escutava de uma maneira diferente.

Na medida em que eu falava mais, senti que ele me escutava reflexivo, e isso me deu confiança para poder confrontá-lo com a verdade. Acho que o momento decisivo se deu quando eu disse a K. que achava que ele estava se aproveitando do fato de que eu sou uma mulher. Algumas semanas antes, ele havia me dito que nunca trataria um analista homem do jeito que ele estava me tratando. Quando comentei sobre isso, a mudança nele foi visceral, e eu podia ver que ele parecia estar colapsando quando me respondeu: "Não posso fazer isso". Essa fala provocou uma nova mudança em mim, pois me senti genuinamente comovida pela sua desolação, o que me fez lembrar da criatura de Frankenstein, como já relatei, que dizia "eu sou malvado porque sou miserável" (Shelley, [1818] 1985). Em seguida, me vi capaz de retomar minha empatia e de ser tecnicamente neutra, em vez de ser masoquistamente dominada por um objeto violento e aterrorizante.

Concordando com Strachey, acho que posso dizer com sinceridade que minha interpretação naquele momento foi "emocionalmente imediata". Eu me lembro até hoje de como me sentia angustiada e que estava correndo um risco ali, porque não sabia ao certo como ele iria me responder. Mas penso que K. experimentou meu comentário como autêntico, e ele não podia negar que estava se aproveitando do fato de que eu sou uma mulher. É assim que Strachey identifica a "interpretação mutativa":

> O paciente [...] vai reconhecer a distinção entre seu objeto arcaico de fantasia e o objeto externo real. A "interpretação" se transformou agora em "mutativa", à medida que produziu uma quebra no círculo vicioso neurótico (Strachey, 1934, p. 138).

É, de fato, o que pareceu ocorrer, e a raiva que K. antes sentia contra mim nunca mais voltou com tanta intensidade. Strachey aponta que o paciente que consegue reconhecer a "falta de agressividade" do objeto externo real "vai ser capaz de abrandar sua própria agressividade" (Strachey, 1934, p. 143).

Daquela sessão em diante, o acting out de K. diminuiu significativamente e, a partir dali, ele pôde fazer bom uso da situação analítica. Suas ideações suicidas e os sentimentos assassinos voltados para sua mãe se apequenaram e, embora ele não entendesse o motivo em um nível manifesto, ele me disse nos estágios finais da análise que tinha certeza de que não conseguia se imaginar no futuro querendo se matar ou matar sua mãe. Senti que aquela fala era autêntica e que ele tinha alcançado uma mudança psíquica significativa.

Algumas conclusões provisórias

A situação de análise vai se construindo como um ambiente sustentador especializado no qual as deficiências precoces da infância podem ser experienciadas pelo paciente pela primeira vez graças à transferência e à ação da Nachträglichkeit. Para todos os pacientes, certo grau de acting out precisa ser verdadeiramente experimentado na contratransferência antes que possa ser elaborado. Como tentei demonstrar, isso demanda níveis profundos de trabalho psíquico para o analista que precisa sustentar a criança clínica e o adolescente clínico no adulto, além de estar preparado para receber as projeções atualizadas relacionadas ao objeto arcaico. A formulação de Strachey, que identifica a interpretação mutativa, ilumina a tarefa do analista e as complexas camadas referentes ao ato de fazer interpretações. Ele escreve que "dar uma interpretação mutativa é um ato crucial tanto para o analista quanto para o paciente". Ele aponta que esse momento será arriscado porque a confrontação do analista está "deliberadamente evocando uma quantidade de energia do id do paciente enquanto ela está viva, real, inequívoca e diretamente direcionada ao analista" (Strachey, 1934, p. 159). Aqui me parece que o uso de Strachey para o termo "energia do id" é equivalente à maneira que Winnicott se refere à "destruição" e à sobrevivência do objeto.

O terceiro interno do analista (que, na origem, deve surgir do integrado paterno original do analista, e que cresceu até se tornar uma imago paterna) fortalece sua capacidade de assumir um risco ao confrontar o paciente em um momento de elevada tensão. Antes daquele ponto no meu trabalho com K., eu tinha me acovardado muito, do mesmo modo que imagino que sua mãe provavelmente se acovardou diante do pai de K., com quem o paciente se identificava (ver **Capítulo 3**). Assim, a capacidade do analista de sustentar a situação de análise, interna e externamente, constitui a sobrevivência psíquica do objeto.

O integrado paterno analítico

Durante os últimos meses da análise de K., ele encontrou maneiras de demonstrar sua gratidão, ainda que indiretamente. Para sua surpresa, ele tinha reencontrado sua capacidade de chorar. Ele me disse que se sentia confiante de que nunca mais se sentiria tão deprimido quanto antes de começar a análise e que não conseguia se imaginar suicida de novo ou sentindo aquele ódio intenso e repulsa contra sua mãe, que, agora ele percebia, era uma senhora bastante vulnerável. Ele acrescentou que não entendia o porquê daquilo ter acontecido, ou, de fato, se tinha alguma coisa a ver com a análise. Nos termos das minhas formulações aqui, senti que os estágios finais da análise mostraram evidências de um objeto intrapsíquico sobrevivente eclipsando um objeto não sobrevivente. Essa mudança psíquica, acredito eu, foi iniciada por aquele grande ponto de virada, quando o terceiro na mente da sua analista ativou o funcionamento paterno manifestado através do holding e da interpretação.

Strachey afirma que a "interpretação mutativa" não é algo que vai ocorrer em toda sessão e que não é uma coisa que o analista deve buscar de maneira consciente. Para mim, quando o trabalho psíquico do analista leva a uma "interpretação mutativa", isso acontece por causa do terceiro do analista (a imago paterna), que é transmitido e internalizado pelo analisando. Nesse momento, o integrado paterno original do paciente, no centro do objeto sobrevivente não evoluído, é revivido. Isso produz o que proponho chamar de um "integrado paterno analítico", pois ele é revivido através e por causa da situação de análise. Esse evento interpsíquico que impacta o domínio intrapsíquico demarca uma conquista emocional do desenvolvimento, tanto para o paciente quanto para o analista. É por isso e é assim que a relação analítica facilita o crescimento do objeto sobrevivente e leva ao que Green chama de "terceiridade efetiva". Deste modo, o paciente terá alcançado o uso do objeto e poderá fazer uso da análise de uma maneira mais significativa, com potencial para o levar à mudança psíquica.

Referências

Abram, J. (ed.). (2000). *André Green at the Squiggle Foundation* (1st ed.). Karnac.

Abram, J. (ed.). (2013). *Donald Winnicott Today*. New Library of Psychoanalysis. Routledge.

Campbell, D. (1995). The role of the Father in a pre-suicide state. *Int J Psychoanal, 76*, 315–323.

Evans, D. (1996). *Dictionary of Lacanian psychoanalysis*. Routledge. (The Paternal Integrate and its role in the analysing situation, 144).

Faimberg, H. (2013). The "As-yet situation". In Winnicott's "Fragment of an analysis": Your father never did you the honour of"... *YET The Psychoanalytic Quarterly, LXXXII*, (4).

Green, A. ([1991] 2000). On thirdness. In J. Abram (ed.). *André Green at the Squiggle Foundation* (p. 69–83). Karnac.

Parsons, M. (2000). The Oedipus Complex as a lifelong developmental process: Sophocles' Trichinae. *The Dove That Returns, The Dove that Vanishes: Paradox and creativity in psychoanalysis*. The New Library of Psychoanalysis Routledge.

Reeves, C. (2013). *On the Margins: the role of the father in Winnicott's writings* (Chapter 16). In Abram 2013a.

Shelley, M. (1818). *Frankenstein*. Penguin Classics. [No Brasil: Várias edições, incluindo: Shelley, M. (2015). *Frankenstein ou o prometeu moderno.* Penguin-Companhia das Letras.]

Strachey, J. (1934). The Nature of the Therapeutic Action of Psychoanalysis. *J Psychoanal 15*, 127–159.

Winnicott, D. W. (1953 [1952]). Psychoses and child care. *Br J Med Psychol, 26*. [No Brasil: Winnicott, D. W. (2000). Psicose e cuidados maternos. *Da Pediatria à Psicanálise: obras escolhidas.* Imago.]

Winnicott, D. W. (1969). The use of an object. *Int J Psychoanal, 50*, 711–716. [No Brasil: Winnicott, D. W. (1994). Sobre o uso de um objeto. *Explorações Psicanalíticas*. Artmed.]

CAPÍTULO 8

Medo da loucura no contexto da Nachträglichkeit e a reação terapêutica negativa

(2018)

Introdução

Para o capítulo final deste livro, examino como Winnicott formulou uma teoria da loucura, perto do final de sua vida. Fortemente localizada no ambiente psíquico mais primitivo, a loucura revela que a criança sofreu uma angústia impensável devido a deficiências na proteção do seu ego por parte da Mãe/Outro. Este é o "fato" da história do paciente e é este fato que precisa emergir e ser vivido na transferência da situação de análise. O termo que Winnicott usa, "colapso", se refere essencialmente à desconstrução de uma defesa frágil, arrolada pela criança traumatizada, que cobre de uma maneira tênue a "loucura" subjacente. A loucura é um estado mental no qual nada pode ser compreendido porque não existe funcionamento do ego no sujeito, além de também não existir nenhuma proteção a esse ego do ambiente psíquico. É assim que Winnicott distingue a psicose — que é a loucura — das defesas psicóticas — que, apesar de não serem suficientemente boas, representam uma camada de funcionamento do ego.

A partir do trabalho com um paciente cujo medo manifesto da morte, do assassinato e da loucura era uma característica predominante em seus sintomas, as noções psicanalíticas de Nachträglichkeit e de reação terapêutica negativa foram invocadas. Apoiado no pensamento de Freud, Riviere e no apelo de Faimberg por uma conceitualização mais abrangente da Nachträglichkeit, este capítulo oferece minha perspectiva sobre a teoria winnicottiana da loucura: embora a tese de Winnicott tenha suas raízes no pensamento de Freud, seus avanços psicanalíticos específicos em relação à "psicologia da loucura" contestam, mais uma vez, a noção de pulsão de morte.

Assim, minha proposta aqui é que a contribuição de Winnicott para o conceito de colapso e de loucura na psicanálise oferece uma dimensão significativa que constitui a marca essencial do seu trabalho, isto é, as vicissitudes da relação pais-filhos. Também discuto aqui como acredito que ele foi influenciado pelo artigo de Joan Riviere sobre a reação terapêutica negativa, que ela apresentou em um encontro científico na Sociedade Psicanalítica Britânica, na mesma época em que Winnicott, provavelmente, passava por uma análise com ela. Como demonstro neste capítulo, no entanto, Winnicott defende que o medo de se voltar ao passado na análise não surge por causa dos horrores intrapsíquicos suscitados pelo que muitos analistas consideram uma "pulsão de morte", e sim em função de uma deficiência no ambiente psíquico primitivo. Deficiência no início da vida equivale a um trauma catastrófico (ver Abram, 2021).

* * *

Uma leitura atenta dos artigos *A psicologia da loucura* (1965a) e *Medo do colapso* (1963?) me fez pensar em um paciente meu. Sua principal característica clínica, que não se mostrava tão óbvia no início da análise, era um medo de morte agonizante na qual ele perderia seu juízo. Esse medo foi inicialmente manifesto e articulado como um medo do abandono, diante do qual ele ficaria completamente sozinho, caindo para sempre, como se flutuasse no espaço sideral — por todo o infinito. Era uma fantasia terrível de absoluto desamparo. Ele não podia se salvar ou ser salvo enquanto se afastava cada vez mais da nave que o tinha ejetado. Era uma agonia que iria durar para sempre, porque ninguém poderia escutá-lo — simplesmente porque ninguém estava por lá. Pensar nesse evento fazia esse paciente sentir que iria ficar louco.

Ao longo de vários anos de análise completa (cinco vezes por semana), ficou claro que esse medo da agonia futura, mobilizado pela análise e pela transferência em evolução, era igual ao seu terror do contato emocional, à medida que ele se sentia cada vez mais dependente da análise. Esse paciente, que vou chamar aqui de Dr. Z., era um paciente consciencioso com uma defesa intelectual altamente funcional. Enquanto seus objetivos conscientes eram cada vez mais atendidos, de mês a mês e de ano a ano, ele queria sempre nos assegurar de que a análise estava funcionando. Mas qualquer sinal de progresso levava a um abalo severo, quando os sintomas retornavam, como se quisessem provar que a análise não só não estava funcionando como, na verdade, deixava as coisas piores — o que me fazia receber a pecha de culpada por arruinar sua vida. Durante vários anos, esse padrão se estabeleceu e, mesmo assim, apesar do seu padrão oscilante, a qualidade de vida do Dr. Z. fora do consultório parecia se ampliar. No entanto, quanto mais perto o Dr. Z. chegava de viver a vida normal que ele achava que todo mundo conseguia viver, mais intensamente o problema retornava. Em certo momento, ele veio a reconhecer que, em um nível intelectual, precisava do sofrimento. Funcionava para ele. Ao mesmo tempo, o sofrimento o deixava aterrorizado, porque o Dr. Z. estava convencido de que os sintomas estavam o matando e iriam provocar sua morte. E, embora existissem fases nas quais ele percebia ser capaz de viver uma vida ordinária — aproveitando o trabalho e os relacionamentos —, isso não transformou, ou sequer atenuou, sua crença fundamental de que ele iria morrer em alguma espécie de cenário horroroso — sempre sozinho e não amado.

Muitos leitores vão perceber que esse quadro clínico do Dr. Z. se encaixa bem na descrição que Freud (1923) fez para a "reação terapêutica negativa". Percebo apenas agora como esse fenômeno clínico conversa com muitos dos pacientes sobre os quais escrevi nestes capítulos. E esse fenômeno é comum na maioria das análises, em maior ou menor grau. Para Freud, essa característica comum na prática analítica indicava um sentimento inconsciente de culpa relacionado ao "problema econômico do masoquismo" (Freud, 1924). Em um dos seus últimos artigos, Freud discute tal fenômeno clínico em termos econômicos pertinentes a análises termináveis e intermináveis (Freud, 1937a), e ele identifica que o paciente não está em contato emocional com um sentimento inconsciente de culpa: "ele não se sente culpado; ele se sente doente" (Freud, 1923, p. 50). Esse foi um dos principais motivos para o Dr. Z. procurar pela análise. Embora fosse óbvio que ele sofria de um sentimento inconsciente de culpa, sua reclamação consciente era de que ele estava doente. Para Freud, a base dessa patologia em particular era engendrada pela pulsão de morte.

Joan Riviere trouxe nova luz ao conceito freudiano ao incluir as ideias em evolução de Melanie Klein sobre os objetos internos e o desenvolvimento kleiniano da "posição depressiva". Naquele artigo, ela destacava que o medo do paciente de perder a defesa maníaca durante o curso da análise está relacionado ao fato de que "os piores desastres realmente aconteceram" (Riviere, 1936, p. 312). Embora esse artigo tenha sido escrito dez anos antes de Klein formular o conceito da posição esquizoparanoide[1], Riviere se referia, provavelmente, ao desenvolvimento psíquico primitivo do paciente (que, segundo ela, de fato aconteceu). A noção de retorno a um estado infantil da mente não é nova na psicanálise, mas as características clínicas do "caso refratário" descrito por Riviere é bastante próximo ao axioma de Win-

---

1 Ainda que Melanie Klein já estivesse trabalhando nesses temas na década de 1930 (comunicação pessoal, R.D. Hinshelwood, 2018).

nicott relativo ao "medo do colapso"[2]. No entanto, enquanto as observações clínicas de Riviere e Winnicott se revelam concordantes, os respectivos paradigmas clínicos são decisivamente diferentes. A proposta de Riviere é baseada na ideia de Klein do paciente adulto reexperimentando os desastres terríveis associados à "posição depressiva", enquanto, para Winnicott, o medo do colapso futuro que o paciente sente está relacionado com o regresso a um estado mental que já foi "catalogado" (mais do que experimentado), devido a uma falha do ambiente psíquico primitivo. Elaboro essas questões um pouco mais adiante.

A contribuição de Haydée Faimberg à noção de Nachträglichkeit (inspirada tanto por Lacan quanto por Laplanche) a levou a propor que o "medo do colapso" de Winnicott era um excelente exemplo das "construções" de Freud na técnica psicanalítica (Faimberg, 1998 *apud* Abram, 2013). Faço referência ao trabalho de Faimberg no **Capítulo 5** ao tratar das inovações clínicas de Winnicott. Freud, por outro lado, enfatiza que o momento da construção do analista deve se dar quando o paciente estiver afetivamente recordando a memória reprimida. A técnica proposta por Winnicott amplifica o conceito freudiano de "construções" e, para mim, ele foi muito provavelmente influenciado por Strachey ao dizer que tanto o paciente quanto o analista devem vivenciar a experiência da loucura na situação presente da transferência. Como indiquei no capítulo anterior, Winnicott devia conhecer muito bem o artigo de Strachey, lançado em 1934, sobre a ação terapêutica da análise. Dentro das estruturas da análise, o analista vai inevitavelmente "falhar" com o paciente. Esse ponto ganhou destaque especialmente no meu trabalho com K. no **Capítulo 3**. O "fracasso" se relaciona com o objeto original na psique do paciente no qual o analista "se transforma" na dinâmica transferência-contratransferência. Tornar-se ciente deste fato é o único caminho para oferecer ao paciente uma experiência bastante diferente.

---

2 Naquela época, Winnicott provavelmente estava em análise com Joan Riviere e é bem possível que ele estivesse presente quando ela apresentou o artigo no encontro científico da Sociedade Psicanalítica Britânica em 1936.

Na minha tentativa de discutir a teoria de Winnicott para a loucura, me descubro atraída para os conceitos freudianos clássicos que acabei de citar, pois me parecem inextricavelmente ligados às formulações de Winnicott. Meu objetivo ao traçar a maneira na qual acredito que a Nachträglichkeit e a reação terapêutica negativa se relacionam foi estimulado pela minha experiência clínica. Meu objetivo aqui é ilustrar como a contribuição de Winnicott para o entendimento da loucura cria uma dimensão extra poderosa que contém a marca essencial do seu trabalho, isto é, as vicissitudes da relação entre pais e filhos. E é essa marca que realça por que acredito que suas contribuições são radicais para a psicanálise — na prática e na teoria.

O caso do Dr. Z.

Depois de quase cinco anos de análise do Dr. Z. cinco vezes por semana, percebi que a tarefa analítica era impossível. Até ali, eu sempre resistia à ideia de não analisabilidade, mas com o Dr. Z. comecei a mudar meu pensamento. Paradoxalmente, esse foi um pensamento que me trouxe alívio e foi útil para que eu pudesse manter um sentimento de neutralidade ao ouvir suas reclamações, e mesmo permanecer cuidadosa nas ocasiões em que ele me atacou. A posição neutra tinha sido difícil de manter nos primeiros anos de análise, quando eu me sentia esmagada pelas suas raivas ou, em contraste, muitas vezes indiferente. A sensação de me sentir esmagada quando ele estava raivoso era bem diferente do que aconteceu no trabalho com K., no qual eu não me sentia assustada e aterrorizada da mesma forma. Pelo contrário, eu me sentia louca. Às vezes, eu sentia que estava sendo literalmente arremessada em um mundo onde nada fazia sentido. Então, quando reconheci que a análise podia não alcançar o que se esperava dela, isto é, oferecer a ele um sentimento de liberdade diante dos seus debilitantes sintomas, à medida que o Dr. Z. precisava sofrer, eu pude começar a encontrar uma postura diferente. Não quer dizer que desisti da tarefa da análise; apenas senti que é importante enfrentar os fatos relacionados a uma análise interminável em função da não analisabilidade do paciente — o que me faz pensar no que Winnicott relata a respeito de um de seus pacientes, que disse a ele que a única vez que tinha se sentido esperançoso de um bom resultado na análise com Winnicott foi quando Winnicott disse a ele que a análise não tinha esperança alguma (1960). Eu não estava em posição de dizer isso ao Dr. Z, sentindo-me intimidada por sua sensibilidade ser inanalisável.

Uma das principais descobertas a contribuir para minha percepção (da impossibilidade da análise) foi que o Dr. Z, aos poucos, começou a enxergar que havia feito um pacto com sua mãe de que ele nunca poderia superá-la em um nível profissional. Isso significava que ele seguia em vínculo permanente porque, embora em profissão diferente, o principal objetivo consciente do Dr. Z. para sua análise era encontrar um sucesso maior do que o sucesso profissional de sua mãe — o que, claro, também se relacionava comigo na transferência. O Dr. Z. procurou uma análise comigo por causa de uma transferência inconsciente que se encaixava na sua imago materna e à poderosa narrativa conectada a ela.

Enquanto ele se aproximava da conclusão do projeto que havia começado na mesma época do início da sua análise (entre os anos seis e sete), a ruptura do pacto era iminente. Esse pensamento o preenchia com um terror da retaliação e da vingança de sua mãe. Mas os sintomas debilitantes atuavam no lugar da vingança e antecipavam o esperado ataque externo fantasiado. Ficou claro que, de novo e de novo, ele era seu pior inimigo. Sua mãe agressora interna(lizada) era tão eficiente em retaliar que a doença do Dr. Z. implicava na sua incapacidade de trabalho. Ele não se sentia no controle do que acontecia com ele e, embora entendesse, em um nível intelectual, que ele era o responsável, essa consciência não fez diferença alguma.

Nos estágios finais do seu projeto, ele tomou uma decisão consciente de lidar com seus sintomas através da medicação. Isso, sim, fez uma diferença, e o trabalho estava seguindo bem. Enquanto isso, ele gradativamente se tornou consciente do amor que dedicava a sua mãe e sentiu que era doloroso pensar que tinha desapontado e traído sua progenitora. Essa era a razão, ele acreditava, pela qual a mãe o tinha rejeitado. A única maneira do Dr. Z. realmente se sentir amado e cuidado era que eu estivesse permanentemente disponível. Ele odiava as estruturas da análise e experienciava os limites como sendo cruéis e punitivos do mesmo modo que ele havia experienciado sua mãe no passado.

Essa consciência crescente se desenvolveu junto com suas memórias de sentir que, durante a infância, precisou colocar outros antes de si. Qualquer problema que ele tivesse não era nada relevante. E isso acontecia porque ele sentia que tinha todos os recursos para deixar todas as outras pessoas bem e, portanto, seu dever era alocar todo mundo na frente da fila e deixar suas próprias necessidades à espera. Essas memórias surgiram quando começou a se sentir bem e até a gostar de aspectos da sua vida. A punição precisava vir a galope porque aproveitar a vida significava que ele estava negligenciando suas responsabilidades e seu verdadeiro papel na vida.

Dizer isso em voz alta no curso das nossas conversas analíticas evocou um cenário à semelhança de Jesus Cristo para o Dr. Z, isto é, que o destino dele era sofrer pelos outros. Ele se sentia constrangido por tomar consciência de que ele podia ter alguma espécie de complexo de Jesus e se ridicularizava. Contudo, ele se lembrou de que, no fim da sua adolescência, decidiu formular a seguinte pergunta filosófica: até onde ele era obrigado a cuidar dos outros antes de poder pensar em si mesmo? Apesar desta questão soar como uma condenação — uma coisa com a qual ele precisava conviver —, ele achou, em um nível intelectual, que ela não podia estar correta. Esse problema, assim, se tornou a motivação para ele estudar um campo específico da interação humana e procurar a análise.

Interpretei que esses aspectos da sua vida interior formavam uma subcorrente da transferência na qual ele sentia que deveria seguir na análise para poder me salvar. Agora, o pacto se dava entre ele e sua analista. Se o pacto fosse quebrado (sucesso do insight analítico), então o assassinato real estava fadado a acontecer. Em algumas sessões, uma batalha renhida mortífera era sentida de uma maneira visceral, como se não houvesse fuga possível do massacre horrível inevitável ou, pior, como se não houvesse fuga possível de uma morte dolorosa, solitária e prolongada.

Esses insights emergentes entravam em contraste direto com sua necessidade consciente de que o mundo sentisse pena dele por ser tratado tão mal pela própria família — nomeadamente, a mãe e a irmã, ambas profissionais muito bem-sucedidas. Era impossível para o Dr. Z. enxergar como ele mesmo tinha instigado essa rejeição a ele ao longo dos anos. E, ainda que ele as acusasse de sentirem inveja dele, era transparente que era o Dr. Z. quem se sentia invejoso, o que ele negava completamente. Isso iluminava as razões subjacentes para seu sentimento inconsciente de culpa e sua necessidade de ser punido. Sofrer funcionava para o Dr. Z. e o aliviava de seu ódio violento e assassino dirigido a sua mãe e sua irmã.

A chamada "reação terapêutica negativa" e o caso "refratário"

As dificuldades do Dr. Z. ressoam fortemente com a descrição que Freud faz dos casos de reação terapêutica negativa associados ao masoquismo que leva a uma análise interminável. Esses sintomas patológicos, para Freud, só poderiam ser explicados pela pulsão de morte inata, que era responsável por destruir qualquer avanço. A contribuição de Joan Riviere ao conceito de Freud jogou luz sobre a força da resistência — que é o motivo pelo qual ela se refere aos pacientes como "refratários", um termo que remete a uma resistência intensa à mudança psíquica.

No entanto, o objetivo de Riviere no seu artigo de 1936 era ilustrar que o paciente já havia experenciado os terrores, e era por isso que eles se mostravam tão assustados na transferência, por carregarem uma memória inconsciente profunda do que iria acontecer quando suas defesas maníacas se dissolvessem como um resultado da análise. Para ela, a força subjacente faz o paciente sentir que a morte ou a loucura são inevitavelmente "dele, e os outros estão sempre diante dos olhos da sua mente inconsciente. Ele não pode regenerar e recriar todas as perdas e destruição que provocou, e, se ele não pode pagar o preço, sua própria morte é a única alternativa" (Riviere, 1936, p. 152).

Não à toa, Riviere enfatizou quão crucial é que o analista entenda essa situação interna e recomendou que a questão técnica principal deveria ser analisar o amor e a culpa associados à angústia depressiva. Além disso, Joan Riviere parecia pleitear junto a seus colegas que reconhecessem a diferença entre a verdade psíquica e uma "falsa" transferência (Riviere, 1936, p. 153).

Enquanto a suposição básica de Freud, subjacente à sua teoria da reação terapêutica negativa, é baseada no conceito de pulsão de morte, a argumentação de Riviere é baseada no conceito de "posição depressiva" de Melanie Klein[3]. Mesmo assim, as suposições básicas de Riviere incluíam a noção de uma pulsão de morte, e a posição teórica de que "os piores desastres já tinham acontecido" remete à teoria de Klein sobre uma posição depressiva infantil intrapsíquica universal. Assim, para Riviere, o terror de retornar àquele estado mental infantil poderia ser entendido como a base para a resistência de todos os pacientes. O artigo de Riviere é passional e envolvente. Como afirmei há pouco, tenho certeza de que Winnicott tinha familiaridade com os argumentos do artigo e provavelmente até escutou a leitura do texto quando ele foi primeiro apresentado. Para mim, muitos aspectos da argumentação de Riviere o influenciaram quando ele veio a formular suas próprias ideias a respeito do medo do colapso e da psicologia da loucura.

De todo modo, é importante ter em mente que, como enfatizei ao longo deste livro, Winnicott nunca aceitou a formulação freudiana da pulsão de morte — e muito menos

---

[3] Não esqueçam que Klein ainda não tinha desenvolvido o conceito de "posição esquizoparanoide" em 1936.

a de Klein —, e, como também já foi dito, somente no seu trabalho tardio ele se viu capaz de formular uma teoria alternativa, em *O uso de um objeto*. Para Winnicott, a força variável da resistência do paciente se dava mais em função de vicissitudes emocionais na relação inicial entre pais e filhos do que por fatores constitucionais e instintivos. Quanto maior a resistência, maior a indicação, portanto, da não sobrevivência do objeto. A constituição saudável da criança depende completamente da capacidade da Mãe/Outro de responder às necessidades primitivas do bebê.

Joan Riviere foi a segunda analista de Winnicott, depois de James Strachey. Em uma fala que ele fez para um pequeno grupo (conhecido como o Clube 1952), Winnicott disse que, quando falava com Riviere sobre "classificar o ambiente", ela respondia dizendo que o transformaria em um sapo (Winnicott, [1968] 1989; 2013). Sua piada se relacionava ao fato de que, como uma kleiniana, o foco de Riviere se concentrava totalmente no mundo interno do paciente. E, ainda que seu artigo sobre a reação terapêutica negativa ofereça um retrato vívido de uma resistência particularmente poderosa de uma certa categoria de pacientes ao tratamento psicanalítico, as especificidades das suas propostas sobre as técnicas sugerem uma divergência em relação aos objetivos de Klein para a técnica. Para Riviere, o analista deveria se concentrar no amor e na culpa e não na agressão, no ódio e na inveja. Mesmo assim, acredito que as fundações teóricas do seu argumento não levam em consideração o papel do ambiente primitivo na compreensão da situação psíquica do paciente diante do seu medo do colapso. E é exatamente isso que Winnicott descortina na sua teoria do medo do colapso. Quando Riviere afirma que os terrores já aconteceram antes (no desenvolvimento psíquico primitivo), ela se refere ao estado mental que todas as crianças atravessam e não ao problema do caso refratário que retrata uma falha drástica do ambiente psíquico primitivo, como propôs Winnicott.

A psicologia da loucura no contexto da matriz teórica de Winnicott

No **Apêndice** deste livro, descrevo minhas razões para acreditar que *A psicologia da loucura* foi escrito em 1965, dois anos depois de *Medo do colapso*. O artigo de 1965 foi preparado para os colegas de Winnicott na Sociedade Psicanalítica Britânica, mas nunca foi apresentado e permaneceu inédito até 1989[4]. Mas ele claramente discorre sobre temas já estabelecidos em 1952, como vamos ver, e esboçados em *Medo do colapso*[5].

Para estimarmos com precisão a teoria da loucura de Winnicott, vamos examinar o modo pelo qual sua teoria foca no que acredito ser um ponto fundamental nas suas preocupações conceituais na terceira fase do seu trabalho (1960-1970) — a sobrevivência do objeto. Toda sua estrutura conceitual se baseia em como o ambiente "psíquico" é totalmente responsável pelas psicopatologias da criança. Isso quer dizer que a causa de um estado de loucura emana dos eventos psíquicos do ambiente psíquico primitivo. Essa tem sido sua mensagem principal desde o começo da década de 1940, quando ele se levantou em um encontro científico e disse: "Não existe essa coisa chamada bebê!" (Winnicott, 1952, p. 99). Dali em diante, para Winnicott, passou a ser impossível uma conceitualização sem que se levasse em consideração o ambiente emocional no qual o indivíduo era criado. A natureza também tinha seu papel — ele se referia a "tendências herdadas" —, mas essas tendências não evoluiriam junto a linhas saudáveis a menos que o indivíduo estivesse em um contexto de um ambiente facilitador.

Winnicott nos conta que ele começou a conceituar a noção de psicose em 1952. Naquele artigo, ele produziu diagramas para ilustrar os "dois padrões de desenvolvimento", como discuti no **Capítulo 1**. Em 1965, Winnicott escreve que, no

---

[4] Winnicott apresentou um artigo diferente em outubro de 1965: *Um caso de psiquiatria infantil: descrição de uma entrevista psicoterapêutica* (Arquivos da BPaS).

[5] Este foi o ano em que Winnicott se aposentou do seu posto de consultor pediatra (ver *Cronologia* em Abram, 2013).

seu artigo *Psicose e os cuidados maternos*, de 1952, ele se surpreendeu ao se referir à esquizofrenia como uma "doença da deficiência ambiental" e que estava próximo de uma exposição sobre a loucura, que seria elaborada apenas treze anos depois (Winnicott, [1965] 1989, p. 123-124). Para ele, a criança que sofre como uma consequência de uma ausência de holding precisa arrolar certas defesas, a depender do estágio no qual a falha aconteceu. No seu artigo *A distorção do ego em termos de falso e verdadeiro self*, de 1960, Winnicott classifica cinco tipos diferentes de falsos selves (Winnicott, 1960b, p. 143-144); existe um falso self "saudável", mas temos pelo menos três tipos de falso self que são inautênticos e dissociados do verdadeiro self[6]. Em 1962, ele identifica seis estágios da dependência infantil para ilustrar o resultado de um ambiente deficiente em cada estágio distinto. No estágio da dependência extrema, por exemplo, a falha no ambiente causa esquizofrenia, e é por isso que ele se refere à esquizofrenia como uma "doença da deficiência ambiental" (Winnicott, 1962).

Winnicott sempre deixou muito claro até o final da vida que, para ele, existiam duas categorias de pessoas: aquelas que haviam sido sustentadas e as que não. É impressionante, portanto, que, no seu artigo de 1965, ele admita, um pouco, que "alguma experiência da loucura [...] é universal", porque nenhum ambiente primitivo pode proteger a criança perfeitamente. Mas ele continuou, no seu trabalho tardio, a traçar um limite entre todas as variações de um tipo de ser humano que não está no lado suficientemente bom do ambiente e todas as variações de outro tipo de ser humano que está no lado suficientemente bom. É o paciente "borderline" ou "psicótico" que carrega em si uma "experiência significativa de colapso mental" — o que indica que o fenômeno clínico do "medo do colapso" se refere à categoria de pacientes que

---

6   Esse ponto nos fornece uma evidência ainda maior da influência de Joan Riviere em Winnicott, considerando seu debate sobre transferência falsa e verdadeira.

sofreram no seu desenvolvimento psíquico primitivo devido a uma falha do ambiente inicial.

A questão da defesa do falso self na teoria de Winnicott, então, surge sob o pressuposto de que a criança sofreu algo impensável, isto é, uma perda repentina do ambiente sustentador ou uma ausência de holding suficientemente boa. Deficiências na proteção do ego resultam na quebra da continuidade do ser. É um trauma psíquico primitivo antes que a criança tenha alcançado um funcionamento suficientemente forte do ego. Mas o paciente borderline alcançou, sim, um grau de funcionamento do ego — um falso self proximamente relacionado ao funcionamento do ego —, e Winnicott era claro sobre como o "falso self é construído sobre as bases da conformidade" (Winnicott, 1960b). Assim, se não existe interconexão entre o falso self (saudável) e o verdadeiro self, então o indivíduo está condenado a uma espécie de vida conformada, que Winnicott afirma ser, na verdade, vida nenhuma (Winnicott, [1947] 1949).

O medo do paciente de perder suas defesas com o progresso da análise é ligado à sua memória inconsciente do trauma provocado pela quebra na continuidade do ser. Em outras palavras, em um nível profundo, o medo do paciente — como o pânico — o protege de revisitar a dor psíquica do trauma. A memória é "catalogada" — foi um evento psíquico que ocorreu, mas não havia self que pudesse experimentá-lo e compreender o que tinha acontecido. Esse ponto está de acordo com o argumento de Faimberg em favor de uma ampliação do conceito de Nachträglichkeit (ver **Capítulos 5 e 6**). À medida que o funcionamento do ego se fortalece, em função de um holding suficientemente bom do setting psicanalítico, como o paciente pode ter a confiança de que o que aconteceu não vai mais acontecer? Por que o analista (no papel de novo ambiente) seria mais seguro do que o ambiente anterior que provocou uma dor impensável? Essas questões ressoavam profundamente na análise do Dr. Z. Uma agonia primitiva e um cair para sempre transcorriam o tempo inteiro nos recônditos da sua mente, como ilustrado pela cena que ele apresentou ainda no começo da análise, de ser desconectado de uma nave e flutuar à deriva pelo espaço, onde não existiam limites, nem self, nem corpo. Mas, em relação à teoria da loucura de Winnicott, as fantasias da sua morte iminente indicavam que o dano ambiental primitivo era um fato; ele já tinha sofrido uma morte psíquica e um cair para sempre.

Quando Winnicott se refere à "loucura", ele está se referindo a uma criança que é absolutamente dependente da Mãe/Outro, mas não teve a experiência consistente de ter suas necessidades atendidas. Essa condição de isolamento absoluto provoca um trauma que sobrecarrega a psique nascente — o que constitui a loucura. Não quer dizer que todos os bebês são loucos desde o começo, como Winnicott afirma no seu artigo. Para ele, a posição esquizoparanoide que Klein formulou em 1946 era uma descrição adequada do que acontecia ao estado mental da criança em função de uma falha no ambiente psíquico primitivo. Para Winnicott, esse não era um fenômeno universal, como proposto por Klein. A loucura é igual à psicose, enquanto as defesas psicóticas, na linguagem de Winnicott, se estabelecem para que se possa tolerar a angústia impensável. Em 1949, Winnicott introduziu a noção de catalogação, que se refere a uma memória inconsciente de uma reação ao trauma. Loucura, portanto, é um acúmulo de reações aos traumas que foram catalogados na mente/memória sem terem sido processadas ou digeridas. O paciente não consegue conceber a possibilidade de revisitar afetos traumáticos sem perder o juízo de novo e ficar louco, isto é, sem ninguém para o ajudar a processar os sentimentos. Do ponto de vista do tratamento, o paciente não compreende o significado de "elaboração", porque aquilo nunca aconteceu antes. No caso do Dr. Z, a única maneira com a qual ele tinha lidado com o trauma psíquico foi a autossustentação e, em um viés onipotente, cuidar dos outros antes de cuidar de si mesmo. Assim, ele podia rejeitar sua posição de ser absolutamente dependente pois significaria uma repetição do terror do abandono. Quando ele reconheceu sua dependência à análise, suas defesas onipotentes patológicas começaram a colapsar.

O axioma de Winnicott

Winnicott identificou a natureza crucial do tempo e do espaço desde a primeira fase do seu trabalho, quando distinguiu "três processos que começam muito cedo: integração, personalização e o reconhecimento do tempo e do espaço e de outras propriedades da realidade" (Winnicott, 1945, p. 149). Mais tarde, no artigo *Aspectos clínicos e metapsicológicos da regressão dentro do setting psicanalítico* (Winnicott, 1954, p. 288), ele enfatizou a importância do cuidado com o tempo por parte do analista ao lidar com o paciente regredido, em função da extrema vulnerabilidade do paciente aos erros do analista, que seriam uma repetição da não confiabilidade do objeto anterior. Na terceira fase do trabalho de Winnicott, as noções de tempo e continuidade no encontro clínico são definidas com mais clareza. Por exemplo, se recorrermos a seu artigo sobre a capacidade de preocupação, ele afirma:

> O tempo é mantido pela mãe, e esse é um aspecto do seu funcionamento auxiliar do ego; mas a criança passa a ter um senso pessoal de tempo, que, no início, não dura mais do que um curto período (Winnicott, [1960a] 1963b, p. 77).

Esse ponto será elaborado alguns anos mais tarde, em 1967, no seu artigo sobre a "localização da experiência cultural", no qual ele descreve como a "continuidade do ser" da criança pode ser rompida pela abstenção da mãe, constituindo aí uma falha clara do ambiente sustentador. Assim, uma vez mais, para Winnicott, a questão da temporalidade está inteiramente ligada ao relacionamento psíquico primitivo — "o tempo é mantido pela mãe" —, e essa é uma das tarefas do analista no contexto da situação de análise e o motivo pelo qual o cuidado com o tempo é crucial para pacientes borderline.

A temporalidade e a relação entre pais e filhos são centrais para o "axioma" de Winnicott, que surge em uma nota curta em 1963 (ver **Apêndice**) e é desenvolvido em 1964 como um pós-escrito ao artigo sobre Classificação (Winnicott, 1959-1964). Vamos enumerar aqui os principais pontos do axioma:

- O colapso que é temido já ocorreu no estágio de absoluta dependência;
- O "padrão de doença" do paciente constitui as "novas" defesas arroladas depois do colapso original — por exemplo, um falso self;
- O paciente aos poucos "se lembra" do colapso no setting terapêutico "por causa do crescimento do ego";
- Uma raiz do "medo do colapso" é a necessidade do paciente de se lembrar, isto é, de trazer à consciência;
- Uma versão tardia do colapso pode ser ressaltada na transferência, mas sempre se relaciona ao colapso original;
- O fator ambiental não é um trauma único, mas um padrão de influências distorcidas.

Nachträglichkeit e construções

Foi Lacan quem originalmente chamou atenção para a noção de Nachträglichkeit, como Laplanche e Pontalis destacam no *Vocabulaire de Psychanalyse* (Laplanche & Pontalis, 1967). Eles apontam que, ainda que Freud tenha usado essa noção de maneira implícita, ele não delimitou uma teoria. Depois, Laplanche seguiu na conceituação de "a posteriori" (Laplanche, 1989). O trabalho de Faimberg sobre a "telescopagem das gerações" amplia ainda mais a temporalidade na psicanálise e, em várias publicações, ela escreve sobre reconhecer na sua pesquisa, retrospectivamente, que ela usou o "conceito de après-coup em um sentido mais amplo do que Freud" (Faimberg, [1998] 2013 *apud* Abram, 2013, p. 206). Como já demonstrei nos **Capítulos** 5 e 6, ao defender uma "conceitualização mais ampla para a Nachträglichkeit", Faimberg (2007, p. 1221) propõe que o *Medo do colapso* de Winnicott é paradigmático desta conceitualização mais ampla". Quando o paciente sente o "medo do colapso" no tempo presente da sessão, o analista deve interpretar que o medo do colapso futuro se baseia no colapso que já aconteceu. Isso, afirma Faimberg, constitui uma construção, como Freud sugeriu no seu artigo *Construções na análise*, de 1937. Faimberg escreve sobre o paciente em análise passando por um sentimento de desamparo de que "o colapso que ele agora experimenta pela primeira vez já aconteceu em um momento em que o paciente ainda não estava lá para ter experimentado" (Faimberg, [1998] 2013 *apud* Abram, 2013, p. 207). O passado, portanto, só pode ser construído no tempo presente da análise, isto é, na transferência.

Essa observação de Faimberg é outra forma de definir o conceito de deficiência psíquica primitiva do ambiente e o trauma psíquico que ocorre como resultado. Se não existe um Self capaz de lidar com a "coisa" (evento e/ou ausência de holding), então a psique pode apenas "catalogar" e não "processar" a experiência (Winnicott, 1954). Isso indica que a criança estava desprotegida em um momento crucial de desenvolvimento e "cataloga" (o que só pode ser descrito como) uma "agonia primitiva", um "cair para sempre" e uma "ansiedade impensável".

A ênfase de Faimberg na sua "conceitualização mais ampla" demanda um exame mais detalhado. Seguindo o pensamento de Freud, ela propõe que existem duas fases na operação da Nachträglichkeit no curso do tratamento analítico. A primeira é a fase da antecipação, relacionada ao crescente sentimento do paciente de que algo terrível está prestes a acontecer. A transferência em evolução mobiliza essa antecipação, e ela se fundamenta na "necessidade de se lembrar" do paciente. A segunda fase, que acontece quando o paciente está pronto para escutar, em função do crescimento do ego, envolve a construção do analista para o paciente — o que implica que o passado pode ser construído pela primeira vez no tempo presente na situação de transferência.

O juízo de Faimberg sobre o uso implícito que Winnicott faz da Nachträglichkeit ilumina as raízes freudianas da técnica proposta por Winnicott. Existe aí um potencial de mudança no medo do paciente em relação ao desastre iminente, porque, no contexto da situação presente de análise, o passado pode ser deixado no passado na organização da mente. Isso ocorre em função do crescimento do ego, reforçado pela função de holding do ego pelo analista, que permite ao paciente se arriscar a se lembrar enquanto se sente dependente do analista. Desta forma, as formulações de Winnicott em sua teoria da loucura constituem um conceito clínico que contribui tanto para a teoria quanto para a prática. E, enquanto ele "estica"[7] a noção freudiana de temporalidade, ele, ao mesmo tempo, aponta a responsabilidade do ambiente psíquico do passado pela loucura do paciente na situação presente de análise. Por inferência, portanto, o analista se vale de si mesmo para se tornar a mãe objeto arcaica primitiva que originalmente falhou. É por isso que as "mudanças surgem na análise quando os fatores traumáticos entram no material psicanalítico (Winnicott, 1960a, p. 37) e também o motivo pelo qual as "interpretações que são alternativas são aquelas feitas em termos de projeção" (Winnicott, 1960a, p. 37), como visto nos exemplos clínicos dos **Capítulos 2 e 4**.

Winnicott (1963a, p. 258) conclui:

> Portanto, no fim, nós somos bem-sucedidos ao falhar — falhar do jeito do paciente. [...] Desta forma, a regressão pode estar a serviço do ego se for atendida pelo analista e se transformar em uma nova dependência.

Assim, a estrutura da situação de análise oferece ao paciente um setting seguro no qual os traumas iniciais vão ser inconscientemente antecipados por ele. Ainda que a identificação que Faimberg faz da fase antecipatória na operação da Nachträglichkeit é a mesma do medo do colapso para Winnicott, existe aí também uma forte ressonância com as observações de Joan Riviere em pacientes emaranhados na "reação terapêutica negativa"[8]. A diferença nas formulações,

---

7   *Cf.* Sandler, 1983.
8   Fui a primeira a propor a conexão relativa à influência de Riviere no conceito winnicottiano de "medo do colapso" (Abram, 2002). Mais tarde, descobri que Haydée Faimberg coincidentemente inferiu a mesma conexão (Faimberg, 2005, p. 111).

no entanto, como afirmei há pouco, sugere que, para Riviere, o medo do colapso tem tudo a ver com fatores internos, enquanto, para Winnicott, em consonância com Freud, existiu um evento psíquico, ou seja, um trauma a um Self que não estava lá (devido à sua imaturidade), no contexto de um ambiente que também não estava lá (indisponível seja lá por qual razão). Isso sugere que a ênfase de Winnicott na responsabilidade do ambiente por traumatizar o recém-nascido e suas sugestões sobre a técnica se correlacionam com o trabalho tardio de Freud, como visto em *Construções*. No final do artigo, de maneira impressionante, Freud antecipa tanto o conceito winnicottiano de "medo do colapso" quanto o apelo de Faimberg por um conceito mais amplo de Nachträglichkeit.

> Quando um neurótico é levado, por um estado de ansiedade, a esperar a ocorrência de algum evento terrível, ele está, na verdade, apenas sob a influência de uma memória reprimida (que procura entrar na consciência, mas não consegue se tornar consciente) de que algo que, lá atrás, era aterrorizante e realmente aconteceu (Freud, 1937, p. 268).

Essa afirmação ilustra a apreciação implícita de Freud de que "o evento terrível realmente aconteceu" (*cf.* "os piores desastres já aconteceram" de Riviere), mas também que a memória reprimida do paciente está "procurando entrar na consciência" (*cf.* Winnicott sobre como uma raiz do "medo do colapso" é a necessidade de se lembrar do paciente, isto é, de trazer à consciência). Portanto, sugiro que a chamada "reação terapêutica negativa" constitui a fase antecipatória (na operação da Nachträglichkeit, como estabelecida por Freud), porque o "colapso" no passado é revivido no relacionamento analítico presente, isto é, na transferência. Essa ideia não nega as formulações de Freud, associadas ao masoquismo, ao sentimento inconsciente de culpa e à análise interminável. Mas contesta a ideia de que a pulsão de morte está na raiz deste fenômeno clínico. Pelo contrário, de acordo com as formulações de Winnicott, a reação terapêutica negativa joga luz sobre uma deficiência do relacionamento psíquico primitivo, quando o bebê, lá no início, foi submetido a estados de loucura.

De tempos em tempos, em períodos relacionados a recessos e/ou sessões canceladas, o Dr. Z. demonstrava uma explosão intensa de paranoia dirigida a mim, o que ilustrava uma transferência delirante na qual não havia distinção entre sua analista e seu objeto arcaico interno. Uma situação similar ao trabalho com K., como descrevi nos **Capítulos 3 e 7**. A diferença era, como já foi dito, o afeto que ameaçava meu sentido de self de que eu ficaria louca, e não que seria morta. Durante sessões desse tipo, era uma luta conseguir manter um sentido de Self, e muito menos uma capacidade de raciocinar, à medida que eu era arremessada em estados mentais de loucura. Naquele momento, uma combinação de construções e interpretações[9] foi essencial para que eu pudesse manter uma posição analítica. Se eu falasse, independente do que eu falasse, eu sentia que podia sustentar um sentido de quem eu era. Por exemplo, em uma ocasião na qual o Dr. Z. me acusava de me divertir com o fato de que ele estava dependente e que eu era mesmo como sua mãe que precisava que todo mundo a adorasse, eu me vi dizendo "Algumas vezes quando você fala comigo, não sei o que dizer, porque eu sinto que você não acredita mesmo que eu sou como sua mãe". Não achei que era um comentário particularmente perspicaz, mas só me escutar falando já demonstrava que eu existia por mim mesma. Acredito que, em certas ocasiões, foi útil trazer o Dr. Z. de volta ao consultório e lembrá-lo que, da sua posição no divã, eu estava no consultório e era de fato diferente da sua versão da mãe odiosa e manipuladora. O Dr. Z. sempre se sentia imensamente culpado depois dessas explosões violentas dirigidas a mim, mas, com o tempo, aos

---

9   "'Interpretação' diz respeito a algo que se faz a um elemento único do material, como uma associação ou uma parapraxia. Mas é uma 'construção' quando se apresenta diante do sujeito da análise um pedaço da sua história pregressa que ele esqueceu..." (Freud, 1937, p. 261).

poucos, comecei a ver que, simultaneamente, ele sentia que tinha a permissão de "enlouquecer" na análise à medida que suas defesas psicóticas diminuíam. Ainda que esses estados possam ser descritos como reações terapêuticas negativas, minha proposta aqui é que eles são fases de "enlouquecimento" semelhantes ao "colapso", mas a diferença era que o Dr. Z. tinha a experiência de eu ser uma testemunha que também experimentava o que era estar (quase) esmagado por um senso de loucura, sem ninguém que o reconhecesse. Paradoxalmente, eram nessas ocasiões que eu conseguia de algum jeito sobreviver, mostrando ao Dr. Z. que eu existia e ainda estava com ele (pelo menos tentando estar com ele). Quando o Dr. Z. encerrou o tratamento, para surpresa tanto dele quanto minha, ele sentia que o pacto com sua mãe (eu na transferência), cuja quebra ele tinha certeza de que não poderia suportar, tinha de fato se quebrado e ele se permitia ser ele mesmo. Os temas, embora relacionados aos conflitos edípicos, estavam profundamente enraizados nos estágios iniciais, quando o Dr. Z. havia se traumatizado no lugar de uma criança que sofreu projeções massivas de uma mãe narcisista, como o quadro de Magritte mostra na Figura 2.

Conclusão

A teoria da loucura para Winnicott, assim como toda sua matriz teórica, privilegia os fatos da relação psíquica primitiva e, em particular, o poderoso papel da mãe em moldar a psique da criança. Chamando atenção para Freud e Riviere, este ensaio indicou algumas das influências mais importantes para a conceitualização de Winnicott. Em referência às observações luminosas de Faimberg sobre o uso implícito que Winnicott faz da Nachträglichkeit e sobre as propostas de Freud para as construções, propus aqui que a "reação terapêutica negativa" constitui a fase antecipatória na operação da Nachträglichkeit, tal como adiantado por Faimberg. A interpretação e o holding confiável do analista são a chave para se tentar, no mínimo, sobreviver psiquicamente. Em relação à continuidade da sobrevivência psíquica do objeto, existe um potencial de que o objeto arcaico da fantasia do paciente vá ser posicionado no passado e, assim, liberte o Self para viver criativamente no presente.

Referências

Abram, J. (2013). *Donald Winnicott Today.* New Library of Psychoanalysis Routledge.

Abram, J. (2021). *On Winnicott's concept of trauma.* Education Section of the IJP. https://doi.org/10.1080/00207578.2021.1932079

Faimberg, H. (2007). A plea for a Broader Concept of Nachträglichkeit. *Psychoanal Q, 76*(4): 1221–1240.

Faimberg, H. ([1998] 2013). *Nachträglichkeit and Winnicott's Fear of Breakdown* (Chapter 8). In Abram, J. (2013).

Freud, S. (1923). *The Ego and the Id SE 19.* [No Brasil: Várias edições, incluindo Freud, S. (2011). O eu e o id. *Sigmund Freud: obras completas* (vol. 16) — *o eu e o id, "autobiografia" e outros textos* (1923-1925). Companhia das Letras.]

Freud, S. (1924). *The Economic Problem of Masochism SE 19.* [No Brasil: Várias edições, incluindo Freud, S. (1976). O problema econômico do narcisismo. *Edição Standard Brasileira das Obras Psicológicas Completas de Sigmund Freud* (vol. XIX). Imago.]

Freud, S. (1937). *Constructions in analysis SE 23.* [No Brasil: Várias edições, incluindo Freud, S. (1976). Construções em análise. *Edição Standard Brasileira das Obras Psicológicas Completas de Sigmund Freud* (vol. XII). Imago.]

Riviere, J. (1936). A Contribution to the analysis of the negative therapeutic reaction. *Int J Psychoanal, 17*, 304–320.

Sandler, J. (1983). Reflections on some relations between psychoanalytic concepts and psychoanalytic practice. *Int J Psychoanal, 64*, 35–45.

Strachey, J. (1934). The nature of the therapeutic action of psychoanalysis. *Int J Psychoanal, 15*, 127–159.

Winnicott, D. W. (1945). Primitive emotional development. *Collected papers: Through paediatrics to psycho-analysis*

(1st ed.). Tavistock. [No Brasil: Winnicott, D. W. (2000). Desenvolvimento emocional primitivo. *Da Pediatria à Psicanálise: obras escolhidas*. Imago.]

Winnicott, D. W. ([1947] 1949). Hate in the countertransference. *Int J Psychoanal, 30*, 69–74. [No Brasil: Winnicott, D. W. O ódio na contratransferência. *Da Pediatria à Psicanálise: obras escolhidas*. Imago.]

Winnicott, D. W. (1952). Anxiety associated with insecurity. In 1958, 97–100. [No Brasil: Winnicott, D. W. (2000). A ansiedade associada a insegurança. *Da Pediatria à Psicanálise: obras escolhidas*. Imago.]

Winnicott, D. W. ([1959–1964] 1965). Classification: is there a psychoanalytic contribution to psychiatric classification? *Maturational processes and the facilitating environment*. Hogarth. [No Brasil: Winnicott, D. W. (1983). Classificação: existe uma contribuição psicanalítica à classificação psiquiátrica. *O ambiente e os processos de maturação*. Artes Médicas.]

Winnicott, D. W. (1960c). The theory of the parent–infant relationship. *Int J Psychoanal, 41*, 585–595. [No Brasil: Winnicott, D. W. (1983). Teoria do relacionamento paterno-infantil. *O ambiente e os processos de maturação*. Artmed.]

Winnicott, D. W. (1960d). Ego distortion in terms of true and false self. In 1965: 140–152. [No Brasil: Winnicott, D. W. (1983). A distorção do ego em termos de falso e verdadeiro self. *O ambiente e os processos de maturação*. Artes Médicas.]

Winnicott, D. W. (1962). Providing for the child in health and crisis. In 1965, 64–72. [No Brasil: Winnicott, D. W. (1983). Provisão para a criança na saúde e na crise. *O ambiente e os processos de maturação*. Artes Médicas.]

Winnicott, D. W. (1963a). Dependence in infant-care, in child care, and in the psychoanalytic setting. *Int J Psychoanal, 44*, 339–344. [No Brasil: Winnicott, D. W. (1983). Dependência no cuidado do lactente, no cuidado da criança e na situação psicanalítica. *O ambiente e os processos de maturação*. Artes Médicas.]

Winnicott, D. W. ([1960a] 1963b). The development of the capacity for concern. *Bull Menninger Clin 27*, 167–176. In

Winnicott, 1965a. [No Brasil: Winnicott, D. W. (1983). O desenvolvimento da capacidade de se preocupar. *O ambiente e os processos de maturação*. Artes Médicas.]

Winnicott, D. W. (1965a). The maturational processes and the facilitating environment: Studies in the theory of emotional development. Hogarth. (International Psycho-analytical Library, n. 64.). [No Brasil: Winnicott, D. W. (1983). *O ambiente e os processos de maturação*. Artes Médicas.]

Winnicott, D. W. ([1965] 1989). *The Psychology of Madness: A Contribution from Psychoanalysis In Psychoanalytic Explorations*, 5119. Harvard UP, and Abram (2013), Chapter 1. *DWW on DWW*. [No Brasil: Winnicott, D. W. (1994). A psicologia da loucura: uma contribuição da psicanálise. *Explorações Psicanalíticas*. Artmed.]

Winnicott, D. W. (1967). The location of cultural experience. *Int J Psychoanal, 48*, 368-372. [No Brasil: Winnicott, D. W. (1975). A localização da experiência cultura. *O brincar e a realidade*. Imago.]

Winnicott, D. W. ([1963?] 1974). Fear of breakdown. *Int R Psychoanal, 1*, 103-107. [No Brasil: Winnicott, D. W. (1989). Medo do colapso. *Explorações Psicanalíticas*. Artmed.]

Winnicott, D. W. ([1968] 1989). Postscript: DWW on DWW [1967]. In C. Winnicott, R. Shepherd, M. Davis (eds.). In Winnicott (1989). *Psychoanalytic Explorations*, 569-582. Harvard UP, and Abram (2013), (Chapter 1). *DWW on DWW*. [No Brasil: Winnicott, D. W. (1994). DWW sobre DWW. *Explorações Psicanalíticas*. Artmed.]

APÊNDICE

A datação de *Medo do colapso* e de *A psicologia da loucura* e por que isso importa

(2018)

Em que ano Winnicott escreve *Medo do colapso* e *A psicologia da loucura* e por que isso importa?

O feminino da psique humana emana do útero da mãe, que é tanto real quanto psíquico. O Arquivo pode ser pensado como uma espécie de útero que contém embriões à espera de serem levados à mente/útero onde ele vai evoluir. O trabalho em arquivo é uma experiência inefável e, para mim, semelhante ao trabalho psicanalítico. A atividade silenciosa do analista na sessão é esperar e escutar. O foco é escutar o paciente e escutar como o que ele diz afeta o ser interior do analista. Existe uma busca e uma indagação implícita que se relaciona ao escutar, enquadrado pela temporalidade da estrutura analítica. A pessoa que pesquisa nos arquivos está conscientemente procurando por algo, mas não sabe onde aquela pesquisa vai levar. Ambas as atividades são uma aventura emocional e tanto o analista quanto o pesquisador precisam de uma mente aberta. Nós não lemos apenas os papéis, as correspondências e as notas de autores históricos e personalidades nas quais estamos interessados, mas tocamos e cheiramos o papel no qual essas pessoas escreveram e tocaram. Essa experiência instrui nosso self interior em um nível profundo e leva tempo para evoluir até uma ideia ou mesmo um conceito. É somente no après-coup que começamos a ter noção do que aconteceu no arquivo quando lemos pela primeira vez seja lá o que estiver ao nosso alcance. E, como analistas, é o fenômeno do après-coup que leva à elucidação do trabalho analítico com nossos pacientes.

Seguindo o conceito winnicottiano de morada da psique no soma, propus recentemente a noção de um "princípio de moradia" (Abram, 2019). Esse princípio de moradia subjetivo constitui a presença permanente da Mãe/Outro em cada psique individual "do qual todo ato deriva toda a sua vida" (OED). Esta é uma das maneiras pelas quais reflito sobre o trabalho em arquivo. Para mim, ele tem um efeito profundo na psique. O modo como nossas descobertas informam cada um de nós, na minha opinião, se relaciona ao princípio da moradia de cada pessoa, que se encontra no coração do feminino na psique.

Em 2017, Johannes Picht, editor do conhecido periódico alemão Psyche, encomendou que eu escrevesse um artigo sobre o *Medo do colapso* para Winnicott e sua relação com *A psicologia da loucura*. Fiquei muito grata por essa oportunidade, que me levou a escrever um artigo publicado na Psyche em 2018 e que, revisado, se tornou o **Capítulo 8** desta coleção (ver **Bibliografia de Abram**).

Há muitos anos, questiono o porquê de *Medo do colapso* ser referenciado com um ponto de interrogação — por exemplo, "1963?". Ao me preparar para escrever aquele artigo, no meu esforço de entender os motivos, aproveitei a oportunidade para retornar aos arquivos de Winnicott. O que se segue é um breve relato das minhas descobertas e minhas razões para desejar publicar essas descobertas neste livro.

***

Em 1974, quando o artigo *Medo do colapso* foi publicado pela primeira vez, de maneira póstuma pelo International Review of Psychoanalysts, Clare Winnicott escreveu uma nota editorial afirmando que aquele texto havia sido escrito "pouco antes da morte de Donald Winnicott" (Winnicott C., 1974). Como Donald Winnicott morreu em 25 de janeiro de 1971, a nota de rodapé sugere que ele compôs *Medo do colapso* por volta de 1970. Thomas Ogden, no seu artigo de mesmo nome, endossa a nota de rodapé de Clare e desenvolve suas próprias justificativas para concordar com a data (Ogden, 2014). Mas, na minha perspectiva, acredito que *Medo do colapso* foi escrito antes de 1965, e mais provavelmente entre 1963 e 1964. Portanto, não acredito que ele tenha sido o último artigo de Winnicott. A partir das evidências em arquivo, acredito que o último artigo no qual ele se envolveu, para a conferência da Associação Psicanalítica Internacional, prevista para acontecer em Viena em 1971, era uma extensão das suas preocupações sobre as raízes da agressão, como previamente demonstrei no décimo quarto capítulo de *Donald Winnicott today* (Abram, 2013).

Primeiro, vamos examinar alguns dos motivos pelos quais a datação desse texto é incerta. Os editores responsáveis pelo livro *Explorações psicanalíticas* eram Ray Shepherd, um psicanalista da Sociedade Psicanalítica Britânica, e Madeleine Davis, uma filósofa e psicoterapeuta psicanalítica. Davis era uma pesquisadora winnicottiana dedicada e acredita-se que ela conduziu a maior parte do trabalho de edição[1] das publicações póstumas de Winnicott (em nome do Comitê de Publicações)[2]. Durante minha pesquisa nos arquivos, fiquei familiarizada com a caligrafia de Madeleine Davis, que escrevia comentários e emendas aos manuscritos de Winnicott com uma letra elegante.

Agora, no principal prefácio editorial de *Explorações psicanalíticas*, os editores dizem que esse volume é o último livro

---

1 Comunicação pessoal com Nina Farhi, 1992.
2 Esse comitê foi oficialmente renomeado para "The Winnicott Trust" pouco tempo antes da morte de Clare Winnicott, em 1984 (ver Abram, 2008).

em que eles trabalharam junto a Clare Winnicott, que morreu em 1984. Como o título foi publicado em 1989, é evidente que eles provavelmente trabalharam no manuscrito por mais cinco anos depois da morte de Clare. A pergunta, então, é a seguinte: ao republicar *Medo do colapso* naquela coletânea de artigos de Winnicott, ainda que eles tenham declarado em uma nota de rodapé que ele havia sido publicado em 1974, por que os editores datam o texto como sendo de 1963 e acrescentam a essa data um ponto de interrogação? E por que eles não se referem à nota editorial de Clare Winnicott de 1974? Foi simplesmente um descuido? Considerando que Madeleine Davis tinha a reputação de ser meticulosa no seu trabalho de edição, me parece improvável.

Uma outra discrepância adiciona mistério ao ano da composição. Quando Clare Winnicott publicou seu próprio artigo clínico sobre o medo do colapso, no International Journal of Psychoanalysis, em 1980, o artigo de Winnicott é datado na lista de referências como sendo de 1970 (e não 1974, quando ele foi publicado — ver Clare Winnicott, 1980). É uma indicação de que 1970 é o ano em que Clare Winnicott acredita que ele foi escrito, pensando que Winnicott ainda estava vivo na época? Mais tarde, depois da morte de Clare Winnicott em 1984, Madeleine Davis publicou um artigo sobre o trabalho do Comitê de Publicações (já transformado no Winnicott Trust), que havia sido escrito em 1985 e publicado apenas em 1987, no qual ela anuncia que o artigo *Medo do colapso* ia ser incluído na vindoura coletânea *Explorações psicanalíticas*. No entanto, ela não se refere à sua publicação como sendo de 1970 ou de 1974, e nada é relatado também na sua lista de referências (ver Davis, 1987). Fica claro pela nota dos editores no artigo de 1989 que Davis estava bem ciente das conexões teóricas entre os artigos *Medo do colapso* (1963?), *Classificação* (1964) e *A psicologia da loucura* (1965).

Voltando ao prefácio de *Explorações psicanalíticas*, escrito por Madeleine Davis e Ray Sheperd, descobrimos que, antes de morrer, Winnicott planejava a publicação de novas coletâneas de artigos e que, com essa ideia em mente, ele havia escrito duas listas. Os editores estimam que ele compilou essas listas em 1968 e 1969 — *A psicologia da loucura*, de 1965, aparece nesse rol de artigos. Para além dessas duas listas, continua Davis, existiam duas pilhas de manuscritos "dispostos em ordem". Um deles era *Medo do colapso* e, em parênteses, os editores escreveram "(1963?)" (Winnicott, 1989, p. 12).

Apesar de tais discrepâncias, que criam certa confusão sobre a data da redação do artigo *Medo do colapso*, existem três outras razões por que acredito que o artigo foi escrito em 1963 e não pouco antes da sua morte em 1970. Fundamento essa questão na minha pesquisa conceitual e nos arquivos dos escritos de Winnicott.

1. O manuscrito de *Medo do colapso* nos arquivos é datado como sendo de 1963. Em complemento, existem vários outros escritos (e publicações) datados como sendo de 1963 diretamente relacionados a argumentos específicos que surgem em *Medo do colapso*, como veremos mais adiante.
2. O estilo do artigo sugere que ele foi escrito para terapeutas (e não tanto para seus colegas psicanalistas). Esse ponto corrobora a ideia de que ele foi preparado tendo em mente uma audiência específica, como indicado no manuscrito, isto é, a Clínica Davidson.
3. Evidências tiradas dos arquivos e outras publicações indicam que, entre 1968 e 1970 (os dois últimos anos antes de sua morte), as preocupações conceituais de Winnicott se concentraram na teoria da agressão e na mudança psíquica na prática psicanalítica.

Permitam-me agora elaborar esses três pontos que iluminam a evolução dos seus conceitos[3].

---

3 Em 1961, Winnicott escreveu uma "nota" sobre o fator tempo (Winnicott, [1961] 1996).

Descobertas do arquivo

Nos arquivos de Winnicott em Londres, a primeira página da cópia datilografada de *Medo do colapso* tem "A CLÍNICA DAVIDSON, EDIMBURGO" no seu cabeçalho — datilografado e sublinhado. Em cima disso, escrito à mão, o ano 1963 é escrito em caneta esferográfica[4]. Embaixo do cabeçalho, aparece MEDO DO COLAPSO datilografado e, um pouco mais embaixo, no canto da direita, o endereço de Winnicott em Londres. Outra data escrita à mão, embaixo do endereço datilografado (que poderia ser 1961), está riscada, sendo corrigida para 1963. Além da transcrição, existem mais duas notas manuscritas (na caligrafia de Winnicott): "Sobre a natureza do colapso mental", datada de outubro de 1963, e "O axioma de Winnicott", também datado 1963.

Vamos agora observar as publicações. O artigo *Classificação: existe uma contribuição psicanalítica à classificação psiquiátrica?*, publicado pela primeira vez na primeira edição do segundo volume de seus artigos reunidos (Winnicott, 1965b), é datado 1959-1964. Ao final do artigo, ele acrescenta uma nota: Pós-Escrito 1964. Depois dessa nota, surgem dois outros subtítulos:

Uma nota sobre o colapso mental

Alguns pacientes possuem um medo de um colapso mental. É importante que o analista tenha em mente o seguinte axioma: (1964)

O "Axioma" (de 1964) é uma versão elaborada da nota de 1963 encontrada nos arquivos. Essa nota diz:

> O colapso se deu. O medo do colapso é o resultado da urgência do paciente de se lembrar de um colapso que foi significativo. O lembrar só pode acontecer pela reexperimentação. O lembrar implica um crescimento cada vez maior do ego, o que torna a experiência anterior impossível em função da imaturidade do ego (Arquivos de Winnicott, biblioteca Wellcome, Londres).

---

4   Acredito que a caligrafia seja de Clare Winnicott.

O estilo de escrita de Winnicott: *Medo do colapso* comparado com *A psicologia da loucura*

Em geral, existem diferenças específicas entre os artigos que Winnicott escreveu para uma audiência de profissionais de saúde mental e/ou o público em geral daqueles em que se dirigia a seus colegas em encontros científicos, tanto na Inglaterra quanto em países estrangeiros. O estilo de escrita de *Medo do colapso*, apesar do seu conceito psicanalítico sofisticado, parece cair na categoria dos escritos destinados a profissionais da saúde mental — como o próprio manuscrito indica, tendo como cabeçalho A CLÍNICA DAVIDSON (uma clínica médica de psicoterapia em Edimburgo)[5]. O tópico provavelmente era bastante relevante para o tipo de casos que os terapeutas da clínica tratavam no dia a dia. Seu público tinha algum treinamento em terapia psicodinâmica e com certeza havia interesse pelo trabalho de Winnicott, por isso o convite. O estilo do artigo é apropriado para esse tipo de audiência. É bem curto e incisivo — quase como uma apresentação de PowerPoint com suas quinze subseções — e revisita seu trabalho inicial já estabelecido: crescimento emocional, estágios iniciais; dependência absoluta; agonias primitivas; doença psicótica como uma defesa. Esse tipo de resumo introdutório dos princípios essenciais de seu trabalho não era a maneira com a qual ele apresentava suas ideias a seus colegas em encontros científicos da BPaS. E, embora possamos ver que ele apresenta sua ideia como "nova", é perceptível, através de uma leitura atenta, que a ideia central é fundamentada na teoria não desenvolvida por Freud da temporalidade — Nachträglichkeit (como comento no **Capítulo 8**).

---

5   Na verdade, o artigo nunca foi apresentado à clínica Davidson. Em vez disso, Winnicott deu três palestras na Escola de Verão da Clínica Davidson, no começo de agosto de 1964: *O verdadeiro e o Falso Self; O aspecto positivo do comportamento antissocial com um caso ilustrativo; O talento especial ajudando ou dificultando a terapia* (*The collected works of DW Winnicott*, volume 12).

Em contraste, *A psicologia da loucura: uma contribuição da psicanálise* não possui subseção nenhuma. E, no início, Winnicott não fala que aquela é uma ideia "nova" e sim que o que ele tem a dizer "pode ter sido dito antes por Freud ou por alguma outra pessoa", mas que, mesmo assim, ele gostaria de compartilhar sua "ideia" (p. 119). Esse ponto me sugere que a nova ideia em 1963 continuou a evoluir na sua mente até o momento da escrita de *A psicologia da loucura*. Quando, no entanto, ele escreve em 1965 que "isso já pode ter sido dito antes", ele mostra uma consciência de que ele pode estar estendendo algo que Freud (ou alguma outra pessoa) já disse ou pelo menos tinha começado a dizer. Ele fez uma advertência no começo do seu primeiro artigo seminal, de 1945:

> Não farei, primeiro, um levantamento histórico e depois mostrarei o desenvolvimento das minhas ideias a partir das teorias dos outros, porque minha mente não funciona dessa maneira. O que acontece é que eu pego isso e aquilo, aqui e ali, vou para a clínica, experimento, formo minhas próprias teorias e então, por último, me interesso em procurar de onde roubei tal coisa. Talvez esse método seja tão bom quanto qualquer outro (Winnicott, 1945, p. 145).

No entanto, a aparente autodepreciação da sua "ideia" tende também a indicar sua preocupação com críticas e ceticismos[6].

Além disso, o tom do artigo de 1965 pondera mais detalhadamente todos os temas relacionados ao medo do colapso que permeiam a argumentação do texto. Lá pela metade, ele volta a se referir a seu "axioma", para corrigir o que ele tinha declarado antes. Essa parece ser uma evidência a mais de que esse artigo foi escrito depois de *Medo do colapso* e é o artigo

---

6 Klein e seus seguidores rejeitavam ostensivamente o trabalho de Winnicott. Anna Freud e seu grupo eram mais receptivos a algumas das suas ideias, mas a maioria dos seguidores dela não reconheciam sua contribuição original à teoria e à técnica psicanalítica.

que ele escreveu para seus colegas analistas em Londres. Em vez disso, em 6 de outubro de 1965, ele apresentou um artigo diferente — *Um caso de psiquiatria infantil: descrição de uma entrevista psicoterapêutica*. No entanto, durante os anos de 1969 e 1970, seus últimos dois anos de vida, fica evidente a partir de Davis que ele planejava publicar seu artigo de 1965 em uma nova coleção, talvez depois da publicação dos dois livros que Masud Khan estava editando: *O brincar e a realidade* e *Consultas terapêuticas em psiquiatria infantil* (que foi publicado perto do final de 1971, alguns meses depois da morte de Winnicott). Ele não só estava ocupado com seu trabalho clínico, editorial e com a participação em comissões, mas também parece evidente que suas preocupações conceituais finais não eram mais "o medo do colapso" e "a psicologia da loucura", como veremos.

As preocupações conceituais finais de Winnicott

Na minha opinião, *O uso de um objeto*, apresentado no Instituto Psicanalítico de Nova Iorque em novembro de 1968, constitui o cerne das suas preocupações e dos seus desenvolvimentos conceituais perto do fim da vida[7]. Ele acreditava que "o reconhecimento do elemento destrutivo na ideia excitada primitiva e crua" estava resolvido quando escreveu *O uso de um objeto*. Já propus antes que ele se referia ao conceito central naquele artigo, isto é, a sobrevivência do objeto, oferecendo sua formulação alternativa ao conceito freudiano de pulsão de morte (Abram, 2013, p. 308). Repeti esse argumento ao longo dos vários capítulos deste livro. No entanto, ainda que o próprio Winnicott sentisse que havia resolvido o problema, ao mesmo tempo ele se via frustrado por entender que seu público em Nova Iorque aparentemente não o tinha enten-

---

7 Em janeiro de 1968, Winnicott escreveu ao Instituto Psicanalítico de Nova Iorque se oferecendo para apresentar esse artigo no final daquele ano. Será essa uma indicação de que ele havia desistido de apresentar qualquer "ideia" a seus colegas de Londres?

dido — o que se demonstrou pela resposta dos três debatedores. Além disso, não houve tempo para um debate aberto com a plateia, o que ele realmente queria que acontecesse durante essa visita. Logo depois, já sofrendo de problemas de saúde, ele continuou a tentar formular seus pontos em uma linguagem diferente, na sua necessidade de transmitir o significado do seu desenvolvimento conceitual. Significa dizer que ele se via obrigado a elaborar sua discordância do conceito freudiano de pulsão de morte em uma maneira mais direta. Curiosamente, em um dos artigos de 1969 — *O uso de um objeto no contexto de "Moisés e o monoteísmo"* —, ele começou a formular uma outra nova ideia sobre o papel do pai no desenvolvimento psíquico primitivo[8]. Nos **Capítulos 6 e 7** deste livro, elaboro minha perspectiva sobre o trabalho de Winnicott a respeito do pai primitivo.

Outras evidências dos arquivos indicam fortemente que, pouco antes de sua morte, entre dezembro de 1970 e janeiro de 1971[9], Winnicott preparava um artigo para uma apresentação de painel no congresso da IPA que iria acontecer em Viena em 1971 — *O conceito psicanalítico de agressão: aspectos teóricos, clínicos e aplicados*. Suas notas consistem em sete páginas que esboçam um plano para o artigo. As duas primeiras linhas das notas dizem: "Estou pedindo por uma espécie de revolução no nosso trabalho. Vamos reexaminar o que nós fazemos"[10]. Em outro momento, sugeri que essas notas indicam fortemente que suas preocupações finais, pouco antes de sua morte, se concentravam na dissociação, no ódio, nos elementos masculinos e femininos, no uso de um objeto e na regressão (Abram, 2013).

A julgar pelo prefácio de *Explorações psicanalíticas*, é evidente que Winnicott tinha uma forte opinião sobre sua teoria

---

8 O desenvolvimento da sua proposta, no início de 1969, de um "integrado" — o pai na mente da mãe — é um avanço inovador significativo a seu conceito de preocupação materna primária. Esse trabalho oferece mais algumas implicações clínicas, como tentei elaborar no **Capítulo 7** (Abram, 2017).
9 Winnicott morreu em 25 de janeiro de 1971.
10 Essas palavras foram escritas à mão por Winnicott e estão reproduzidas na capa da versão em brochura de *Donald Winnicott today* (2013).

da loucura e queria que ambos os artigos fossem publicados. Apesar da sua consciência de ter "roubado" de Freud e de outros, ele também tinha muita certeza da originalidade da sua abordagem particular da psicanálise.

Talvez vá continuar sendo um mistério o motivo para a nota editorial de Clare Winnicott ter sido ignorada pelos editores de *Explorações psicanalíticas*. Para mim, parece que eles não concordam que *Medo do colapso* foi escrito "pouco antes da morte de Donald Winnicott"[11]. E, apesar das minhas investigações, como indiquei, cada leitor vai decidir onde *Medo do colapso* deverá ser cronologicamente posicionado entre os escritos de Winnicott. Na minha opinião, a evidência nos arquivos mostra que *Medo do colapso* foi escrito em 1963 e *A psicologia da loucura* em 1965. A vontade de publicar essas descobertas aqui é, a partir dos arquivos de Winnicott, oferecer aos pesquisadores evidências de que suas preocupações finais antes da sua morte se dedicavam a reforçar seu argumento de que o relacionamento primário e original tinha precedência sobre qualquer noção a respeito dos fatores inatos moldando a psique.

Referências

Abram, J. (2008). Donald Woods Winnicott: A brief introduction. *Int J Psychoanal, 89*, 1189–1217.

Abram, J. (2012 in 2013). *D.W.W's Notes for the Vienna Congress 1971: a consideration of Winnicott's theory of aggression and an interpretation of the clinical implications*. In Abram (2013).

Abram, J. (2013). *Donald Winnicott Today.* New Library of Psychoanalysis. Routledge.

Abram, J. (2017). *Interpreting and creating the object: A psychoanalytic response to Mannocci's work on 'The Annunciation' Bulletin BPaS*.

Abram, J. (2019). On Personalization and the Indwelling Principle EPF Bulletin, 73 Panel Presentation, with Jasminka Suljagic and Rudi Vermote. *EPF Annual Conference*, Madrid, Spain.

---

11 No seu artigo de 1987, Madeleine Davis fala que os desacordos eram resolvidos amigavelmente (Davis, 1987).

Davis, M. (1987). The Writing of D. W. Winnicott. *Int R Psycho-Anal, 14*, 491–502.

Ogden, T. (2014). Fear of Breakdown and the unlived life. *Int J Psychoanal, 95*(2), 205–223.

Winnicott, C. (1974). Editorial Note. In Winnicott, D. W. (1974). Fear of Breakdown. *Int. R. Psycho-Anal., 1*, 103–107. [No Brasil: Winnicott, C. (1989). Nota editorial. In D. W. Winnicott (1989). Medo do colapso. *Explorações Psicanalíticas*. Artmed.]

Winnicott, C. (1980). Fear of breakdown: A Clinical Example. *Int J Psychoanal, 61*, 351–357.

Winnicott, D. W. (1945). Primitive emotional development. *Int J Psychoanal, 26*, 137–143. [No Brasil: Winnicott, D. W. (2000). Desenvolvimento emocional primitivo. *Da Pediatria à Psicanálise: obras escolhidas*. Imago.]

Winnicott, D. W. ([1965a] 1989). The psychology of madness. In Winnicott, D. W. (1989). [No Brasil: Winnicott, D. W. (1994). A psicologia da loucura: Uma contribuição da psicanálise. *Explorações Psicanalíticas*. Artmed.]

Winnicott, D. W. (1965b). *Classification in The Maturational Processes and the Facilitating Environment: Studies in the Theory of Emotional Development*. Hogarth. [No Brasil: Winnicott, D. W. (1983). Classificação: Existe uma contribuição psicanalítica à classificação psiquiátrica. *O ambiente e os processos de maturação*. Artes Médicas.]

Winnicott, D. W. (1989). *Psychoanalytic Explorations*. In C. Winnicott, R. Shepherd, & M. Davis. Harvard University Press. [No Brasil: Winnicott, D. W. (1994). *Explorações Psicanalíticas*. Artmed.]

POSFÁCIO

A sobrevivência psíquica do objeto no contexto da covid-19

(2020)

A pandemia de 2020 trouxe o assunto da sobrevivência para a frente do palco. A covid-19 é mortal. O fato desse vírus particular ser mais perigoso para aqueles acima dos sessenta e cinco anos provocou um impacto particular em vários pacientes em análises com analistas mais velhos. Quando os analistas pararam de trabalhar no consultório por causa das restrições sanitárias e da política de "fique em casa", as fantasias destrutivas de dano ao objeto foram confirmadas.

Em *O uso de um objeto*, Winnicott argumenta que, para usar um objeto, que ele via como o pináculo da conquista psíquica, o sujeito precisava primeiro experenciar que o objeto sobreviveu à agressão benigna do bebê. Na análise, o paciente cujo objeto original não sobreviveu precisa ter a oportunidade de expressar a máxima destrutividade. A sobrevivência psíquica do analista à máxima destrutividade, ao longo do tempo, como os capítulos deste livro tentam demonstrar, vai facilitar a necessária mudança psíquica da relação com o objeto para o uso do objeto. Isso potencialmente levará ao "passo importante" que permite ao sujeito discernir que a Mãe/Outro tem uma mente própria. O corolário dessa mudança psíquica é um paciente que parece estar em análise, mas não faz mais do que uma espécie de autoanálise. Na camada mais profunda da psique, carrega a convicção de que o objeto não sobreviveu devido ao seu imenso poder destrutivo. A persistência dessa convicção torna impossível a mudança psíquica.

A sobrevivência psíquica do objeto contextualiza as complexidades da abordagem analítica. O analista precisa receber os ataques primários do paciente e, essencialmente, deve manter uma posição de não retaliação. Essa é uma questão absolutamente central para a sobrevivência psíquica do objeto. De fato, são as camadas infantis da psique que são associadas às necessidades primárias para o objeto, e não a pulsão de morte (Abram, 2012). Essas camadas de agressividade primitiva devem testar o analista até os limites da resistência psíquica.

Quando, em 1968, Winnicott diz que "esses ataques podem ser bem difíceis do analista suportar", ele acrescenta uma nota de rodapé:

> Quando o analista sabe que o paciente está portando um revólver, então, me parece, esse trabalho não pode ser feito (Winnicott, [1968] 1971, p. 92).

No início, essa nota de rodapé me intrigou e me fez dar risada. Pensando bem, minha reação provavelmente se deu porque a nota também me fazia sentir-me ansiosa. Agora, no contexto da pandemia da Covid-19, ela assumiu uma pungência que ressalta a seriedade mortal do pensamento de Winnicott. Vamos pensar na realidade de um paciente que atravessa uma fase particular de negatividade na sua análise e, um dia, entra no consultório portando um revólver. Se ele está carregado ou não, não é relevante. De repente, o simbolismo da situação de análise se transforma irrevogavelmente. Como o analista poderia permanecer analiticamente neutro diante de uma ameaça real a sua vida?

No contexto da pandemia, que começou em 2020 e vai possivelmente continuar em 2021 e até em 2022, o encontro ordinário entre analista e analisando se tornou literalmente perigoso. Para os analistas mais velhos em especial, é como se cada paciente portasse um revólver. E o conhecimento consciente desta nova realidade no consultório vai inevitavelmente provocar angústias intensas em ambos. Mas o analista está no comando do setting. Dizer a cada paciente que, dali em diante, a análise precisaria ser conduzida online era interpretado por cada paciente de uma maneira diferente, dependendo das vicissitudes da transferência na época. Seria estranho se o paciente não interpretasse a demanda do analista por uma mudança radical no setting como não tendo nada a ver com o medo do analista a respeito do que o paciente poderia provocar nele. Essa nova regra do analista, enquanto ele se afasta do consultório, é como dizer a cada paciente:

> Você não tem mais permissão para entrar no meu consultório e para ficar comigo durante a sessão, porque você é perigoso para mim e pode me matar. Você me faz ter medo de passar tempo com você. E eu não posso tolerar esse nível de medo. Fique longe até as coisas se acalmarem.

Simultaneamente, o analista está dizendo:

> Mas você pode continuar a comparecer às sessões por uma via eletrônica.

O fenômeno da Nachträglichkeit é invocado para cada paciente que se deita no divã mobilizando a transferência infantil. Nessa camada mais superficial — não necessariamente psicótica —, o divã é o colo da mãe ou o útero e, dentro dessa camada, um sentimento de desamparo e dependência se torna um fenômeno normal do que significa estar "em análise". Memórias inconscientes de ser alimentado são induzidas.

Portanto, dizer ao paciente que ele só pode entrar em contato eletronicamente é o equivalente à mãe de um recém-nascido se afastar do bebê que se tornou perigoso para ela. Ao invés de sustentar a criança nos seus braços enquanto ela a amamenta, a mãe vai oferecer uma mamada online. Assim, a comunicação do analista para o paciente nessa camada mais profunda é modificada de uma sobrevivência potencial do objeto para uma não sobrevivência do objeto. O analista não apenas se retrai, ele provoca o paciente ao oferecer o que é impossível oferecer, isto é, uma mamada remota.

O caso a seguir oferece uma ilustração da relação entre um analista mais velho e um paciente mais novo.

Dr. L. é um analista mais velho, com mais de sessenta e cinco anos, e trabalhava com o Sr. A. há muitos anos, em uma análise de alta frequência. Depois do recesso de inverno, um tipo particular de transferência negativa com fortes características de não sobrevivência associada à raiva e à inveja era uma presença proeminente na análise. O Sr. A. se sentia sem opções na vida; apesar de levar uma boa vida profissional e pessoal ao longo dos anos de análise, ele tinha chegado ao que ele sentia ser um beco sem saída. Sua amargura contra seu analista se relacionava com a fantasia de que o Dr. L. era uma pessoa bem-sucedida que tinha navegado por cada estágio do seu desenvolvimento e agora desfrutava o topo da sua carreira. O Sr. A. sentia que nunca poderia alcançar aquele nível de sucesso. Essa camada de transferência ressoava com a versão do Sr. A. em relação a seus pais, que eram bem-sucedidos em suas carreiras ao mesmo tempo que pareciam distantes e desinteressados no desenvolvimento do Sr. A. No início da adolescência, o paciente tinha tentado se matar e, depois da overdose, ligou para sua mãe, que largou tudo e foi embora do trabalho para levar seu filho ao hospital. O Sr. A. sentia que ele tinha tido a sorte de ser salvo. Esse fato na história psíquica do paciente, embora uma camada importante na transferência, ainda não havia sido elaborado. Esse era um dos motivos que fez o Dr. L. pedir algumas consultas para examinar sua sensação de uma paralisia contratransferencial. O Sr. A. parecia, de maneira constante, evitar o trauma ocorrido na sua história enquanto jovem adolescente.

No início de março de 2020, a análise passou a ser online e o Sr. A., apesar de entender a necessidade dessa mudança, se sentiu machucado e rejeitado. Quando um lockdown iminente foi anunciado na cidade onde ele trabalhava, o Dr. L. decidiu, de um dia para outro, sair da cidade e ir para sua casa no campo, onde o risco de contaminação era menor — o que significava uma mudança repentina ainda maior no setting no espaço de dez dias.

Essas mudanças do setting ocorreram várias semanas antes da tradicional pausa para a primavera. A análise continuou online, mas o Sr. A. se tornava cada vez mais fragmentado e seu analista ficou preocupado a respeito dos impulsos autodestrutivos que emergiam na transferência, associados à tentativa de suicídio não examinada da adolescência. O paciente sentia que estava colapsando e acreditava que as sessões eram essenciais para sua saúde mental. Depois de mais algum trabalho, o Dr. L. decidiu que iria oferecer a continuidade das sessões mesmo durante o recesso planejado de duas semanas. Ele sentiu que era sua obrigação oferecer essa possibilidade diante de circunstâncias tão extraordinárias. Ele estava ciente de que havia deixado o Sr. A. na cidade, tendo que trabalhar em áreas de alto risco, enquanto o Dr. L. havia se mudado para uma área de risco mais baixo.

O Sr. A. sentiu que essas "sessões de férias" especiais eram inestimáveis. Ele ficou grato de ter um espaço para refletir sobre suas angústias profundas e seu pânico associado à transferência negativa massacrante. Perto do final das duas semanas, um feriado nacional despontava no horizonte. O Dr. L. se viu na esperança de que o Sr. A. quisesse tirar o dia de folga, mas o paciente disse a seu analista que contava com aquela sessão. O Dr. L. concordou, mas percebeu que se sentiu relutante, de uma maneira que ele não havia sentido quando ofereceu a continuidade das sessões durante a pausa tradicional. Ao mesmo tempo, ele sentiu que não podia dizer não.

Naquela sessão em particular, quando o analista concordou com relutância em oferecer uma sessão durante o feriado, ele sentiu que seu paciente era como uma criança muito pequena (por volta dos dezoito meses de idade) que estava intensamente carente e assustada. Ele precisava do objeto, mas sua carência invocava o ódio também. Em contrapartida, esse sentimento fez o Dr. L. se sentir aterrorizado. Ele sentia que seria crueldade dizer não, mas estava lutando contra seu próprio sentimento de ódio e ressentimento. Na mesma sessão, o Sr. A. falou, com algum detalhamento, sobre se sentir uma fraude diante de uma situação do trabalho. O Dr. L. perguntou em voz alta se ele também se sentia uma fraude por contar com uma sessão em um feriado nacional? O paciente disse que estava começando a se sentir um pouco culpado, porque ele não sentia realmente que precisava da sessão, como tinha precisado no início do recesso. Mas que ele estava achando a sessão útil e que gostaria que o Dr. L. estivesse disponível em um período no qual, em geral, ele não estava disponível. O analista disse que talvez aquilo fizesse o paciente se sentir especial em relação a outros analisandos. O Sr. A. não sabia dizer ao certo, mas se lembrou de que nunca podia pedir nenhum tratamento especial de sua mãe. Mesmo quando ele sofreu a overdose, ele sentia que sua mãe nunca tinha reconhecido quem ele era e o que ele precisava de verdade, ainda que ela o tenha levado ao hospital e, portanto, salvado sua vida. Mas, quando o Dr. L. ofereceu as sessões durante o recesso, aquilo fez uma grande diferença no seu estado mental e ele sentiu, talvez pela primeira vez, que ele era cuidado e visto. Ele, antes, sentia um pânico agudo e não sabia muito bem como continuar sem as sessões. A oferta o fez sentir que podia realmente confiar no seu analista, de um modo que ele não se lembrava de sentir em relação a seu pai ou a sua mãe. Talvez ele também quisesse testar seu analista? A discussão seguiu, abordando o sentimento do Sr. A. de que era um paradoxo: seu analista estava com ele, mesmo não estando.

O Dr. L. fez questão de refletir sobre esse estágio da análise com seu supervisor e seu grupo de Desenvolvimento Profissional Contínuo, perguntando a si mesmo o que a situação provocada pela covid-19 estava fazendo com seus limites profissionais? Em mais de duas décadas de prática analítica, ele nunca tinha oferecido continuar as sessões com um paciente durante um recesso. Ele estava ciente do quanto se sentia culpado por sair da cidade e, por assim dizer, fugir para o campo. Ao mesmo tempo, ele sentia que a mudança havia sido essencial para que ele pudesse se sentir seguro o suficiente para continuar o trabalho com um sentimento de equilíbrio. Seu raciocínio ao oferecer as sessões ao Sr. A. durante o recesso estava relacionada à própria experiência do paciente com uma mãe narcisista que demandava admiração de todos ao redor. Mesmo na sua vida adulta, o Sr. A. se sentia obrigado a protegê-la. Dizer "não" às suas demandas a ameaçava. Talvez a tentativa de suicídio estivesse relacionada à raiva e ao desejo de morte dirigido a sua mãe, representado agora pelo Dr. L. na transferência, a partir da sua mudança de cidade e também das suas férias.

Winnicott aponta uma distinção significativa entre necessidades e vontades. Pensando melhor, o Dr. L. notou como seu sentimento de medo e de ansiedade estava se transformando em relação ao Sr. A, que, nas semanas seguintes à pausa da primavera, mesmo com a análise sendo online, sentia cada vez mais um sentimento de estabilidade.

Quando um novo feriado nacional despontou no horizonte, o Dr. L. sentiu que ele realmente precisava aproveitar esse feriado e, como de costume, comunicou a seus pacientes. Para seu alívio, o Sr. A. respondeu com uma risada leve: "Beleza, vou te dar uma folga". O Dr. A ficou irritado com essa resposta, mas, ao mesmo tempo, enxergou a fala como uma reversão lúdica da sua autoridade analítica. O Sr. A. estaria agora no controle de quem ia abandonar quem. No entanto, também havia um sentimento de alívio de que uma fase do trabalho, com seus ataques e sua negatividade demarcada, tinha sido ultrapassada, e o paciente também parecia transmitir que a fase da não sobrevivência, pelo menos naquele momento, estava encerrada. Tanto o analista quanto o paciente podiam manter o Outro em mente. O objeto intrapsíquico sobrevivente do Sr. A. tinha sido reforçado, à medida que ele se viu capaz de reconhecer um sentimento de confiança no Outro que podia reconhecer e atender suas necessidades. Mas os problemas espinhosos relacionados à análise online ainda não estavam resolvidos.

Discussão

Sem dúvida nenhuma, o anúncio da pandemia, rapidamente seguido pelo lockdown e por um número enorme de pessoas contraindo o vírus e ficando gravemente doentes e/ou morrendo, deixou o Dr. L. ansioso e com medo por si e pela sua família. Todos os seus pacientes tinham mais ou menos metade da sua idade. Ao continuar trabalhando online com o Sr. A. durante o recesso, pode-se argumentar que o Dr. L. foi capaz de demonstrar que podia sobreviver psiquicamente, porque ele foi capaz de raciocinar e refletir nesse novo setting. Mas vamos examinar um pouco mais o nível diádico de comunicação com o analisando.

Na minha perspectiva, as restrições governamentais constituem a "lei do pai", de modo que, da camada infantil no adulto, pode-se imaginar que a mãe primitiva está dizendo ao bebê:

> Desde que a gente não esteja no mesmo ambiente, posso continuar a atender suas necessidades, e vou fazer de conta que estou te amamentando satisfatoriamente. É isso que o pai está me forçando a fazer.

Isso estabelece uma situação que, no meu ponto de vista, constitui a não sobrevivência do objeto em um nível diádico. No entanto, a experiência do Dr. L, que se assemelha a de muitos colegas, demonstra o quanto a análise online confirma que o trabalho psíquico efetivo continua a acontecer e talvez indique que a sobrevivência psíquica do objeto funciona no nível do terceiro/edípico. No nível afetivo, o analista demonstra sobrevivência psíquica através da capacidade de continuar a raciocinar e refletir e manter uma posição de não retaliação. Também faz uma grande diferença se a análise online possui um histórico ordinário substancial de trabalho analítico, como de fato acontecia com o Dr. L. e o Sr. A.

Mas as diferentes camadas de realidades psíquicas sempre carregam ressonâncias psíquicas no après-coup transferencial. Os dois caminhos possíveis que se abrem ao analista, considerando a continuidade da pandemia, são permanecer online ou retornar ao consultório mantendo dois metros de distância e, de preferência, usando uma máscara.

Ainda que essas duas possibilidades demonstrem um bom senso de responsabilidade social diante da realidade da propagação da covid, elas, ao mesmo tempo, inevitavelmente transmitem um medo da contaminação e do dano. Uma vez que as restrições forem suspensas, por já ser seguro voltar a trabalhar com o paciente no consultório, aí vamos retornar a uma situação normal na qual, assim se espera, vamos ter a chance de elaborar essa grave ruptura de todos os tratamentos analíticos que está causando um trauma psíquico coletivo. Mas, enquanto a covid-19 continuar a ser uma ameaça global à vida, apesar do enorme progresso de diferentes vacinas, isso implica que, para todos os analistas, especialmente os mais velhos, tanto faz se o trabalho acontece dentro ou fora do consultório, é como se cada paciente em cada sessão chegasse ao consultório portando um revólver. Como é possível, então, continuar o necessário trabalho psíquico em um nível infantil? Nenhuma mãe pode amamentar seu bebê por via online e com uma máscara a dois metros de distância. Isso quer dizer que a transição da relação com o objeto para o uso do objeto será, na melhor das hipóteses, comprometido e, na pior, impedido? Somente o tempo vai dizer, mas, neste momento da pandemia, não temos como saber. O melhor que podemos tentar, portanto, seja no consultório usando uma máscara, seja trabalhando online, é: "manter vivo, manter bem, manter acordado" (Winnicott, 1962, p. 166).

Referências

Abram, J. ([2012] 2013). D.W.W.'s Notes for the Vienna Congress 1971: A consideration of Winnicott's theory of aggression and an interpretation of its clinical implications. In Abram, J. (ed.). *Donald Winnicott Today*. New Library of Psychoanalysis. Routledge.

Winnicott, D. W. (1962). *The aims of psychoanalytical treatment in Maturational Processes and the Facilitating Environment* (1965). Hogarth Press. [No Brasil: Winnicott, D. W. (2000). Os objetivos do tratamento psicanalítico. *Da Pediatria à Psicanálise: obras escolhidas*. Imago.]

Winnicott, D. W. (1971). The use of an object and relating through identifications. In D. W. Winnicott (1971), *Playing and Reality*. Tavistock Publications Ltd. [No Brasil: Winnicott, D. (1994). O uso de um objeto e o relacionamento através de identificações. *Explorações Psicanalíticas*. Artmed.]

BIBLIOGRAFIA DE ABRAM

LIVROS

Abram, J. (1992). *Individual Psychotherapy Trainings: A guide.* FAB. [No Brasil: Abram, J. (2020). *A linguagem de Winnicott: dicionário das palavras* (1. ed.). Thieme Revinter.]

Abram, J. (1996). *The language of Winnicott: A dictionary of Winnicott's use of words* (1st ed.). Karnac.

Abram, J. (ed.). (2000). *André Green at the Squiggle Foundation* (1st ed.). Karnac Books.

Abram, J. (2007a). *The language of Winnicott: A dictionary of Winnicott's use of words* (2nd ed.). Karnac.

Abram, J. (ed.). (2013a). *Donald Winnicott Today.* New Library of Psychoanalysis. Routledge.

Abram, J. (ed.). (2016a). *André Green at the Squiggle Foundation* (2nd ed.). Karnac Books.

Abram, J., & Hinshelwood, R. D. (2018). *The Clinical Paradigms of Melanie Klein and Donald Winnicott: Comparisons and dialogues.* Routledge.

ARTIGOS E RESENHAS

Abram, J. (1994). Review of How to Survive as a Psychotherapist by Nina Coltart. *Brit. J Psychother, 11*(2), 31.

Abram, J. (2003 [1996]). Squiggles, clowns and Catherine wheels: Reflections on Winnicott's concept 'violation of the self'. *Le Coq Heron, 173*, 2003.

Abram, J. (2005). L'objet qui survit. *J psychanal de l'enfant, 36*, 139–74. Bayard.

Abram, J. (2007b). L'objet qui ne survit pas: Quelques reflexions sur les racines de la terreur (v. 39, p. 247–70). Bayard.

Abram, J. (2008). Donald Woods Winnicott: A brief introduction. *Int J Psychoanal, 89*, 1189–1217.

Abram, J. (2010a). *The Squiggle Game e publication.*
Abram, J. (2010b). On desire and female sexuality: Some tentative reflections. *EPF Bulletin, 64.*
Abram, J. (2011). *Foreword for Deprivation and Delinquency.* Routledge Classics.
Abram, J. (2012a). Review of Marion Milner's On not being able to paint and The hands of the living god. *Int J Psychoanal,* 93, 1340–1347.
Abram, J. (2012b). André Green, une sorte de Winnicott francais: l'absence et le morceau de chocolat. *Revue Belge de Psychanalyse,* n. 60.
Abram, J. ([2012c] 2013). DWW's Notes for the Vienna Congress: A consideration of Winnicott's theory of aggression and an interpretation of the clinical implications. In J. Abram (2013b). On Winnicott's area of formlessness: The pure female element and the capacity to feel real E.P.F. Basel E.P.F. Bulletin 67.
Abram, J. (2013c). On Winnicott's clinical innovations in the analysis of adults. *Int J Psychoanal* (2012), 93, 1461–1473.
Abram, J. (2014a). De la communication et de la non-communication, recherche d'un objet qui survivra. *Revue Belge de Psychanalyse,* n. 64.
Abram, J. (2014b). Le mirroir inter-analytique: Son rôle dans la reconnaissance des traumas trans-génerationnels désavoués (The inter-analytic mirror: its role in recognising disavowed trauma). *Revue française de psychanalyse,* Mai 2014, Tome LXXVIII – 2 (p. 405–416).
Abram, J. (2015a). *André Green a la Fondation Squiggle: Jouer avec Winnicott Revue française de psychoanalyse,* Juillet 2015, Tome LXXIX – 3 (p. 846–854).
Abram, J. (2015b). La Mere tentatrice. Réflexions concernant un aspect de la théorie de Winnicott sur le psyché-soma. *Revue française de psychosomatique,* n. 47 (p. 37–50).
Abram, J. (2015c). Further reflections on Winnicott's last major theoretical achievement: From 'Relating through identifications' to 'The use of an object' (chapter 7, p.

111–125). *Playing and Reality Revisited: A new look at Winnicott's Classic Work* (G. Saragnano, & C. Seulin, eds.). I.P.A., Karnac Books.

Abram, J. (2015d). L'intégré paternel et son rôle dans la situation analytique. *Journal de la Psychanalyse de l'Enfant*, vol. 5/2015", n. 2.

Abram, J. (2015e). Affects, mediation and countertransference: Some reflections on the contributions of Marjorie Brierley (1893–1984) and their relevance to psychoanalysis today E.P.F. *Stockholm E.P.F.* Bulletin 69.

Abram, J. (2016b). *Sur les innovations cliniques de Winnicott dans le domaine de l'analyse d'adultes Psychanalyse et Psychose, 16.* (Translation by Alexandre and Zoé Baruch).

Abram, J. (2016c). Creating an object: Commentary on 'The arms of the chimeras' by Béatrice Ithier. *Int J Psychoanal*, 97, 489–501.

Abram, J. (2017). Interpreting and creating the object: A psychoanalytic response to Mannocci's work on 'The Annunciation'. *Bulletin BPaS.*

Abram, J. (2018a). Angst vor der Verrücktheit Psyche 4/2018.

Abram, J. (2018b). On psychic conception Bulletin of the EPF 72. Panel presentation On primal repression and the origins of life with Jasminka Suljagic and Rudi Vermote. *EPF Annual Conference,* Warsaw, Poland.

Abram, J. (2018c). The inter-analytic mirror Bulletin of the EPF 72 Panel Presentation, *IPA Working Parties Panel.*

Abram, J. (2019a). The surviving object in the context of thirdness and the dead mother complex Parts One and Two – *Conference on A Thought and Its Master,* Istanbul, Turkey.

Abram, J. (2019b). On Personalization and the Indwelling Principle. *EPF Bulletin 73.* Panel Presentation with Jasminka Suljagic and Rudi Vermote. *EPF Annual Conference,* Madrid, Spain.

Abram, J. (2019c). Notes on the role of the feminine chez Winnicott Panel Presentation with Kathleen Kelley-Lainé and Roland Havas. The role of the feminine in the work of Ferenczi and Winnicott. *IPA conference, London, The Feminine QE2, Event Centre, 2019.*

Abram, J. (2019d). The Frankenstein Complex: On birth terrors. *Annual Conference European Psychoanalytic Conference for University Students*, Brussels, Belgium.

Abram, J. (2020). *Psychic survival-of-the-object in the context of Covid-19.* Conference given to the Swiss Psychoanalytic Society, Zurich; Tel Aviv University; UCL Conference.

Abram, J. On Winnicott's concept of trauma. *International Journal of Psychoanalysis, 102*(4). https://doi.org/10.1080/00207578.2021.1932079

Abram, J. (2021). *The paternal integrate and the 'other of the object': A certain divergence between Winnicott and Green* (Book Launch of Giocando con Winnicott [Italian translation of André Green at the Squiggle Foundation], Rome, Italy (online February 13, 2021).

Abram, J. (2021). *There's no such thing as the infantile I.P.A.* Webinar on Holding and Containing with R. D. Hinshelwood.

Coleção da

SPPA
Sociedade Psicanalítica de Porto Alegre

1. *Primeiro, o corpo: corpo biológico, corpo erótico e senso moral*, de Christophe Dejours
2. *Perder a cabeça: abjeção, conflito estético e crítica psicanalítica*, de Giuseppe Civitarese
3. *O objeto sobrevivente: ensaios clínicos psicanalíticos sobre a sobrevivência psíquica do objeto*, de Jan Abram

Presidente
Maria Cristina Garcia Vasconcellos

Diretora Administrativa
Cláudia Giacomet De Carli

Diretora Científica
Cátia Olivier Mello

Diretor Financeiro
Tiago Crestana

Diretor do Instituto
José Carlos Calich

Diretora de Publicações
Regina Pereira Klarmann

Diretora de Divulgação e Ações junto à Comunidade
Eleonora Abbud Spinelli

Diretora da Infância e Adolescência
Kátia Wagner Radke

Copyright © 2022 Jan Abram

Publicado em 2022 pela Routledge, um selo da
Taylor & Francis Group, na Inglaterra e nos Estados Unidos
Título original: *The surviving object: psychoanalytic clinical essays on psychic survival-of-the-object*

CONSELHO EDITORIAL
Eduardo Krause, Gustavo Faraon, Luísa Zardo,
Nicolle Garcia Ortiz, Rodrigo Rosp e Samla Borges
REVISÃO TÉCNICA
Anette Blaya Luz, Cátia Olivier Mello,
Cláudia Giacomet De Carli, Kátia Wagner Radke,
Lúcia Thaler, Regina Pereira Klarmann e Regina Sordi
REVISÃO
Evelyn Sartori e Fernanda Lisbôa
CAPA E PROJETO GRÁFICO
Luísa Zardo
FOTO DA AUTORA
Arquivo pessoal

**DADOS INTERNACIONAIS DE
CATALOGAÇÃO NA PUBLICAÇÃO (CIP)**

A159o Abram, Jan.
O objeto sobrevivente: ensaios clínicos psicanalíticos sobre a sobrevivência psíquica do objeto / Jan Abram ; trad. Davi Boaventura. — Porto Alegre : Dublinense, 2023.
288 p. ; 23 cm.

ISBN: 978-65-5553-114-5

1. Psicologia. 2. Psicanálise. 3. Ensaios psicanalíticos. 4. Ensaios clínicos. I. Boaventura, Davi. II. Título.

CDD 150.195 • CDU 159.964.2

Catalogação na fonte:
Eunice Passos Flores Schwaste (CRB 10/2276)

Todos os direitos desta edição
reservados à Editora Dublinense Ltda.
Porto Alegre • RS
contato@dublinense.com.br

Descubra a sua próxima
leitura em nossa loja online

dublinense.COM.BR

Composto em ARNHEM e impresso na PALLOTTI,
em IVORY 75g/m², em JUNHO de 2023.